Le dinosaure

Du même auteur

Les Étrangers en Belgique, Éditions Vie ouvrière, Bruxelles, 1971.
Portugal, Révolution surveillée, Éditions Rossel, Bruxelles, 1975.
Les Libertés malades du pouvoir, en collaboration avec Marc
De Kock, Éditions Vie ouvrière, Bruxelles, 1980.

Colette BRAECKMAN

Le dinosaure

Le Zaïre de Mobutu

FAYARD

REMERCIEMENTS

Les remerciements les plus vifs vont avant tout à mes nombreux amis et interlocuteurs zaïrois qui, au fil des années, ont tenté de me faire comprendre leur pays, m'ont tenu informée, ont pris des risques pour me rencontrer, m'écrire, m'aider, y compris à l'occasion des procès, des interdictions de séjour, des menaces. Je remercie aussi le journal Le Soir qui m'a permis de travailler en toute indépendance. Je remercie enfin, plus particulièrement, ceux qui m'ont encouragée, informée et relue : Pierre Péan, Hughes Dupriez, Ygaëlle Dupriez, Michelle Favart, Alfred Brochard, Jean Brutsaert, Laurent Monnier, Gauthier de Villers, Marcel Haulet, David Beya, Edi Angulu.

AVANT-PROPOS

Ceci n'est pas un livre d'histoire, pas plus qu'il ne s'agit d'un livre d'économie. Ni pamphlet, ni hagiographie (vraiment pas !), ni ouvrage d'ethnologie, il ne s'agit ici que d'un éclairage apporté par une journaliste à l'étonnante pyramide du pouvoir qu'un homme, Joseph Désiré Mobutu, ancien sergent de la Force publique congolaise, a réussi à construire durant trente ans au cœur de l'Afrique centrale, régnant sur un pays vaste comme quatre fois et demie la France.

Cette pyramide, fondée sur la violence, l'argent, la séduction, s'est édifiée avec la tolérance, sinon l'assentiment des Occidentaux, qui se sont accommodés durant un quart de siècle de l'apparence de stabilité qu'offrait le régime. Ils n'ont jamais hésité à dépêcher leurs troupes ou leurs agents secrets pour le stabiliser plus encore.

La démarche suivie ici n'est pas chronologique, ce qui amène à évoquer plusieurs fois les mêmes faits, mais sous des angles différents. Au cours de la période coloniale et dans les premières années de l'indépendance, jusqu'en 1972, le pays s'appelait le Congo. Mobutu le débaptisa pour créer le Zaïre, et l'opposition, aujourd'hui, souhaite retrouver le Congo. D'après les époques, nous utiliserons l'un ou l'autre de ces noms. Sans doute trouvera-t-on aussi quelques répétitions, mais elles ne sont pas toujours le fait de la distraction... Peut-être enfin subsiste-t-il des omissions et des erreurs. Tant mieux : la véritable histoire du Zaïre de Mobutu restera encore à écrire — par les Zaïrois eux-mêmes...

FICHE D'INFORMATION SUR LE ZAÏRE

Nom officiel : Zaïre, Congo durant la période coloniale.

Date de l'indépendance : 30 juin 1960.

Population : estimée à 38 545 000 habitants en IPPI.

Superficie : 2 344 885 km².

Capitale : Kinshasa, 4 millions d'habitants.

Revenu par habitant : 170 dollars par an.

Dette extérieure : 8,8 milliards de dollars.

Monnaie : le zaïre (un dollar = 20 000 zaïres en septembre 1991).

Inflation : 3 000 % prévus en 1991.

Religions : chrétienne (70 % de la population, catholiques, protestants et kimbanguistes), animiste, musulmane.

Langues : français (langue officielle), lingala, swahili, kikongo, tshiluba.

Répartition démographique : population urbaine : 40 %, rurale : 60 %, contre 26 et 74 % en 1965.

Villes principales : Kinshasa, Lubumbashi, Mbuji Mayi, Kananga, Kisangani.

Principales ressources en devises : aide internationale : 939,4 millions de dollars avant la suspension de nombreux crédits ; cuivre : 890 millions de dollars en 1987 ; café : 280 millions de dollars ; diamants : 180 millions de dollars ; cobalt : 80 millions de dollars.

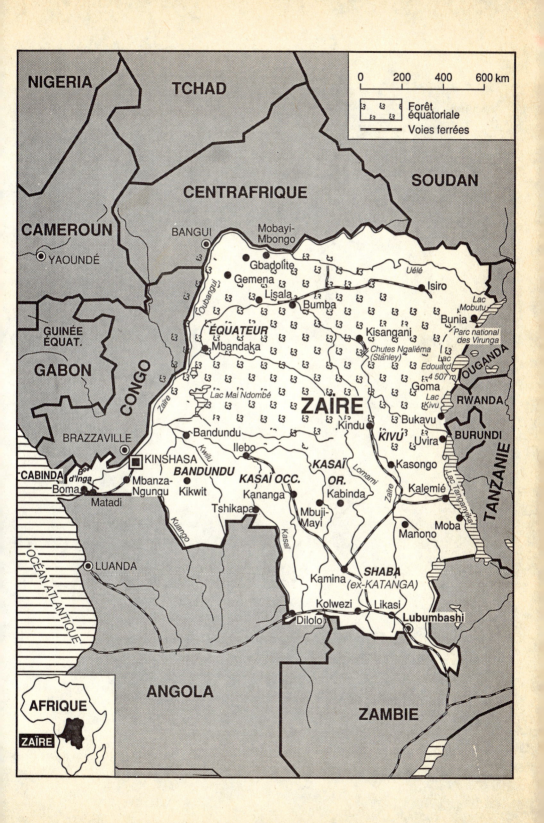

INTRODUCTION

Un massacre fondateur

Le 24 avril 1990, Mobutu Sese Seko a failli entrer dans l'histoire. Précédant le changement qui s'annonçait partout en Afrique, il balaya le parti unique, le système totalitaire de cette deuxième République qu'il avait fondée un quart de siècle plus tôt après un coup d'État. Abandonnant le défunt Parti-État et ses dignitaires, il se plaçait au-dessus de la mêlée du multipartisme, promettait une série d'élections, la révision de la Constitution. Appauvri, désabusé par trente années d'indépendance ratée, le Zaïre se voyait enfin accorder la démocratie.

Les caciques du régime étaient gris de rage, la presse saisissait au vol cette liberté toute neuve, la population se prenait à rêver. Pas pour longtemps : l'illusion ne dura pas trois semaines.

Ce soir-là, le 11 mai 1990, les étudiants ont allumé un grand feu devant les bâtiments gris du campus de Lubumbashi. Les nuits sont fraîches dans la capitale du Shaba, mais les étudiants craignent moins le froid que l'obscurité. En fin d'après-midi, le courant a été coupé sur tout le campus et certains jeunes gens, vaguement inquiets, sont allés aux nouvelles. N'ayant rien remarqué dans l'enceinte de l'université, ils poussent plus loin leurs investigations, mais les gendarmes qui encerclent les lieux leur barrent la route et leur conseillent la prudence. Un petit groupe se faufile jusqu'à la centrale électrique qui alimente la ville, mais elle est gardée par des camionnettes de la garde civile. De plus en plus inquiets, les étudiants s'en retournent avertir leurs camarades : la nuit promet d'être longue et dangereuse.

Dans la soirée, peu désireux d'aller se coucher dans le noir, les jeunes rassemblent des herbes et des branches et se réunissent autour d'un grand feu. Certains se sont retirés dans leurs chambres étroites et tentent de s'endormir en priant, en essayant d'oublier les rumeurs menaçantes qui agitent l'université depuis deux jours. Vers 11 h 30, alors que les flammes faiblissent, les hautes herbes qui entourent le campus commencent à frissonner. On entend des cris, des ordres proférés dans une langue inconnue, et soudain de longues silhouettes en tenue de sport, baskets aux pieds, fondent sur les étudiants. Ces derniers ont à peine le temps de distinguer de fortes carrures, des visages peints, des masques, des poignards qui, en silence, ouvrent les gorges et les ventres. Les assaillants, munis de lampes-torches et de cordelettes, foncent vers les dortoirs et les chambres. Ils n'avancent pas au hasard : ils sont guidés par d'autres étudiants, munis de listes désignant les meneurs des dernières manifestations. Les tueurs s'arrêtent parfois pour demander leur chemin dans une langue inconnue, ils évitent soigneusement les dortoirs où se trouvent les ressortissants du Shaba et du Bas-Zaïre, et se dirigent sans hésiter vers les chambres des étudiants originaires des provinces du Kivu, des deux Kasaïs, du Bandundu.

David Beya Batakalwa, ce soir-là, avait décidé de dormir tôt. Depuis trois jours et plus, il était sur la brèche. Cofondateur de *Solidarité*, un tout nouveau mouvement étudiant, il avait mené les premières manifestations, démasqué des mouchards, défié les autorités, affronté les gendarmes qui entouraient le campus. Dans un mémorandum, il avait même réclamé la démission du chef de l'État... Pour cet étudiant de deuxième licence en relations internationales, chaque événement des derniers jours était l'occasion de compléter sa thèse sur « la personnification du pouvoir politique du Zaïre et son impact sur le développement ». Épuisé, Beya tente de trouver le sommeil, comme son camarade Ilombe Elombe, avec lequel il partage sa chambre. Lorsqu'il entend le bruit des portes enfoncées et la clameur d'un étrange mot d'ordre — « *lititi mboka* », qui signifie littéralement « brousse-village » —, Beya s'enfuit précipitamment et se cache au-dessus du bloc 2 où il attend l'aube, écoutant avec terreur les cris, les gémissements qui montent des dortoirs. Bien longtemps après, lorsqu'il ose descendre de son refuge et regagner sa chambre, il trébuche sur le corps de son camarade Ilombe qui gît, le crâne fracassé par un coup de machette, la gorge tranchée.

Toutes les lettres parvenues à l'étranger, tous les récits des survivants concordent : au cours de cette nuit d'horreur, de 23 h 30 jusqu'à 4 h 30 du matin, le commando se déchaîne. Les étudiants sont poignardés, jetés par les fenêtres, plusieurs boutiques où s'approvisionnent les étudiants sont pillées puis incendiées, et un « moineau » — un jeune garçon qui campe clandestinement sur les lieux — disparaît dans les flammes.

Malgré l'obscurité, malgré la panique qui règne dans les dortoirs, le commando opère avec sang-froid, méthodiquement. Il possède la liste des chambres et est guidé par des indicateurs. Les étudiants originaires de la province de l'Équateur, celle du Président, et qui connaissent le mot de passe, sont épargnés. A l'aube, lorsque le « travail » est terminé, ces survivants privilégiés sont regroupés et accompagnent le commando. Des minibus les attendent à l'entrée du campus.

Durant la nuit, les assaillants ont visité les chambres, fouillé sous les lits avec leurs baïonnettes, égorgé les étudiants qui tentaient de se cacher. Des filles ont été violées, on leur a enfoncé des baïonnettes dans le vagin. Beya, lorsqu'il accompagne son camarade Ilombe à l'hôpital, découvre dans le lit voisin une jeune fille dont le sein a été tranché à la machette. « La plaie s'infectait, racontera-t-il plus tard, car l'arme avait été trempée dans du poison. »

A l'extérieur aussi le commando s'est activé : des étudiants sont écartelés au-dessus d'un feu tandis que les morts et les blessés sont systématiquement ramassés et entassés dans des véhicules.

Lorsque les hommes encagoulés quittent les lieux, ils emmènent les corps des victimes à bord de camions de sociétés minières et de travaux publics, réquisitionnés auprès des entrepreneurs de la ville. Les indicateurs s'éclipsent à leur tour, comme tous les natifs de l'Équateur, y compris ceux qui ont tenté de sauver la vie de leurs compagnons. Il en va, leur dit-on, de leur propre sécurité. Dès le départ des camions, des ambulances, toutes sirènes hurlantes, surgissent sur le campus, mystérieusement averties.

Le soleil éclaire alors un spectacle d'horreur. Les murs du campus, déjà délabrés, sont éclaboussés de sang. Des plaintes montent de partout ; des jeunes gens, hagards, errent dans la brousse voisine. D'autres, blessés ou couverts du sang de leurs camarades, rassemblent sans mot dire leurs quelques livres, leurs matelas, le sac de maïs qui leur sert de provisions, et descendent vers la ville, silencieux, hébétés. Ils fuient le campus maudit où les gendarmes et les militaires pénètrent enfin et pillent ce qui reste. Certains étudiants se cachent dans la gare, attendent un train qui les emmènera le plus loin possible. D'autres fuient jusqu'en Zambie, où ils seront les premiers à divulguer l'effroyable nouvelle.

Beya, lui, emmène Ilombe à l'hôpital, espérant un miracle. Mais son camarade est exsangue et on installe un autre blessé dans son lit. Kanza, un étudiant en droit, a eu la vie sauve parce que son nom ne figurait pas sur les listes de mort. Il est originaire du Bas-Zaïre, et appartient à une famille de notables ; les tueurs ont reçu l'ordre de l'épargner. Ils font mieux : en arrivant, comme ils ne connaissent pas la topographie des lieux, ils lui demandent de collaborer, de leur indiquer le chemin vers les chambres des étudiants recherchés. « Nous voulons nous venger, disent les tueurs, car les nôtres ont été massacrés, et, s'il le faut, nous reviendrons. » Kanza, qui ne souhaite pas être impliqué dans cette affaire, s'enfuit et trouve une cachette. Au lendemain du massacre, ses malheurs commencent, car il en sait trop : il a reconnu le commando comme appartenant à la Division spéciale présidentielle, chargée de la sécurité rapprochée du chef de l'État et composée exclusivement d'hommes de sa tribu. Recherché par les forces de sécurité, Kanza quitte alors le Shaba pour rejoindre des membres de sa famille à Kinshasa. Mais la police le retrouvera et il passera plusieurs mois en prison ; des parents le feront échapper pour le cacher au village.

Le séjour en prison a éprouvé Kanza : « On nous administrait des drogues, dit-il, pour nous faire oublier ce que nous savions. Nous avons tous reçu des piqûres... »

La version officielle des événements ne tarde pas à être diffusée : une rixe entre étudiants a fait un mort, Ilombe précisément, retrouvé à l'hôpital de la Gecamines, et plusieurs blessés. Il faudra plusieurs jours pour que la ville de Lubumbashi sorte de sa torpeur, pour que les étudiants terrorisés commencent à parler, à écrire, à se rendre dans les consulats étrangers afin de témoigner, à organiser des manifestations à Lusaka.

La colère des « fils de pauvres »

Depuis lors, au fil des récits, des diverses enquêtes ordonnées par le pouvoir sous la pression de l'étranger, il a été possible de reconstituer la chronologie et les racines de ces terribles événements.

Le débarquement du commando, à bord du DC 10 d'Air Zaïre, arrivé avec retard de Kinshasa, n'est que l'épilogue d'une semaine de tensions dont les causes sont éminemment politiques.

Au lendemain du 24 avril, les étudiants, comme tous leurs compatriotes, prennent au mot les promesses de réforme annoncées par Mobutu. A Kinshasa, à Lubumbashi, sur tous les campus du pays, ils commencent à s'organiser, à proclamer leur soutien aux différents partis d'opposition. Mais, le 3 mai, sous la pression de son entourage qui voit s'effondrer ses privilèges, le Président revient sur ses promesses antérieures. Il déclare que si changement il y a, il entend bien en demeurer le seul initiateur. La douche froide provoque une vague de manifestations sur tous les campus. A Kinshasa, des parlementaires jugés trop dociles sont molestés, déculottés et tondus publiquement par les étudiants en colère. L'armée intervient, durement, mais sans faire de victimes, et les meneurs sont emprisonnés. « Vous êtes des lâches, vous n'osez pas bouger ! » écrivent les étudiants de Kinshasa à leurs collègues de Lubumbashi. Pour cette université qui abrite les meilleures facultés de sciences humaines du pays et où les étudiants sont traditionnellement remuants, c'en est trop. Beya et les autres, fondateurs du Syndicat national *Solidarité,* décident désormais de prendre les choses en main, de manifester pacifiquement, de bannir la présence policière du campus et d'y faire régner leur ordre.

Comme toutes les universités, comme toutes les écoles du Zaïre, l'Unilu, l'université de Lubumbashi, est dans un état désastreux. Située à 5 kilomètres du centre-ville, elle est bornée par quatre camps militaires : le camp Mutombo, qui abrite la police, est situé du côté de la ville. Derrière le campus sont stationnés la 21e brigade, le camp de la garde civile et le 211e bataillon : les étudiants sont réellement sous bonne garde !

Étudiants et militaires entretiennent des rapports à la fois brutaux et familiers. Les soldats désargentés réquisitionnent les étudiants, leur demandent de la nourriture, volent parfois, arrêtent les fanfarons. Les étudiants connaissent leurs voisins en uniforme, plaisantent avec eux. Dans la soirée du massacre, les militaires avertissent les étudiants qu'un danger venu d'ailleurs les guette : ils assurent que, pour leur part, s'ils ont reçu l'ordre d'encercler le campus, ils ne se serviront pas de leurs armes...

Durant les jours de liberté qui ont suivi le discours présidentiel du 24 avril, les étudiants ont décidé de restaurer eux-mêmes leur campus, de le nettoyer. Rues, ronds-points, boulevards, places publiques sont aménagés, débarrassés des immondices qui y pourrissent depuis des années. Tout est rebaptisé. Apparaissent ainsi la place de la Perestroïka, les ronds-points Mandela et Tshisekedi, le boulevard Che-Gue-vara, l'avenue Comprenez-mon-émotion, les rues Voisin-je-t'aime... Les sens uniques deviennent obligatoires, un code de la route particulier au campus devra être respecté.

L'ami de Marie-Rose Baramoto ne comprend pas ces nouvelles règles. Ramenant l'étudiante sur le campus, il franchit avec désinvolture le barrage des étudiants qui discutent des manifestations du lendemain.

Obligée de s'arrêter, la jeune fille considère ses interlocuteurs de haut et leur lance : « Poussez-vous, idiots, fils de pauvres !... » Elle peut se permettre de parler fort, car elle est la nièce du tout-puissant commandant de la garde civile, dont le titre exact est « Élite général de paix ». Baramoto, beau-frère du Président, un des durs du régime, est considéré comme un intouchable.

Sous l'injure, les étudiants se fâchent. Ils cassent le pare-brise de la voiture, mais surtout molestent sérieusement l'impertinente personne, qui sera publiquement humiliée. Quelques étudiants sont arrêtés par la garde civile, accourue sur ces entrefaites, des coups de feu sont tirés en l'air. Les discussions vont bon train, la tension monte. Les « fils de pauvres » sont alors apostrophés par un étudiant de Polytechnique qui leur annonce d'un ton sans réplique que les détenus vont être libérés. Son assurance dénote un contact évident avec les autorités de la place. Énervés, les étudiants pressent leur informateur de questions, le bousculent. C'est la découverte du pot aux roses : l'étudiant, du nom de Mange, avoue qu'un Motorola, sorte de talkie-walkie, le relie aux forces de sécurité et qu'il s'en sert dans la chambre de l'un de ses condisciples.

Mange, cette fois, n'est plus seulement bousculé, il est sérieusement molesté, et passe aux aveux : oui, ils sont plusieurs comme lui, sur le campus, à être des informateurs de la Sûreté. Oui, ils forment un réseau et sont soutenus de très haut. N'y tenant plus, les étudiants foncent dans les chambres des mouchards et y découvrent bien autre chose que des talkies-walkies : il y a là des armes de poing, des jumelles à infrarouges, des baïonnettes, des menottes, des cordelettes, des fioles de poison, et aussi des chèques, pour de très fortes sommes, et des lettres de félicitations signées de la main du Président en personne.

Exaspérés, les étudiants se jettent sur les indicateurs et, sous les coups, les mouchards reconnaissent qu'ils n'ont pas seulement dénoncé leurs camarades, mais qu'ils ont organisé la disparition d'un certain nombre d'étudiants, dont le dénommé Asha.

Asha, raconte son ami David Beya, était l'un des fondateurs de la section de réflexion de l'U.D.P.S. — l'Union pour la démocratie et le progrès social —, le principal parti d'opposition. Étudiant très actif, il était aimé de ses camarades. Mais, en février 1989, il avait fait une mauvaise rencontre : au retour d'une réunion assez tardive, il avait croisé des étudiants accompagnant un individu qu'ils appelaient « le Vieux » et qu'il reconnut comme étant Mobutu lui-même. Asha ne cacha pas sa surprise, criant effrontément « Tiens, voilà le Président ! » Asha, désormais, en savait trop. « Quelques jours plus tard, raconte Beya, on découvrit son corps dans la brousse, entre le campus et les camps militaires. » Dans un premier temps, les étudiants crurent qu'il avait été tué par les soldats et manifestèrent violemment.

Les indicateurs interrogés dans la nuit du 8 mai reconnaissent leurs crimes. Ils avouent que leur méthode favorite est l'empoisonnement par l'intermédiaire de jeunes filles ou de prostituées bien connues des jeunes gens. Dans le cas d'Asha, les assassins ont payé les parents de la victime pour qu'ils n'organisent pas de deuil et ne réclament pas d'enquête. Pour les autres étudiants, ils ont été plus expéditifs : les corps furent dissous dans des bains d'acide.

Sous les coups de leurs condisciples furieux, les mouchards livrent alors une liste de vingt-trois étudiants qui devaient être « exécutés » dans les temps à venir. « Comme j'étais considéré comme un meneur, mon nom figurait sur la liste. J'ai vu rouge... », se souvient Beya.

Apprenant tous ces forfaits, découvrant que, parmi eux, fonctionne depuis des années un réseau de mouchards qui n'hésitent pas à tuer leurs condisciples, qui réussissent leurs études sans devoir passer les examens, qui jouissent de nombreux privilèges parce qu'ils sont en réalité des hommes de la garde présidentielle, les étudiants ne se contiennent plus. Non seulement ils tabassent les trois « indics », mais encore ils décident de régler leur compte une fois pour toutes. Inanimés, les mouchards sont alors transportés dans une fosse appelée le « carré des amoureux », et tous les passants sont invités à jeter une pierre sur leur corps. « Nous voulions les brûler vifs, racontent les étudiants, mais nous n'avons pu le faire, car nous manquions d'essence. » Plus morts que vifs, les mouchards passent donc la nuit au trou jusqu'à ce qu'au matin la garde civile vienne les délivrer.

Emmenés à l'hôpital de la ville, les étudiants-mouchards, des commandos solides, bien entraînés, survivent au traitement qu'on leur a infligé. Désormais, le sort en est jeté. Le gouverneur du Shaba leur rend visite et s'affole. Les protégés du régime sont dans un état lamentable, mais, surtout, le réseau a été démasqué. Koyagialo Ngbase te Gerengbo, un neveu du Président, n'a pas la réputation d'un dur, quoiqu'il fasse partie des privilégiés du Nord. Découvrant le visage tuméfié des mouchards, constatant la haine dont ils ont été victimes, il perd pied et envoie en haut lieu un message angoissé, vraisemblablement excessif. Il présente la situation comme insurrectionnelle, affirmant que tous les étudiants ngbandis, originaires de l'Équateur, sont en passe d'être massacrés. Bien plus tard, face à l'opprobre international,

Mobutu devait déclarer à l'un de ses proches : « J'ai été trompé... » Sans doute le message avait-il été grossi par le gouverneur, ou les ordres furent-ils exagérément interprétés...

Que se passe-t-il alors ? D'après les enquêtes zaïroises, le gouverneur Koyagialo se concerte avec les responsables locaux de l'Agence nationale de documentation et d'immigration (deux des branches de la Sûreté nationale) et avec le recteur de l'université ; ils décident de « punir » les étudiants. D'après d'autres versions, et selon la croyance populaire, l'ordre, en réalité, serait venu d'en haut, à la demande des dignitaires du régime, craignant de voir leurs enfants, appartenant à l'ethnie des Ngbandis, être victimes de règlements de comptes.

De toute manière, chacun sait qu'il est impensable qu'un avion de la compagnie Air Zaïre puisse être réquisitionné, que des commandos puissent entrer en action sans que Mobutu en soit informé : la garde présidentielle n'a d'autre fonction que d'assurer sa protection rapprochée.

La responsabilité du Président : telle est la question clé qui sous-tend toutes les réactions au massacre, les révélations d'abord publiées par la presse belge, puis internationale, les réactions des gouvernements belge, puis canadien et français.

Au Zaïre, le quotidien *Umoja* résume le dilemme de manière lapidaire : ou bien le Président ne savait rien, et, dans ce cas, il ne contrôle plus rien ; ou bien il était au courant, et il y a mensonge... Par la suite, au fil des enquêtes nationales, et même au moment du procès qui, un an plus tard, devait être intenté contre les responsables présumés, trois grandes questions demeurèrent sans réponses : qui fut le véritable commanditaire du massacre ? Y eut-il un commando venu d'ailleurs, c'est-à-dire de Kinshasa ? Quel fut le nombre exact de morts ?

Tout fut fait pour brouiller les pistes qui auraient pu remonter jusqu'à la capitale, pour accréditer l'idée que le commando avait été recruté localement, et pour dissimuler le nombre précis de victimes.

A ce propos, aucune indication sérieuse n'a jamais pu être obtenue. Les premières lettres parvenues en Belgique faisaient état d'une cinquantaine de morts, chiffre qui fut retenu par Amnesty International[1]. D'autres estimations étaient beaucoup plus élevées encore : des représentants belges conclurent en privé à plus de 300 morts ; l'un des membres de la garde civile qui se trouvait sur le campus avoua avoir dénombré 347 corps...

Depuis lors, des entretiens avec des étudiants incitent à réduire cette estimation. Bon nombre de ceux-ci, en effet, furent portés disparus par leurs condisciples qui les croyaient morts, alors qu'ils avaient pris la fuite sans espoir de retour. Jusqu'en mars 1991, le campus demeura fermé, les listes des étudiants ne furent pas communiquées et aucune commission d'enquête indépendante ne put jamais opérer librement sur place : tout cela n'a pas facilité l'évaluation. En outre, dès le lendemain du massacre, tout fut fait, sur place, pour éluder les questions : on interdit aux familles de célébrer les deuils, les parents de certaines victimes reçurent de l'argent pour prix de leur silence. Le 30 juin 1990, Mobutu eut l'audace de venir célébrer à Lubumbashi le trentième anniversaire de l'indépendance. Il se fit précéder de chargements de bière et distribua des Mercedes à tous les chefs coutumiers...

L'équation de la violence

Pourquoi avoir aussi longuement relaté ce massacre de Lubumbashi, qui marqua de sang les débuts de la troisième République ? Après tout, les massacres en Afrique n'ont rien d'exceptionnel, et, au Zaïre même, l'armée réprime régulièrement les manifestations, n'hésite jamais à tirer sur les étudiants ou à les faire disparaître. En février 1989, déjà, dans des circonstances également troublantes, une révolte avait été matée dans la capitale. Alors qu'aucune violence ne s'était produite, des militaires décrits comme « particulièrement grands et forts, s'exprimant dans une langue inconnue qui ressemblait à un dialecte centrafricain », firent irruption sur le campus de Kinshasa et poignardèrent des étudiants. « Nous sommes venus parce qu'on nous avait dit que le Président était en danger », déclarèrent-ils laconiquement avant de se retirer. Les méthodes étaient déjà celles de Lubumbashi. Les ambassadeurs européens et américain furent immédiatement informés, des prêtres étrangers furent autorisés à aller chercher les corps, à célébrer les deuils. Mais il n'y eut pas de réactions politiques : sourdes, aveugles, les ambassades étrangères étaient également muettes. Au moment même où les étudiants se faisaient tabasser sous leurs fenêtres, les diplomates déclaraient ne rien savoir...

Un an après, les temps avaient bien changé.

S'il nous a paru important d'évoquer longuement cette nuit d'horreur de Lubumbashi, c'est parce que, pour beaucoup de Zaïrois, elle est devenue un massacre fondateur. C'est là qu'ils ont découvert — et le monde avec eux — le véritable visage de cette troisième République proclamée par Mobutu. Plus qu'une réaction de fureur ou d'autodéfense d'un clan qui se sentait menacé, la tuerie sur le campus constituait en réalité un double message.

Message à usage interne : le groupe au pouvoir, les proches du Président, dont les enfants tiennent le haut du pavé dans les universités nationales et étrangères, ceux qui peuvent recruter des gardes du corps, des tueurs à gages, ceux-là sont décidés à se défendre quoi qu'il advienne.

Ce message, adressé aux éventuels justiciers de la future démocratie, résonnera encore, un an plus tard, à la veille de la Conférence nationale. Il signifiait que l'autorité suprême pouvait être critiquée, contestée, mais non démasquée dans ses ressorts profonds.

La version officielle du massacre, telle qu'elle fut immédiatement publiée par l'agence officielle Azap, est également révélatrice : une bagarre entre étudiants, dit la dépêche, une rixe d'origine tribale.

Il y a là, cette fois, un message à destination de l'étranger : en présentant une telle version des faits, le régime a tenté de réveiller auprès de l'opinion internationale la crainte d'une résurgence des affrontements tribaux, ces affrontements qui firent des centaines de milliers de morts aux premiers temps de l'indépendance. Depuis sa prise de pouvoir, Mobutu s'est présenté comme le garant de l'unité nationale, l'homme qui a précisément mis fin aux guerres tribales...

La mise en scène ne résista cependant pas longtemps. A travers les récits, les témoignages, les enquêtes officielles et autres, il apparut que le pouvoir lui-même, le sommet de la pyramide, était défendu par des gens recrutés en fonction de leur tribu d'origine. Les grands soldats musclés qui égorgèrent les étudiants de Kinshasa en 1989, les commandos masqués de Lubumbashi en 1990, sont en majeure partie des hommes originaires de la tribu même du Président, les Ngbandis. Certains d'entre eux auraient même été recrutés en République centrafricaine.

Malgré les pressions exercées par la France, par la Belgique, par l'opposition zaïroise, malgré les attaques virulentes de la presse nationale, jamais une commission internationale d'enquête ne fut autorisée à se rendre au Shaba pour interroger les témoins hors de toute contrainte ou pour visiter le campus fraîchement repeint et remis à neuf... Jamais un véritable procès n'a permis la confrontation entre « accusés officiels » et témoins à charge en présence d'observateurs internationaux. Tout au plus, en mai 1991, Amos Wacko, rapporteur spécial de la commission des droits de l'homme des Nations unies, fut-il autorisé à se rendre au Zaïre. Mais il ne s'agissait pas réellement d'une enquête : la délégation passa moins de deux jours à Lubumbashi, l'avion reliant Kinshasa à la capitale du Shaba étant mystérieusement tombé en panne.

Sous la pression, des coupables furent finalement désignés. Ces « lampistes » ne furent pas difficiles à découvrir : l'ingénieur de la compagnie d'électricité qui avait coupé le courant, le gouverneur de la province, aussitôt muté dans une autre région, puis transféré dans une confortable prison, les agents locaux de la Sécurité... L'identité du commanditaire réel du massacre de Lubumbashi demeure le secret le mieux gardé de la troisième République.

Le massacre n'eut pas les honneurs de la presse mondiale. La deuxième ville du Zaïre, avec ses 600 000 habitants, ses 11 000 étudiants, n'est pas Pékin avec sa place Tiananmen, ni Mexico avec sa place des Trois-Cultures. Ce n'est pas non plus Bangui, où Bokassa eut l'impudence de massacrer des innocents sous l'œil des caméras, ni Bamako, où Moussa Traoré signa sa perte en faisant tirer sur des manifestants en présence de témoins étrangers.

Rien de tout cela au Zaïre. Autrefois — c'est-à-dire avant qu'on ne commence à parler de droits de l'homme en Afrique et que ses dictateurs ne deviennent vraiment peu présentables —, les fusillades, les arrestations étaient une pratique courante, mais l'information ne franchissait pas les frontières : les journalistes ne pouvaient travailler à Kinshasa qu'à la seule condition d'être aussi aveugles que les ambassadeurs, aussi sourds que les consuls auprès desquels certains impertinents osaient venir se présenter comme réfugiés politiques...

En 1990, les temps avaient changé, la troisième République avait été proclamée. La violence était devenue théoriquement insupportable. Mais on ne vit pas de journalistes sur le campus, ni pendant ni après. Pas de télévision, pas d'information, c'est bien connu ; donc pas d'événement. Voilà pourquoi ce « massacre fondateur » n'a pas valu au régime l'opprobre international auquel on aurait pu s'attendre...

Il a cependant été l'occasion d'une rupture quasi définitive entre la Belgique et le régime Mobutu : Bruxelles exigea, dès le lendemain des faits, une enquête internationale afin que toute la lumière soit faite sur les responsabilités réelles. De leur côté, les États-Unis, arguant du manque de preuves, réagirent mollement, tandis que le Canada, soutenant les Belges, torpilla le sommet de la francophonie qui aurait dû se tenir à Kinshasa.

Lubumbashi a révélé aux Belges les véritables fondements du pouvoir zaïrois. Cette découverte entraîna le gel de la coopération entre les deux pays, d'un montant de 100 millions de dollars. En réaction, Kinshasa expulsa tous les coopérants et volontaires belges. Les opposants politiques voyaient enfin leur rêve se réaliser : la Belgique, forcée par les circonstances, appliquait enfin au Zaïre, son ancienne chasse gardée, la diplomatie des droits de l'homme. Le massacre de Lubumbashi, perpétré au lendemain même de la proclamation du multipartisme, a rappelé une composante essentielle du régime Mobutu : l'équation de la violence.

NOTE

1. *Que s'est-il passé sur le campus de Lubumbashi ?*, dossier établi par la commission Justice et Paix, Bruxelles, août 1990.

Première partie

LA PYRAMIDE
DE LA VIOLENCE

CHAPITRE PREMIER

Des crimes sans assassin

Lorsque Lumumba fut poussé hors de l'avion, le 17 janvier 1961, il avait la barbe arrachée, le visage en sang, les lunettes brisées. Tout au long du vol, il avait été abreuvé de coups et d'injures. Quelques heures plus tard, les Katangais de Tshombé achevèrent le travail. Mobutu, demeuré dans la capitale, déclara qu'ignorant tout il ne pouvait être tenu pour responsable de rien...

Des années plus tard, lorsque Pierre Mulele, qui avait dirigé la guérilla du Kwilu, quitta Brazzaville pour bénéficier du pardon présidentiel et fut exécuté dès le lendemain de son arrivée à Kinshasa. Mobutu affirma qu'il se trouvait en voyage au Maroc et que son adversaire avait été victime de la colère des militaires.

Mobutu, c'est le tueur aux mains propres. Il conçoit les crimes, mais ne les exécute pas. Il plane au-dessus des mêlées où l'on égorge en son nom. Il n'est jamais présent lorsque les exécutants de ses basses œuvres arrêtent, torturent, tuent, ouvertement ou dans l'ombre des cachots. Il s'arrange pour que ses ordres soient dissimulés, ou pour pouvoir prétendre, comme à Lubumbashi, avoir été dépassé, voire trahi par ses fidèles ou ses sbires.

Cependant, le pouvoir de celui qui tue sans être là s'est construit sur la violence. Violence masquée par l'impudeur des démentis, des mensonges, mais qui éclabousse chaque page d'histoire, chaque moment du quotidien. Violence de la répression, qui date du temps des rébellions et des invasions du Shaba, violence envers les rivaux éventuels ou les adversaires qui n'ont pu être achetés, violence envers les contradicteurs, les collaborateurs ou les proches. Violence qui court tout au long de l'histoire du pays, qui cimente la pyramide du pouvoir tout comme l'argent de la corruption et la démagogie de la séduction.

« *Kamo* » (« frappe-lui la tête » en lingala), criait Mobutu aux femmes, il n'y a pas si longtemps. Inculquée d'en haut, la violence du régime est des milliers de fois reproduite, démultipliée par tous ceux qui, de près ou de loin, se croient investis d'une parcelle de pouvoir. Dans ce système fondé sur l'injustice, sur l'oppression quotidienne, sur l'humiliation des plus pauvres, la violence joue un rôle essentiel. Elle pourrait être le plus lourd héritage du mobutisme.

La fin de Lumumba

Lorsqu'il met la classe politique en congé, le 14 septembre 1960, le colonel Mobutu — il n'a pas trente ans — surprend tout le monde. A l'époque, on le dit hésitant, peu assuré, mal dans sa peau. Proche de Lumumba, il ne joue cependant aucun rôle déterminant au sein de son entourage. Au lendemain de l'indépendance, il va et vient, entre une armée taraudée par les rébellions et l'indiscipline, et un monde politique traversé d'intrigues et d'excommunications : le président Kasavubu ne vient-il pas de décréter la démission de son Premier ministre Patrice Lumumba, alors que ce dernier, se disant assuré de l'appui populaire, a lui-même révoqué le président de la République ?

Les contradictions léguées par le système belge éclatent au grand jour : la Loi fondamentale avait instauré un pouvoir partagé entre les instances centrales et provinciales, entre la Chambre et le Sénat, et surtout entre le président et le

Premier ministre. De telles structures sont inspirées du modèle belge, où le roi, chef de l'État, « règne mais ne gouverne pas ». La rivalité entre le président et le Premier ministre ne mettra que quelques jours à devenir intenable.

Mobutu avait été jusqu'alors un homme de l'ombre. Il s'était formé dans le sillage de Lumumba, qui lui avait pardonné ses relations avec la Sûreté belge. Dès le lendemain de l'indépendance, le rôle de Mobutu est ambigu : Lumumba l'a nommé secrétaire d'État à la Présidence du Conseil des ministres. Le poste est peu en vue, mais il lui permet d'être omniprésent.

Le 4 juillet, alors que les festivités de l'indépendance viennent de se terminer, les soldats congolais de la garnison de Thysville se révoltent. Ils sont jaloux de l'ascension des leaders politiques, alors que leur propre sort demeure inchangé. Ils arrêtent leurs chefs, les enferment dans des cachots et confient le commandement au doyen des soldats congolais, l'adjudant de première classe Louis Bobozo, un parent de Mobutu. A l'époque gouverneur de la région de Kinshasa, Cléophas Kamitatu se souvient des confidences de Bobozo[1]. Le vieux militaire, ayant appris que les troupes songeaient à se mutiner, téléphone au ministère de la Défense pour demander des instructions. Le ministre n'étant pas là, il réussit à joindre Mobutu, qui lui conseille de laisser faire : « Tu n'as pas envie de monter en grade, toi ? »

A la suite de cette rébellion, l'africanisation hâtive de la Force publique congolaise est effectivement décidée. Mobutu quitte le terrain politique pour devenir chef d'état-major, et est chargé de réprimer la mutinerie.

Le 11 juillet, Moïse Tshombé, appuyé par des groupes financiers belges, proclame la sécession du Katanga. De nombreux conseillers militaires et fonctionnaires belges rejoignent le Katanga au titre de l'assistance technique. Durant cet été dramatique où les forces des Nations unies interviennent au Congo, Mobutu, qui veut avant tout assurer son autorité sur l'armée, participe à la lutte contre les rébellions.

En l'occurrence, il peut être tenu pour hiérarchiquement responsable de l'écrasement du soulèvement du Kasaï, qui vaudra à Lumumba la haine mortelle des Balubas.

Le 9 août, Albert Kalonji, le chef traditionnel des Balubas, le « Mulopwe », suit l'exemple des Katangais : il proclame l'État autonome du Sud-Kasaï. Lumumba ordonne une offensive militaire contre Bakwanga, la capitale de la province. Le 27 août, les troupes gouvernementales prennent la ville, d'autant plus aisément que les rebelles ne disposent pas d'armée. C'est le bain de sang. Les soldats massacrent les populations villageoises, les Nations unies parlent de génocide. Les crimes commis à Bakwanga par les militaires suscitent l'indignation nationale et internationale. Le Premier ministre Lumumba en est tenu pour responsable. Cependant, le chef d'état-major, celui qui donne ses ordres à l'armée nationale congolaise, c'est Mobutu. Celui-ci se vante d'ailleurs d'avoir organisé l'opération sans aucun conseiller étranger, même s'il n'a pas ordonné explicitement les massacres ; son mentor belge Davister lui déclare à cette occasion : « Joseph, ne te vante jamais de cela[2] ! » Le chef d'état-major décide alors de laisser Lumumba porter toute la responsabilité des crimes de Bakwanga.

Après avoir dénigré le gouvernement durant tout l'été, Mobutu prend le pouvoir le 13 septembre, « pour donner au pays le temps de respirer ». Son intention n'est pas de s'accrocher. Il clame cependant son mépris des politiciens, les met en vacances provisoires et rappelle une poignée d'étudiants qui se trouvent en Europe. Ces jeunes intellectuels forment alors le Collège des commissaires généraux et prennent les affaires en main. Certains d'entre eux, ayant eu des contacts plus ou moins réguliers avec la Sûreté belge, formeront ce qu'on appellera plus tard le « groupe de Binza ». Les plus connus s'apellent Justin Marie Bomboko et Albert Ndélé, qui deviendra gouverneur de la Banque nationale. Nendaka, le redoutable « patron » de la Sûreté zaïroise, se joint au groupe sans avoir étudié en Europe. Patrice Lumumba, le

Premier ministre déchu, est pratiquement placé en résidence surveillée sous la garde des soldats de l'ONU.

Pour les Belges et les Américains, il est l'homme à abattre. Le 30 juin, il a offensé le roi Baudouin : au lieu d'encenser le colonisateur et son « œuvre civilisatrice », il a rappelé les souffrances de son peuple ; il refuse que les Belges gardent le contrôle de l'économie, il croit aux vertus de la centralisation et se fait l'apôtre d'un nationalisme ombrageux.

Reconnu comme un pair par tous les nouveaux leaders du tiers monde, il a demandé le soutien de l'Union soviétique et ose s'opposer à Dag Hammarskjöld, secrétaire général des Nations unies.

Enfin, danger majeur dans ce pays où les colonisateurs, voilà moins d'un an, se croyaient éternels, il est populaire. Immensément. Dans ses discours enflammés, les Congolais, toutes tribus confondues, retrouvent l'écho de leurs frustrations et de leurs espoirs. Lumumba, ils le croient, ils le suivent, ils l'aiment, ils lui pardonnent ses excès et ses contradictions.

Cet homme qui pèse trop lourd, qui dérange, doit être éliminé.

Dès septembre, la CIA multiplie les plans ; des commandos débarquent avec des projets d'empoisonnement ; des Belges affirment qu'il faut mettre le Premier ministre hors d'état de nuire. Le 10 octobre, ce sera chose faite : un véritable cordon sanitaire composé de soldats congolais et de Casques bleus est installé autour du domicile du Premier ministre destitué. Les visites se font rares, Lumumba enrage. Il rêve de s'enfuir pour gagner son fief de Stanleyville, où il sera en sécurité et d'où il pourra relancer l'action politique. Fin novembre, n'y tenant plus, il se lance dans une folle équipée, accompagné de sa femme, de son fils et de ses proches collaborateurs. Cette fuite, qui aurait du être discrète, rapide, se transforme en voyage triomphal. En cours de route, les villageois reconnaissent le Premier ministre déchu. Ils lui font fête, lui demandent de s'arrêter, de prendre la parole. Le tribun ne résiste pas. Partout il harangue la foule, perd du temps, se fait repérer. Car l'armée régulière est à ses trousses. Depuis Léopoldville, on a envoyé un avion qui survole le territoire à basse altitude pour déceler la colonne de fugitifs[3].

Le 2 décembre, la proie est retrouvée. Ramené à Léopoldville, Lumumba est présenté à la résidence de Mobutu. Ce dernier ne bronche pas lorsque les soldats frappent l'ancien Premier ministre, lui enfoncent dans la bouche un papier par lequel il affirme être le chef du gouvernement légal du Congo, puis lui tirent les cheveux et resserrent les liens entourant ses poignets. Mobutu toise froidement celui qui avait été son ami Patrice et se contente de dire : « Il ne faut pas le tuer[4]. » Lumumba est alors emmené au camp militaire de Thysville, commandé par le colonel Bobozo, le vétéran.

A Thysville, impuissant, diminué par des conditions de détention sévères, déprimé par l'isolement, Lumumba demeure cependant un enjeu politique de taille. On craint sa force de persuasion sur les soldats qui le gardent, on redoute un coup de force pour le libérer, on s'attend même à son élargissement légal.

La décision est alors prise de le transférer en un lieu plus sûr. Au Kasaï, par exemple, où il est tenu pour responsable des massacres de l'été, ou au Katanga, dans les mains des sécessionnistes... Les Belges, qui affirment ne pas souhaiter la mort de l'ancien Premier ministre, se contentent de faire pression sur les autorités congolaises pour qu'elles décident le transfert de l'encombrant prisonnier.

La fin de Lumumba démontrera que, lorsqu'il s'agit de tuer en gardant les mains propres, Mobutu, l'ancien informateur des Belges, avait bien retenu les leçons de dissimulation.

Après une mutinerie dans le camp de Thysville, dont la responsabilité est attribuée au détenu, le transfert est décidé. Tout le monde s'en mêle : Nendaka, chef de la Sûreté, les conseillers belges, les Américains. Mobutu est au courant et laisse faire. De l'avis de ses conseillers de l'époque, il joue, au minimum, les Ponce Pilate[5].

Le prisonnier est alors embarqué, non vers le Kasaï, mais en direction du Katanga. Quelle importance ? Ce qui compte, c'est de l'éloigner de la capitale, où les prisons ne sont plus sûres, où sa popularité demeure dangereuse. Ce qui compte, c'est de le livrer aux mains de ses adversaires les plus implacables, afin de le neutraliser définitivement.

La « neutralisation » commence déjà dans l'avion : Lumumba et ses compagnons, M'Polo, ministre de la Jeunesse, et Okito, vice-président du Sénat, sont battus par les soldats. Les accompagnateurs, dont Jonas Mukamba, du Kasaï, et le commissaire général Kazadi, participent activement à la « punition ». Plus tard, ils iront de promotion en promotion. Chancelant, aveuglé, à moitié mort déjà, le Premier ministre élu de la République du Congo débarque à Élisabethville, où les militaires katangais, les mutins d'hier, le prennent en charge.

Comment finit Lumumba ? Toutes les versions aujourd'hui convergent pour préciser que sa mort fut décidée, à huis clos, par les sécessionnistes katangais. Godefroid Munongo, le ministre de l'Intérieur, l'emporta, à la tête des « durs », sur les réticences de Tshombé, qui mesurait les conséquences politiques de la décision. La nuit même de son arrivée, Lumumba fut emmené quelque part en brousse par un groupe de militaires sécessionnistes. Après avoir été battu, torturé, en présence des autorités du Katanga, il fut abattu par un peloton commandé par un commissaire belge[6], en même temps que ses compagnons M'Polo et Okito. Les jours suivants, une équipe, probablement dirigée par des Européens, fut envoyée en forêt pour rechercher les corps et les faire disparaître. D'abord enterrés, les cadavres furent brûlés ou dissous dans l'acide, et ne reçurent jamais de sépulture.

Lumumba fut le premier de ces morts sans sépulture qui hantent le Congo de Mobutu. Des morts sans funérailles et sans deuils, comme Mulele et des milliers de rebelles, comme les étudiants de Lubumbashi. Des morts dont l'esprit n'est pas apaisé et dont le souvenir obsède les vivants...

Une ascension sur fond de rébellions

En janvier 1961, après l'élimination de son principal adversaire, Mobutu se retire de la vie politique et rappelle les civils. Durant ces quelques mois, son autorité s'est affirmée, son orgueil aussi. Il se met en réserve de la République.

Sur le plan militaire, il aura fort à faire, car la réconciliation avec Moïse Tshombé ne dure pas. Des rébellions, ou plutôt des mouvements révolutionnaires, éclatent en deux foyers distincts : au Kwilu et dans les provinces de l'Est, sous la direction de Gbenye, qui dirige le Conseil national de libération, et de Gaston Soumialot, qui mène les opérations sur le terrain. Le 15 mai 1964, les partisans de Soumialot s'emparent d'Uvira, le long du lac Tanganyika. En moins de trois mois, les rebelles de l'Est, qui revendiquent le nom de *simbas* (lions en swahili), occupent la moitié du pays, une superficie vaste comme deux fois la France. Se réclamant de Lumumba, de la lutte contre l'impérialisme, Gbenye et Soumialot proclament un gouvernement révolutionnaire à Stanleyville, conquise le 4 août.

Auparavant, Pierre Mulele, qui revient d'un séjour en Chine, avait implanté un vaste maquis dans la province du Kwilu et déclenché l'insurrection le 21 janvier.

C'est le temps des rébellions, le temps de l'une des plus vastes révoltes paysannes qu'ait connues l'Afrique, le temps de la terreur.

Les rebelles mulélistes attaquent les missions et les postes administratifs, symboles du pouvoir blanc d'hier et de l'administration centrale d'aujourd'hui, avec sa corruption et ses exactions. Ils tuent des policiers, des fonctionnaires, ils exécutent des prêtres et des religieuses, mais s'efforcent en même temps de gagner les paysans à leur cause.

Les *simbas* de Soumialot, sortes de Khmers rouges africains, pratiquent les exécutions publiques, s'en prennent eux aussi aux fonctionnaires et aux officiers. Dans la foulée, ils liquident tous ceux qu'ils considèrent comme des voleurs, des pillards, des corrompus... C'est la terreur généralisée. Les plantations sont abandonnées, les paysans désertent leurs villages, craignant autant les méthodes des rebelles que les représailles des troupes « régulières ».

Mobutu, à la tête de l'armée nationale, s'efforce de reconquérir le territoire et d'y assurer l'autorité du pouvoir central. Tâche presque impossible : l'armée nationale congolaise est sous-équipée, ses hommes sont mal payés, mal formés, toujours au bord de la mutinerie. En outre, les soldats sont effrayés par les rebelles et les pouvoirs magiques prêtés à ces hommes fluets qui se lancent au combat en criant « *Mayi Mayi Mulele* » (l'eau, l'eau, Mulele), persuadés que les ablutions et les rituels de purification précédant le combat les ont rendus invulnérables... Des images extraordinaires filmées par les équipes de la télévision belge montrent Mobutu remontant à pied vers l'avant des troupes qui progressent vers le front avec des camions... en marche arrière, pour pouvoir fuir plus vite !

En 1964, près de la moitié du territoire de la République est contrôlée par les rebelles, et Mobutu, dont le courage physique est indéniable, échappe à un attentat. C'est le temps de la violence généralisée. A Léopoldville, les hommes du groupe de Binza se révèlent impuissants à reprendre le pays en main. Conseillés par les Américains et les Belges, ils se décident alors à faire appel à leur ancien adversaire. Après tout, n'appartiennent-ils pas tous au même camp, celui des « alliés de l'Occident » ? Moïse Tshombé rentre en scène et est nommé Premier ministre. Vient alors l'heure de gloire des mercenaires. Tshombé fournit ses dix mille Katangais, mais aussi des hommes de sac et de corde recrutés à travers toute l'Europe, des Espagnols, des Allemands, des Français... Les « affreux » se donnent rendez-vous au Congo : Bob Denard, le Sud-Africain Mike Hoare, le colon belge Jean Schramme. Tshombé les couvre, mais c'est Mobutu qui signe leur contrat et donne leurs ordres de mission. Ces soudards permettent à

Mobutu de reprendre le contrôle du pays. Dans les campagnes, la répression est terrible, à la mesure de la peur qu'avaient inspirée les rebelles. Dans les deux camps, les méthodes se valent.

Malgré l'encadrement de mercenaires, l'armée nationale congolaise pille les villages, exécute les suspects, « punit » les populations civiles.

Au Kwilu, l'un des dirigeants de la rébellion, Daniel Monguya, décrit la « boucherie de Kikwit » : « Au camp militaire, près de la plaine d'aviation, régnait le colonel Monzimba, un homme sanguinaire qui appelait ce lieu la "boucherie nationale de Kikwit". On y coupait les mains et les bras à un grand nombre de rebelles. Les autorités n'avaient rien à dire contre les militaires qui se comportaient comme de vrais chacals. On enterrait les gens vivants (...). Il n'y a pas eu moins de trois mille assassinats, sous ses ordres, à la boucherie nationale de Kikwit[7]. » Un autre témoignage rapporte ces propos d'un militaire : « Puisqu'on a tué un policier, nous devons tuer cinq cents civils. Un policier vaut cinq cents civils. Si c'était un militaire qui avait été tué, nous aurions dû massacrer le village entier[8]. »

L'insurrection, qui menace l'existence même de l'État congolais, est écrasée dans le sang, et les victimes se comptent par dizaines de milliers.

Revenu aux affaires, Tshombé n'hésite pas à faire appel aux Belges. Avec quelques fragments fiables de l'ANC se constitue une brigade mécanisée sous les ordres du colonel Vandewalle. De Kamina, vers Kindu puis Stanleyville, se déroulent alors l'épopée de l'Ommegang, du nom d'une fête folklorique flamande, et l'opération Dragon rouge. La colonne traverse le pays, réduisant toutes les poches rebelles. La libération de Stanleyville, le 24 novembre 1964, a lieu avec le soutien aérien des États-Unis qui permettent de faire la jonction avec les parachutistes[9]. Si les officiers sont belges, les troupes se composent de quelques soldats congolais, d'anciens gendarmes katangais et de mercenaires recrutés en Afrique du Sud avec la complicité bienveillante de Pretoria.

Mobutu, chef de l'armée, tire tout le bénéfice de cette victoire remportée grâce au concours des mercenaires, tout comme il avait été crédité, en 1962, de la fin de la sécession katangaise. A cette époque, il incarne l'unité nationale : malgré la débâcle de son armée chaque fois qu'elle s'est trouvée seule face aux rebelles, il a défendu la République au bord du chaos, et nul ne songe à lui faire grief des milliers de morts ou du recours aux mercenaires, ni de l'alliance de circonstance avec Tshombé, l'ancien sécessionniste...

L'armée, suivant un témoin de l'époque, est cependant restée un « infâme magma de mécréants », et une épuration s'impose. Les civils décident de la « nettoyer » avec l'accord de Mobutu, qui veut assurer complètement son contrôle sur l'instrument de son pouvoir. Des dizaines d'officiers et de sous-officiers impliqués dans la débâcle de l'Est sont traduits devant la justice militaire et passés par les armes. Ainsi épurée, l'armée sort de l'épreuve plus déterminée, mais aussi plus cohérente. Quant à Mobutu, il bâtit son prestige sur quelques hauts faits, comme la reprise du pont Kamanyola, où il avait enrayé la débandade de ses troupes et relancé les assauts.

Le 24 novembre 1965, il estime que son heure a sonné et se fait nommer chef de l'État. Plus tard, il affirmera que le pays était détruit, qu'il fut forcé d'intervenir pour assurer la pacification. En réalité, le pouvoir central avait déjà assis son autorité. Si Mobutu s'est décidé à revenir à l'avant-scène, c'est pour enrayer un recentrage opéré par le président Kasavubu, qui entendait que son pays reprenne place au sein de l'Afrique non alignée, alors que les Américains avaient au contraire choisi de faire du Congo une tête de pont de la lutte anticommuniste (voir chapitre 10).

Dans un premier temps, les mercenaires aident Mobutu à conforter son pouvoir, à combattre les derniers noyaux nationalistes, et ils sont purement et simplement intégrés dans l'armée nationale congolaise. Mais, en 1967, assuré du soutien des Américains, Mobutu décide de se séparer de ses anciens compagnons d'armes, devenus gênants. Arguant de « trahisons », de promesses non tenues, les mercenaires lancent alors des actions militaires à Kisangani et à Bukavu. Ce seront les équipées meurtrières de l'ancien colon belge Jean Schramme et du Français Bob Denard.

Non sans peine, ces révoltes sont réduites, et Mobutu, sous la pression de l'OUA, accorde l'amnistie aux gendarmes katangais qui ont combattu aux côtés des mercenaires. Plusieurs milliers d'entre eux, qui étaient réfugiés en Angola, acceptent de rentrer au pays. Mais, au Katanga, ils sont « accueillis » par le gouverneur Jean Foster Manzikala, qui les élimine systématiquement. Nombre d'entre eux disparaissent dans des fosses communes ou sont jetés depuis des hélicoptères. Dix ans plus tard, à Kolwezi, les survivants, ou leurs fils, se rappelleront à la mémoire de leurs bourreaux.

Les pendus de la Pentecôte

Si, dans les premiers mois, le pouvoir tout neuf du jeune général nationaliste suscite espoirs et sympathies, les illusions ne durent pas. Dès 1966, Mobutu démontre son peu de respect pour les lois et pour les garanties judiciaires : le 30 mai, le dernier Premier ministre désigné avant la dictature, le Katangais Evariste Kimba, est arrêté en compagnie de trois de ses proches, Anany, Bamba et Mahamba. Alexandre Mahamba est un ancien ministre de Lumumba, et Emmanuel Bamba se réclame de l'héritage spirituel du prophète Simon Kimbangu.

Ainsi que le raconte leur ami Kamitatu[10], les quatre hommes ont été victimes d'une provocation. Tshombé se trouvait en Europe, ce qui inquiétait Mobutu, dont le régime commençait à devenir impopulaire. De jeunes officiers sont alors envoyés auprès de Kimba pour lui faire part de leurs griefs et doléances. Ils lui demandent conseil. Ces officiers semblent décidés à passer à l'action. Les hommes politiques dressent imprudemment une liste de civils susceptibles de prendre la relève et de former un nouveau gouvernement.

Peu après, ils sont convoqués par le gouverneur de Kinshasa, Bangala, qui va pousser la provocation jusqu'au bout et sceller leur sort. Il demande aux quatre hommes de passer aux actes, de rédiger une proclamation de prise de pouvoir, de préparer un nouveau gouvernement. Lorsque les naïfs ont terminé leur tâche, leurs interlocuteurs changent soudain d'attitude : ils crient au complot, arrêtent les civils et se transforment en bourreaux. Anany, Kimba et Mahamba sont alors traînés devant Mobutu qui se moque d'eux, tandis que les soldats brutalisent les « comploteurs ». A aucun moment ces derniers ne seront confrontés avec les officiers qui avaient « traité » avec eux. Le matin du dimanche de la Pentecôte, les quatre hommes sont pendus en public sur un pont qui deviendra plus tard le pont Kasavubu.

Mobutu a tenu parole ; il avait déclaré, en 1965 : « Plus de politiciens. Aucun. C'est clair. Si un homme politique s'avise de tenir un meeting, on l'enverra devant un tribunal militaire... » Kimba et les siens, qui étaient considérés comme des rivaux potentiels, ont été victimes d'un complot orchestré de main de maître. Plus tard, fidèle à ses habitudes, Mobutu rejettera la responsabilité de leur condamnation à mort sur un tribunal militaire. Personne ne sera dupe : les tribunaux militaires relèvent de la compétence du chef de l'État, qui est aussi chef des armées.

Ces exécutions éclairent désormais d'un autre jour le règne du jeune colonel qui jouissait jusque-là de l'estime quasi générale. Elles constituent aussi un avertissement : les pseudo-conjurés sont issus des quatre grandes régions du pays, et Anany, ancien secrétaire d'État à la Défense, avait sauvé la vie de Mobutu du temps des mutineries. Le message est clair : c'est désormais Mobutu et lui seul qui a pouvoir de vie ou de mort.

Le piège tendu à Pierre Mulele

Au moins autant que les pendus de la Pentecôte, la fin tragique de Pierre Mulele marquera les esprits, car il s'agit là d'une véritable forfaiture.

En septembre 1968, alors que la guérilla est depuis longtemps vaincue, que Mobutu est chef de l'État depuis 1965, Pierre Mulele décide de quitter la brousse. L'ancien compagnon de Lumumba, qui, après un stage de formation en Chine, avait créé des maquis paysans dans le Kwilu et tenu longtemps tête au pouvoir central, opte enfin pour le combat politique. Il est épuisé, isolé. Les autres leaders révolutionnaires ne l'ont pas aidé, et il espère, dans la légalité, reprendre le combat politique depuis Kinshasa, ou bien rejoindre ses terres du Kwilu.

L'homme maigre, mal vêtu, qui, venant du maquis, traverse le fleuve vers Brazzaville le 13 septembre 1968 n'a rien d'une menace pour Mobutu. Il n'est plus qu'un fugitif désarmé que les gendarmes congolais amènent auprès de Marien Ngouabi, le président du Conseil national de la révolution. Ce dernier ne souhaite pas qu'il s'éternise, et Mulele lui-même refuse l'exil. Après quatorze jours d'entretiens avec les Congolais, il s'engage donc à retourner au Congo-Kinshasa plus tôt que prévu. Ludo Martens relate : « La parenté ethnique de plusieurs responsables de Brazza avec le maître d'en face les rendait fort vulnérables aux promesses empoisonnées de Mobutu, et ce dernier promit d'aider concrètement le pouvoir révolutionnaire de Brazza[11]. »

Mulele, malgré les avertissements de ses proches, les conseils des lumumbistes qui lui répètent que Mobutu va le tuer, refuse de se réfugier à l'ambassade cubaine. Il prend le risque de traverser le fleuve et de rentrer à Kinshasa, car les garanties lui sont venues de très haut. Le Premier ministre congolais a déclaré : « Nous avons décidé qu'il doit partir. Demain, Bomboko viendra pour conclure des accords concernant sa rentrée au pays ; Mobutu nous a donné sa parole d'honneur... »

Mulele lui-même affirmait en quittant le Congo : « Si Mobutu me tue, il montrera sa véritable physionomie à notre peuple et au monde entier. » Le 28 septembre, Bomboko arrive à Brazzaville et déclare à la radio : « L'amnistie générale décrétée à Kinshasa par le général Mobutu est valable pour tous. Nous accueillons donc M. Mulele en frère. Il travaillera avec nous pour la libération totale de notre pays. »

Le lendemain, Bomboko offre une réception solennelle sur le bateau présidentiel et, dans l'après-midi, Mulele accepte de faire la traversée. Il est accueilli en grande pompe : le général Bobozo, celui qui avait naguère veillé sur Lumumba à Thysville, donne une réception en son honneur. Le soir, Mulele se rend à la résidence de Bomboko, où il passe la nuit. Ses proches, ses fidèles viennent féliciter l'ex-rebelle, tout en lui conseillant de prendre garde.

Le 2 octobre à 17 heures, on vient annoncer à Mulele que la population l'attend au stade et se prépare à le saluer comme l'un des compagnons de Patrice Lumumba. Ce sera l'ultime voyage du dirigeant de la guérilla : au lieu de se rendre au stade, Mulele et les siens sont dirigés vers le camp Kokolo et enfermés.

Le soir même, les militaires commencent à torturer Mulele et les siens. Selon Ludo Martens[12], Bomboko lui-même a raconté plus tard la fin de l'homme du Kwilu : « Vivant, on lui a arraché les oreilles, coupé le nez, tiré les yeux des orbites pour les jeter à terre. On lui a arraché les organes génitaux. Toujours vivant, on lui a amputé les bras puis les jambes. Les restes humains ont été noués dans un sac et immergés dans le fleuve. »

Bien plus tard, dans une interview à l'hebdomadaire *Jeune Afrique*, Mobutu devait assumer la responsabilité du meurtre, tout en ajoutant « Mulele a été exécuté alors que je me trouvais au Maroc. » Mensonge : les assassins avaient attendu le retour de Mobutu à Kinshasa pour transférer Mulele au camp Kokolo. Ils ont donc bel et bien agi sur son ordre.

La mère de Mulele elle-même...

Dix ans après ce crime, la mère de Mulele fut elle-même assassinée, après qu'un mouvement politico-religieux se réclamant du combattant fut apparu près d'Idiofa. Un certain Kasongo, appartenant à la même tribu que Lumumba, les Batetelas, guérisseur-féticheur de son état, réussit à soulever toute la région, promettant le retour des héros disparus — Lumumba, Mulele — et prônant un messianisme dirigé contre l'Église catholique. Les adeptes de sa secte, les « Nzambi Mpungu », tiennent un discours hostile à Mobutu, aux commerçants prédateurs, aux riches en général. Ils s'en prennent surtout au Parti-État, le Mouvement populaire de la révolution, dont les bureaux sont incendiés...

Lorsque l'armée de Mobutu intervient, les insurgés, comme les rebelles d'autrefois, crient « *Masa* », espérant pulvériser les balles, les changer en eau... Ils sont fauchés par dizaines.

Une répression implacable suit alors, les dénonciations, les règlements de comptes s'entrecroisent. De trois à quatre cents personnes selon les uns, deux mille selon les autres, sont alors exécutées, mutilées et torturées en public avec une cruauté inimaginable. Kasongo, pendu après d'atroces mutilations, crie à son bourreau avant de mourir : « Mon esprit te poursuivra toute ta vie ! » La mère de Mulele, elle, est pendue par les soldats dans son propre village, « comme pour prouver aux populations hébétées que le héros mort n'a ni le pouvoir de revenir les sauver, ni celui de protéger sa propre mère[13] ».

Mobutu se rendra encore coupable d'une autre trahison : le 30 juin 1967, il charge un repris de justice, Francis Bodenan, de détourner en vol l'avion privé dans lequel a pris place

Moïse Tshombé, qui s'était réfugié en Espagne*. Bodenan, qui avait séjourné en prison de 1957 à 1966, appartenait à l'époque à l'entourage de Jacques Foccart, l'éminence grise de la diplomatie gaulliste, qui l'avait chargé d'infiltrer l'entourage du leader katangais[14]. Tshombé s'était en principe retiré de la politique et se contentait de gérer son immense fortune, et Bodenan l'avait attiré dans le traquenard en lui faisant miroiter une transaction financière lucrative. Le « tort » de Tshombé était d'avoir gardé de nombreuses sympathies en Belgique et aux États-Unis, et d'être encore considéré comme une alternative potentielle au pouvoir de Mobutu. C'était plus qu'il n'en fallait pour provoquer son élimination... Après l'atterrissage, les autorités algériennes refusent d'accéder à la demande de Kinshasa et d'extrader Tshombé. L'ancien leader de la sécession katangaise finira ses jours dans une prison d'Alger. Plusieurs versions ont été données sur sa mort ; la plus communément retenue est celle de la crise cardiaque. Mais les Zaïrois, pour leur part, croient que le leader katangais fut empoisonné.

Exécutions publiques, meurtres, trahisons : il n'a pas fallu bien longtemps à Mobutu pour montrer son véritable visage. En 1969, il perd l'appui des étudiants, qui l'avaient cependant soutenu dès le début.

Les jeunes intellectuels, membres de l'Union générale des étudiants congolais, apprécient à l'origine le nationalisme proclamé par Mobutu ; certains voient en lui l'héritier spirituel de Lumumba et suivent avec attention sa politique à l'égard des non-alignés. Mais, en juin 1969, les illusions se dissipent. Protestant déjà contre les difficultés de leurs conditions matérielles, les étudiants manifestent pacifiquement dans la capitale. La troupe intervient, tire. Il y a une centaine de morts. Deux ans plus tard, alors qu'ils commémorent l'anniversaire du massacre et que certains osent insulter celui dont

---

* Bernardin Munguel Diaka, qui fut nommé Premier ministre en 1991, était alors ambassadeur à Bruxelles et monta l'opération.

le culte de la personnalité commence à prendre forme, les
étudiants sont matés : Mobutu réforme les universités et
décrète l'enrôlement obligatoire des étudiants dans l'armée.
Fuyant la répression et l'uniforme, les premiers réfugiés
politiques zaïrois arrivent alors en Europe.

CHAPITRE 2

Un quart de siècle de violence

L'un des arguments majeurs de la propagande mobutiste, c'est la paix que le régime aurait apportée à une population épuisée par cinq années de luttes politiciennes, décimée par les rébellions.

En réalité, la paix que Mobutu a proposée à son peuple a été fondée sur la peur, la vengeance, la répression de toute opposition, non violente ou armée. Durant un quart de siècle, la population zaïroise a été enserrée dans les mailles des forces de sécurité. Cependant, couvant sous les cendres de cette paix illusoire, la résistance n'a jamais complètement cessé.

En 1965, les rébellions officiellement terminées, la réconciliation aurait été possible. Mais Antoine Gizenga, qui se considère comme le successeur légitime de Lumumba, choisit l'exil, et Pierre Mulele est exécuté. Pour bien d'autres dirigeants de la première République, le ralliement devient synonyme de compromission.

Malgré les discours enflammés, le régime Mobutu n'a jamais tenté de répondre concrètement aux exigences de justice qui avaient poussé les rebelles à se dresser contre le pouvoir central. Qu'ils aient emprunté la voie de mouvements politico-religieux, comme à Idiofa, dans le Kwilu de Mulele, qu'ils se soient fondés sur les aspirations séparatistes des gens du Shaba ou qu'ils aient utilisé une phraséologie révolutionnaire, les mouvements d'opposition n'ont jamais réellement désarmé. Mais, réprimés dans le sang, ils n'ont jamais réussi à s'unir sur une stratégie commune...

Chaque résurgence sporadique de la violence donne lieu à d'autres massacres, est prétexte à de nouvelles exactions des forces dites de l'ordre.

Une armée contre le peuple

Le 13 novembre 1984, cependant, des incidents plus sérieux que de coutume mettent aux prises des groupes bénéficiant d'alliés en Tanzanie avec les forces régulières zaïroises. La garnison de Moba, honnie parce qu'elle partage son temps entre le trafic de l'or et la répression des civils, est mise en déroute en quelques heures par une douzaine de rebelles qui envahissent la petite ville. Terrorisée, la population s'enfuit dans la brousse et, deux jours plus tard, des parachutistes de la 31e brigade sont largués sur la zone. Ils s'emparent sans grande difficulté d'une ville quasi déserte et ne rencontrent pas les rebelles, qui se sont rapidement repliés.

A l'époque, le président Mobutu, fidèle à ses habitudes, accuse de mensonge la presse belge qui relate les incidents, et il profite des événements pour solliciter un renforcement de la coopération militaire belge. Un journaliste du *Monde*, Laurent Zecchini, est autorisé, lui, à se rendre sur place. Il découvre que l'armée zaïroise a entrepris de ratisser la région, « détruisant et pillant systématiquement les maisons de Moba-Kirungu et des villages environnants, et exécutant sommairement des dizaines de civils. Au cours de ces opérations, qui semblent avoir obéi à une volonté de représailles aveugle, le butin constitué par les soldats est entassé dans des camions qui repartent vers Lubumbashi et Kalemié (...). Les villageois sont arrêtés par dizaines. » Le 25 novembre, Mobutu descend sur les lieux, ce qui contribue à calmer quelque peu la violence des troupes. Les commerçants sont en partie indemnisés, les fournitures scolaires sont remplacées dans les écoles. Cependant, dès le départ du chef de l'État, les abus de la soldatesque reprennent, et en février de l'année suivante une dizaine de soldats, appartenant au bataillon Léopard, massacrent une trentaine d'hommes et d'adolescents préalablement rassemblés dans une maison.

Ces événements de Moba révèlent une constante dans le comportement de l'armée zaïroise : lorsqu'elle se trouve en face d'opposants réels, décidés à se battre, elle s'effondre et abandonne le combat. Par contre, les soldats retrouvent tout leur savoir-faire lorsqu'il s'agit de trafiquer, de piller et de s'en prendre aux populations civiles.

Au cours des vingt-six années de règne mobutiste, les événements du Shaba mis à part, les seules opérations menées par l'armée zaïroise prirent les civils pour cibles, ou furent provoquées par des incidents avec des trafiquants et des braconniers qui se posaient en concurrents des militaires. Rien d'étonnant à ce que la plupart de ces accrochages aient surtout éclaté dans les régions minières : en 1979, à Katekalay, au Kasaï oriental, un contingent de l'armée s'en prit soudain aux exploitants de diamant, et fit, selon la Fédération internationale des droits de l'homme, plus de trois cents morts. C'est que les « creuseurs », ces hommes et ces femmes qui grattent et tamisent le lit des rivières pour y découvrir des gemmes, étaient en passe, devenus trop nombreux, de concurrencer l'entreprise d'État, la Minière de Bakwanga, qui alimente non seulement le budget de l'État, mais surtout celui de la présidence. Les gardes-miniers de la société, les gendarmes et des unités fraîchement venues du Shaba se chargèrent d'infliger une leçon aux creuseurs clandestins. Ils attaquèrent la petite foule industrieuse des creuseurs, les femmes qui vendaient les vivres, des prostituées en attente de clients. Les uns furent repoussés vers la rivière et s'y noyèrent, les autres furent tués par balles. Par la suite, les creuseurs veillèrent à partager plus équitablement leurs profits avec les militaires...

Au Nord-Kivu également, les accrochages furent nombreux entre villageois et militaires, moins pour des raisons politiques que pour cause de rivalité commerciale. Dans cette région, en effet, le trafic du café à destination du Rwanda voisin est une activité à laquelle se livrent tant les petits cultivateurs que les barons du régime ou les militaires. A tout moment, des incidents éclatent. Lorsque, à la fin des années 80, ils furent dénoncés par la presse étrangère, le président Mobutu trouva une parade. A cette époque, il séjournait volontiers dans le parc naturel des Virungas, célèbre pour ses gorilles de montagne. Ses bérets verts, accusés d'exactions, furent transformés en gardes forestiers. Après avoir changé d'uniforme, ils purent poursuivre à loisir les trafiquants rivaux, qualifiés du jour au lendemain de braconniers...

Accrochages sporadiques avec des groupes rebelles, poursuite de trafiquants, exactions multiples sur la population civile : au cours de toutes ces années, l'armée zaïroise s'est pratiquement comportée comme une force d'occupation, ne nouant d'alliances qu'avec ceux qui pouvaient lui assurer quelques profits, par exemple les Libanais.

Mais, en septembre 1991, ce sont les mêmes généraux qui s'étaient associés avec les trafiquants libanais qui prendront la tête des mutins pour piller les villas de leurs complices et les obliger à quitter le pays.

Le quotidien des militaires

Lorsqu'ils se mutinèrent, en 1960, les soldats de la Force publique estimaient que les civils accaparaient les bénéfices du pouvoir, tandis que leurs officiers raflaient les soldes de la troupe. Sur ce plan, depuis lors, rien n'a changé : les hauts gradés qui confisquent les paies conseillent aux simples militaires de « vivre sur le terrain ». Le terrain, ce sont les rares biens des villageois, la volaille, les récoltes, les femmes, les voyageurs de passage indéfiniment rançonnés... Rien d'étonnant à cela : si Mobutu a toujours veillé à disposer de quelques troupes d'élite payées sur le budget de la présidence, l'armée dans son ensemble a été négligée. Quant aux simples soldats, ils ne peuvent compter que sur eux-mêmes pour survivre.

C'est pourquoi les barrages routiers sont si nombreux. Les militaires arrêtent les véhicules, examinent les papiers, la carrosserie avec une minutie qui ne trompe personne. Ils ne cherchent pas l'infraction éventuelle, mais plutôt le moyen de soutirer quelque argent à l'infortuné voyageur. Il est toujours possible de s'arranger, moyennant « compréhension », c'est-à-dire *matabiche* (backchich en swahili). L'opération est cependant plus délicate qu'il n'y paraît : si l'imprudente victime croit s'en sortir rapidement en proposant avec hauteur quelque argent, son cas s'aggrave. Sans rire, on l'accuse alors de tentative de corruption de fonctionnaire, on l'emmène au poste, « voir le chef », et il lui en coûte plus cher encore de recouvrer la liberté.

Sous-payée, obligée de vivre sur un « terrain » aussi démuni qu'elle, l'armée zaïroise n'hésite pas à vendre ses uniformes, ses armes, ses munitions pour se payer quelque nourriture, un peu de bière ou la « collaboration » des *ndumbas*, les femmes libres.

Pierre Yambuya, qui, de 1975 à 1980, fut pilote d'hélicoptère avant de se réfugier à l'étranger, a donné[15] l'explication des multiples accidents qui ont réduit à néant la flotte aérienne zaïroise : « Une source de revenus importante était la vente du pétrole de l'armée. Nous devions effectuer chaque jour un vol d'entraînement de deux heures, dans un rayon de 50 kilomètres. Ce gaspillage de tonnes de kérosène nous donna l'idée de vendre plutôt le carburant aux villageois. » Tout le monde bénéficia de la combine, explique Yambuya : les trafiquants de carburant quittèrent l'armée pour s'acheter quelques petites parcelles de terrain, et les responsables administratifs se réjouirent de récupérer ainsi les salaires des déserteurs.

Trafic plus désastreux encore, la vente de pièces détachées : « Pour survivre, le personnel naviguant de la Faza, les Forces armées zaïroises, pilotes et mécaniciens, ainsi que le personnel au sol, s'étaient livrés à un véritable pillage de pièces détachées qui étaient vendues au marché aéronautique civil. Tous les utilisateurs privés trouvaient ainsi à Kinshasa le marché de pièces détachées le moins cher du monde. Les militaires les vendaient vingt fois moins cher que les prix d'usine (...). Le seul avion épargné fut celui du Guide. »

Voilà pourquoi, malgré un budget de la défense nationale deux cent cinquante fois plus élevé que les dépenses en matière de santé et d'enseignement, le Zaïre ne dispose plus que d'un seul appareil C 130 Hercules !

Yambuya poursuit en expliquant que, jaloux de ces profits réalisés par les équipages, le personnel de maintenance négligea de plus en plus l'entretien des appareils, ce qui explique les très nombreux accidents.

A travers tout le pays, le spectacle des cantonnements militaires est édifiant. Les bâtiments, jamais entretenus, sont d'une saleté repoussante, des enfants jouent dans la poussière, des jeunes filles tentent d'améliorer l'ordinaire de la famille par les « moyens du bord ». Les soldats, s'ils ne sont pas appelés par des tâches militaires, se « débrouillent ». Sur la route de l'aéroport, il est conseillé de ne jamais s'arrêter à la vue d'un corps allongé qui barre la route. Le « cadavre » ou le « blessé » est généralement un appât : derrière lui, des militaires surgissent et rançonnent l'imprudent voyageur.

Les purges

Tout occupée à ses stratagèmes, à ses combines, comment l'armée régulière songerait-elle à un coup d'État ? Procédant avec les officiers supérieurs comme avec le personnel politique, Mobutu a veillé à faire alterner promotions, distributions d'avantages matériels et spectaculaires « coups de balai ». Malgré l'apparente stabilité du régime, des remous ont agité à plusieurs reprises la hiérarchie militaire. En 1975, la presse dénonce une conjuration ourdie par quelques officiers revenant d'un stage aux États-Unis. Formés dans les académies militaires, ces hommes disposent d'un tout autre bagage que celui de l'ancien sergent de la Force publique, ils ont également eu l'occasion d'observer d'autres systèmes politiques. Fraîchement rentrés de l'étranger, ils sont naïfs au point de rédiger et de cosigner un mémoire dans lequel le major Mpika dénonce le fait qu'un seul homme puisse détenir tous les pouvoirs ! La réaction ne tarde pas : les conjurés, parmi lesquels l'attaché militaire de l'ambassade du Zaïre à Washington et le secrétaire particulier du Président, sont accusés d'avoir fomenté un coup d'État militaire à l'instigation des États-Unis ! C'est ce que l'on appellera à l'époque le « complot de Kissinger ». Jugés et condamnés à mort, les conjurés ne seront cependant pas exécutés. En revanche, en 1978, le major Kalume et ses compagnons eurent moins de chance. Sortis de l'École royale militaire de Bruxelles, ils furent soupçonnés d'avoir préparé un coup d'État et, après jugement devant le tribunal militaire, ils furent promptement exécutés, malgré l'émotion que l'événement suscita en Belgique.

L'affaire Mukobo

Quant au général Mukobo Mudende, ancien chef d'état-major de la Force terrestre, il eut tout le temps de réfléchir à ce qu'il en coûte d'être l'ami des Belges. Ses collègues belges reconnaissaient son sérieux, son professionnalisme, son honnêteté aussi. A l'occasion d'une visite en Belgique, le général Mukobo avait été amicalement accueilli par le chef d'état-major de la Force terrestre. Trop bien accueilli, sans doute : connaissant l'état de délabrement de l'armée zaïroise, l'officier avait promis à son homologue de lui envoyer des équipements déclassés et des armes, afin que les jeunes recrues puissent s'entraîner avec autre chose que des fusils de bois. Dès son retour, Mukobo informa ses supérieurs hiérarchiques des promesses qui lui avaient été faites. Mais, à Bruxelles, l'administration différa les envois. Ce n'est qu'un an plus tard, en 1987, que les colis furent prêts à être livrés. En toute innocence, les militaires belges prièrent alors le ministre de la Défense de l'époque, le libéral De Donnéa, d'emporter avec lui armes et équipements à l'occasion d'une visite prévue au Zaïre. Le ministre s'exécuta en toute bonne foi. A Kinshasa, ne trouvant pas Mukobo lui-même, les Belges confièrent les colis à des militaires zaïrois, leur demandant de livrer le tout à la résidence de l'intéressé. Fatale imprudence ! Il n'en fallut pas davantage pour que Mukobo fût soupçonné de complot, chassé de l'armée et envoyé en relégation dans le Haut-Zaïre, en compagnie de cinq autres militaires, où il vécut dans un isolement complet sans avoir jamais pu se défendre.

En réalité, il y avait longtemps que les compétences professionnelles et les amitiés belges du général Mukobo portaient ombrage à Mobutu et agaçaient les supérieurs directs du jeune officier, les généraux Eluki et Mahele. Non seulement l'affaire de ces malencontreuses livraisons d'armes permit d'écarter Mukobo, mais aussi elle permit de déclencher au sein de l'armée zaïroise une épuration qui fut connue en Belgique sous le nom de code de « N'Koy » : plusieurs officiers subalternes dépendant de Mukobo furent passés par les armes. De plus, au cours de manœuvres qui eurent lieu au Shaba au début de 1988, plusieurs militaires suspects, appartenant à la 31ᵉ brigade, auraient été éliminés : les 6 et 7 mai 1988, des parachutistes furent largués au-dessus de sables mouvants du côté de Dilolo, sur la frontière angolaise, et du 7 au 10 mai, une escadrille, volant au-dessus du plateau des Bateke, près de Kinshasa, fut touchée par des roquettes parties à l'improviste. Trois appareils furent détruits, quatre pilotes perdus.

A Bruxelles, de source militaire, on soupçonna ces accidents d'être liés à l'affaire Mukobo, et on enregistra un certain nombre de désertions au sein de la 31ᵉ brigade. De même source, on remarqua que les officiers zaïrois formés en Belgique avaient, à cette époque, perdu la confiance du

Président, lequel avait alors pris comme conseiller le général français Jeannou Lacaze.

Qu'elles soient d'ordre politique ou psychologique, les Belges manquent rarement l'occasion de commettre des gaffes au Zaïre : ainsi, en 1989, au plus fort de la crise entre les deux pays, un chargement quitta le port de Zeebrugge, comportant un « cadeau » à l'intention des soldats zaïrois : un lot de capotes militaires bien chaudes, bien lourdes, impossibles à porter sous l'Équateur...

Le colonel M'Bo, quant à lui, n'a pas eu le temps de se repentir de la considération que lui témoignaient les Français. Ce pilote de Mirage, formé à Toulouse, était l'un des meilleurs éléments de l'aviation zaïroise. Il s'était particulièrement distingué à l'occasion des guerres du Shaba. Les Français ne tarissaient pas d'éloges à son égard : brillant, point trop corrompu, promis à un grand avenir. C'était plus qu'il n'en fallait. Le colonel M'Bo fit des jaloux. En novembre 1989, on lui demanda de ramener à Gbadolite quelques membres éloignés de la famille présidentielle qui n'étaient plus en très bons termes avec Mobutu, et une certaine quantité de fret. Ce pilote de chasse avait été, pour l'occasion, affecté aux commandes d'un Hercules C 130. Peu après le décollage, l'appareil explosa en vol, non loin de Kinshasa. Il n'y eut guère de survivants et on évoqua en ville la triste fin d'un « ambitieux ».

Le patchwork des coopérations militaires

Entraînée successivement ou en même temps par les Belges, les Français, les Israéliens ou les Chinois, l'armée zaïroise se ressent de cette formation hétéroclite. Mais cette faiblesse « technique » comporte un avantage évident : ainsi divisée, l'armée ne représente pas un réel danger pour le régime.

Un officier para, rencontré du côté de Bunia où il opérait contre des rebelles « rusés et invisibles », nous raconta un jour, moyennant quelques bières, les aléas de sa formation. A Kota Koli, il avait été entraîné par les Belges. A la N'Sele, le domaine présidentiel proche de Kinshasa, il était passé entre les mains des Israéliens, et à Kisangani il avait appris les méthodes des Chinois. Notre homme s'était efforcé, après cette triple formation, de retenir l'essentiel des méthodes pratiquées : « Les Israéliens mettent toujours le chef à l'avant, les hommes suivent. Les Chinois, eux, sont les plus subtils : ils placent les éléments indisciplinés en première ligne. Quant aux Belges, c'est simple, le chef est toujours derrière. » Lors des rencontres avec les rebelles, notre homme avouait apprécier beaucoup la méthode des Belges : « Il faut s'adapter à chaque situation, l'essentiel est de rester vivant... »

Les Belges, si dévoués...

Durant les premières années suivant l'indépendance, la présence militaire belge au Zaïre est pour le moins ambiguë. Des conseillers militaires sont présents à Leopoldville, mais d'autres se trouvent aussi au Katanga aux côtés de Tshombé. Par la suite, les troupes belges prennent une part active à l'écrasement des rébellions. Après la prise du pouvoir par Mobutu, alors que la situation du pays s'est stabilisée, la coopération militaire se renforce et s'organise. Bruxelles soutient le nouveau régime, et de nombreux officiers belges, qui se souviennent de la défunte Force publique, souhaitent faire de l'armée de Mobutu une force crédible et organisée.

A la différence des autres coopérants militaires, qui se contentent de remplir leur contrat, c'est avec bonheur et sérieux que les militaires belges reviennent au Zaïre : les officiers, les pilotes, les paracommandos, les logisticiens de ce petit pays retrouvent là un terrain d'action qu'ils estiment à leur mesure. Ils remettent en état leurs anciennes bases, Kitona et surtout Kamina, dont les Américains découvriront plus tard les inappréciables avantages : cette base possède la plus longue piste d'atterrissage de la région et permet de contrôler toute l'Afrique australe. Les Belges se voient en outre confier la création du centre de commandos de Kota Koli, en pleine forêt équatoriale. Les paracommandos belges ouvrent un centre d'entraînement qui s'inspire de Marche-les-Dames, petite ville belge le long de la Meuse, où la plupart d'entre eux ont fait leurs classes. Mais Kota Koli est bien pire que les aimables rochers mosans : les Belges y appliquent les plus rudes programmes de l'Otan et les recrues zaïroises garderont de Kota Koli un souvenir à la fois admiratif et horrifié (voir chapitre 3).

La sérénité des rapports entre militaires belges et zaïrois ne dure guère : très vite, la politique et ses ambiguïtés reprennent leurs droits. En 1967, les mercenaires se rebellent, le Français Bob Denard et le Belge Schramme reprennent les armes. Sur le terrain, les Belges sont soupçonnés de double jeu, alors que l'armée de Mobutu fait front.

Malgré le nationalisme croissant des troupes zaïroises qui se tourne tout naturellement contre eux, les Belges n'en poursuivent pas moins leur travail de formation : ils créent le Groupement des écoles supérieures militaires, comprenant le Centre supérieur militaire à Kinshasa et l'École de formation d'officiers à Kananga. Ils s'emploieront par priorité à y former des cadres zaïrois et noueront de solides amitiés au sein de l'état-major.

Lorsque la coopération est suspendue, en 1990, les Belges ne disposeront plus au Zaïre que de 85 militaires assurant essentiellement des tâches de formation. Avant leur retrait du Zaïre, ils étaient surtout appréciés pour le fait de laisser en permanence un Hercules C 130 dans le pays. Cet appareil était en principe mis à la disposition de l'armée zaïroise pour des besoins logistiques ; en fait, il servait à transporter le « fret » des militaires et des alliés du régime...

Les Israéliens, si rapides...

Très vite, Mobutu comprend l'intérêt politique qu'il a à diversifier ses appuis militaires. Après avoir lui-même effectué un stage de formation de parachutiste en Israël, il revient séduit par la maestria des militaires de ce pays. Systématiquement, il envoie en Israël ses meilleurs officiers et invite des instructeurs israéliens qui créeront la Ditrac, Division de troupes aéroportées, la première de ces troupes d'élite que Mobutu apprécie tant. Les Belges, militaires classiques, considèrent avec un certain mépris la formation dispensée par les Israéliens : « Six semaines d'entraînement intensif dans le Néguev, cela n'est vraiment pas sérieux », estiment-ils, surtout par comparaison avec les deux années de formation que les recrues zaïroises passent à l'École royale militaire en Belgique. La brièveté du stage va cependant de pair avec la rapidité de l'ascension : plusieurs officiers haut-gradés, comme le général Nzimbi, chef de la Division spéciale présidentielle, ou le général Bumba, qui, après ses défaites successives en Angola, deviendra l'un des hommes les plus riches de Kinshasa, sortent des sessions de formation en Israël. Il est vrai qu'après la rupture, puis la réconciliation (voir chapitre 10), Israël se distinguera au Zaïre par la formation du bataillon Dragon, dont les 400 hommes font partie de la Division spéciale présidentielle. Ce sont des Israéliens qui assureront, avec les succès que l'on sait, la sécurité personnelle du Président. On les crédite d'avoir déjoué plusieurs complots. Les Israéliens sont également très actifs au Ceforec le Centre de formation et de recyclage destiné aux agents de la sécurité. En collaboration avec les Américains de la CIA, ils y enseignent la récolte d'informations, l'analyse de la situation internationale. Les Français, pour leur part, enseignaient les techniques de repérage, de photographie, de collecte du renseignement.

Les autres coopérations militaires sont plus classiques.

Appelés très tôt, vers la fin des années 60, les Italiens s'employèrent à former la Force aérienne et à vendre leurs avions Macchi et Marchetti. Les Britanniques ont été invités un temps à remplacer les Belges après l'aventure de Schramme, mais ils ont assez rapidement décroché de ce pays dont la mentalité leur échappait. Vient alors, vers le milieu des années 70, la glorieuse époque des Asiatiques, Chinois et Nord-Coréens. Les premiers sont toujours là. Ils encadrent les troupes zaïroises en face de Kisangani, de l'autre côté du fleuve. Ils dépendent du budget zaïrois et attendent, parfois durant des mois, que leur solde soit payée. Ils trompent la faim et le temps en se livrant à l'agriculture.

Les Chinois s'occupent surtout du matériel et collaborent également avec les Français au centre d'instruction des troupes blindées de Mbanza-Ngungu, qui fut créé par les Belges et repris par les Français avec la bénédiction de Charles Hernu, alors ministre français de la Défense. Une quinzaine de pays africains francophones envoient des recrues se former dans ce centre. Les Chinois sont également présents au sein de la Force navale zaïroise.

Les Nord-Coréens, eux, ont laissé un grand souvenir au Zaïre. Ils ont formé la célèbre division Kamanyola, chérie à l'époque par le Président. Lorsqu'ils défilèrent pour la première fois à Kinshasa, les hommes de cette unité — parmi lesquels un certain nombre de Pygmées — firent forte impression. Raides comme des automates, la tête réglementairement penchée, ils défilèrent au pas de l'oie sur les boulevards de la capitale... Le *drill* coréen a laissé des traces dans les mémoires : discipline de fer, austérité des mœurs, égalitarisme rigoureux. Les officiers devaient partager l'ordinaire de leurs troupes ; ils ne s'en sont pas encore remis. Sa formation spartiate n'empêcha pas la division Kamanyola de se faire tailler en pièces par les orgues de Staline des Cubains (voir chapitre 10), et, après plusieurs mutineries au sein de leurs troupes, les instructeurs coréens durent regagner le pays du Matin-Calme...

Quant aux Français, ils ne sont arrivés au Zaïre que bien plus tard : en réalité, c'est après les deux guerres du Shaba qu'une centaine de coopérants ont été envoyés sur place. Ils émargent au budget de la coopération militaire française, mais, chaque année, le Zaïre offre à chacun d'entre eux et à sa famille un voyage de retour au pays. Dans un premier temps, les Français s'employèrent à vendre des avions Mirage et à former des pilotes. Faisant la nique aux Mig qui protégeaient Brazzaville, les Mirage français devaient se contenter de survoler le fleuve au-dessus de Kinshasa, le manque d'infrastructures ne leur permettant pas de patrouiller au-dessus du reste du pays.

Beaucoup plus important et efficace fut le commandement des quelque trois mille hommes de la 31e brigade, basée près de l'aéroport de Ndjili, aux portes de Kinshasa. Chevronnés, triés sur le volet, les militaires français du Ceta, le Centre d'entraînement des troupes aéroportées, ont conquis l'estime générale à Kinshasa. Défendant la capitale, ils occupaient une fonction hautement stratégique, mais, en 1990, ils durent céder leur poste de commandement à des militaires zaïrois. Dès ce moment, les soldes de la troupe se firent irrégulières et la révolte couva, jusqu'à l'explosion de septembre 1991.

L'aide française, à l'occasion de Shaba I et de Shaba II, a dépassé de loin la coopération militaire classique (voir chapitre 10).

Les Allemands, quant à eux, participèrent à la formation de la garde civile. Ils envoyèrent sur l'équateur des gardes-frontière et des policiers, mais, lorsque la garde civile fut impliquée dans des massacres d'étudiants à Kinshasa, Bonn rappela bien vite ses coopérants. Ces derniers furent alors remplacés par une vingtaine d'Égyptiens.

Peut-on qualifier de « coopérants militaires » les Libyens anti-Kadhafi ? Ces hommes arrivèrent au Zaïre après que le président du Tchad, Hissène Habré, eut été renversé par Idriss Déby en 1990. Ils furent hébergés à Kinshasa, puis au

Shaba, et les mieux formés d'entre eux (certains venaient de Fort Knox, aux États-Unis) furent recrutés pour assurer la sécurité personnelle de Mobutu, résidant même sur le bateau présidentiel.

Quant à l'aide américaine, elle fut toujours plus importante en matériel qu'en hommes. Mais ce matériel était très substantiel, surtout lorsque le Zaïre permit aux États-Unis d'utiliser la base de Kamina pour approvisionner l'Unita (voir chapitre 10).

Lors des manœuvres conjointes menées au Shaba avec les troupes zaïroises, les Américains se montrèrent fort généreux : ils abandonnèrent du matériel, prodiguèrent des soins de santé et même de dentisterie à la population locale, laissèrent des médicaments dans les villages et restaurèrent de fond en comble la base de Kamina, où un entrepreneur proche du régime, Malta Forrest, fut chargé de refaire la piste pour gros-porteurs.

A noter que, hormis les coopérations belge, française et américaine, ces assistances militaires n'étaient pas gratuites : Israéliens, Coréens, Chinois, Égyptiens et autres émargeaient tous au budget zaïrois, ou plutôt au budget de la présidence, à raison de 5 000 dollars par mois en sus de leur logement et de leur transport.

Shaba I et II, *apogée des coopérations étrangères*

Si elles se soldèrent par un désastre pour l'armée zaïroise, les deux invasions du Shaba, au départ de l'Angola, donnèrent aux Occidentaux l'occasion de sauver le régime. A chaque fois, Mobutu sut transformer sa défaite militaire en victoire politique.

Les « Katangais » ont la mémoire longue. Ils n'ont jamais oublié que l'amnistie proposée à la fin de la sécession se traduisit en fait par le massacre de plus de trois mille « gendarmes » rentrés au pays. Leurs compagnons de combat, réfugiés en Angola, se trouvèrent mêlés à toutes les péripéties de la guerre d'indépendance, mais sans jamais oublier leur haine envers Mobutu. Dès la fin des années 60, les Katangais sont recrutés par la Pide, la police politique portugaise, et envoyés se battre contre le Front national de libération de l'Angola dirigé par Roberto Holden, proche de Mobutu.

Au fil des années, on retrouve dans les rangs de ceux que l'on appelle désormais les « Flèches noires » des vétérans de la sécession katangaise, mais surtout bon nombre de jeunes Lundas qui fuient la répression exercée dans leur province. Ils forment une troupe aguerrie dont, au lendemain de la révolution des œillets au Portugal, Rosa Coutinho, celui que l'on appelait l'« Amiral rouge », fera cadeau au Mouvement populaire de libération de l'Angola d'Agostinho Neto. Cadeau bienvenu s'il en est : à la veille de l'indépendance, le MPLA marxiste est isolé dans la capitale Luanda et menacé par les groupes rivaux : l'Unita de Savimbi, soutenu par l'armée sud-africaine, et le FNLA, appuyé par l'armée zaïroise.

L'idéologie n'a pas grand-chose à faire ici ; ces Flèches noires ne sont que des militaires semi-professionnels qui se mettent au service des nouveaux maîtres de Luanda. Leur aide sera appréciée : les Katangais contrôlent la région minière de Dundo et sont amenés à tenir le « front de Caxito », aux portes de Luanda, où le MPLA, qui manque de troupes, n'envoie que des enfants et des adolescents. Les Katangais bloquent l'avance des troupes zaïroises sur Luanda en attendant l'arrivée des Cubains.

Agostinho Neto, le président angolais, a donc une dette morale à l'égard des Katangais, et il tolère que Nathanaël Mbumba, un ancien commissaire de police de Kolwezi, se tranforme en véritable seigneur de la guerre dans le nord de l'Angola. Mbumba dispose d'hommes aguerris, de fûts de diamants qui représentent son trésor de guerre. Il reçoit fréquemment la visite d'opposants zaïrois en exil qui le pressent de rentrer au Shaba pour tenter de renverser le régime. Mbumba et ses amis créent alors le FNLC, Front national pour la libération du Congo. Désireux de normaliser ses relations avec Kinshasa et de reprendre le contrôle des régions productrices de diamant, le président Neto presse Mbumba et ses hommes de se déplacer du côté de la Zambie. Au lieu de cela, les Katangais décident de franchir la frontière... En 1977, ils ne sont encore que quelques poignées d'hommes mal équipés, mal organisés. Il n'empêche : à Kapanga, Dilolo, Mutshasha, les garnisons de l'armée zaïroise s'enfuient sans combattre et refluent vers Lubumbashi. Mobutu doit alors faire appel aux troupes marocaines, transportées par des Transall français, pour reprendre en mains le Shaba (voir chapitre 10).

Ici se situe l'une des énigmes de l'équipée du Shaba : qui fournit à ces hommes les moyens de regagner le Zaïre ?

Si les autorités angolaises souhaitaient que les Katangais descendent vers le sud, c'est la société Diamang qui procura les véhicules et l'essence nécessaires au voyage. La Diamang, en effet, dans laquelle la Société générale de Belgique avait à l'époque une participation de 17,4 % —, était le principal employeur de la région et la seule entreprise organisée. Parmi ses cadres, on comptait quelques Belges assez proches — et pour cause — de la Société générale de Belgique. On comprend mieux dès lors pourquoi, après les événements du Shaba, les autorités zaïroises accusèrent la société belge d'avoir une fois de plus voulu déstabiliser le régime...

Après cette invasion, la répression fut terrible : Mobutu lui-même dirigea les opérations de bombardement contre les villages suspects, visant plus particulièrement les cimetières et les lieux traditionnels. Pierre Yambuya raconte que lors de la contre-offensive zaïro-marocaine, le colonel Ikuku ordonna l'assaut de Lufupa-village, à un kilomètre d'une position tenue par les soldats katangais : « Toutes les cases sont incendiées pendant que les villageois sont en train de dormir ou à l'écoute des échanges de coups de feu, sans se rendre compte de la situation. Ensuite, ils sont massacrés à bout portant sur ordre d'Ikuku. Pour la plupart, c'étaient des femmes et des enfants, les hommes s'étant réfugiés dans la brousse bien avant, à part quelques vieillards qui, eux non plus, n'échappèrent pas au massacre. »

Grâce aux troupes marocaines et à l'aide logistique française, les « Tigres » katangais sont repoussés. En se repliant, ils écrivent sur les murs des magasins : « Vous avez gagné la guerre aujourd'hui, 13 mai 1977 ; mais l'année prochaine à la même date, nous sortirons vainqueurs ! »

Effectivement, un an plus tard, le FNLC tente à nouveau sa chance : le 13 mai 1978, les Tigres lancent une attaque surprise et parviennent jusqu'à Kolwezi. L'armée zaïroise, fidèle à ses traditions, n'oppose aucune résistance...

Kolwezi : *le prétexte humanitaire*

Une fois encore, Mobutu invoque le péril communiste et fait appel à l'aide internationale. Les Belges ne sont pas convaincus de la nécessité de sauver son régime et souhaitent strictement limiter leur intervention à l'aspect humanitaire, tandis qu'à Paris le président Giscard d'Estaing veut se porter au secours de Mobutu (voir chapitre 10).

Les péripéties de la reprise de Kolwezi par la Légion étrangère sont connues. Il s'agit là de l'un des derniers épisodes « glorieux » des interventions militaires européennes en Afrique, mené sous un double prétexte : protéger le Zaïre contre le péril communiste et intervenir pour des raisons humanitaires afin de sauver des Européens menacés.

Ce que l'on sait moins, c'est que ce prétexte humanitaire a été fourni par Mobutu lui-même... On se souvient que lorsque les troupes de la Légion étrangère pénètrent dans Kolwezi, le 19 mai 1978, elles découvrent dans la ville de nombreux cadavres d'Européens, en particulier une trentaine de corps gisant dans une villa située à proximité du quartier général de l'armée zaïroise. Quelque temps auparavant, la confirmation du massacre des Européens vivant à Kolwezi, imputé aux rebelles katangais, a emporté la décision d'intervention de Paris. A l'époque, nul ne met en cause la légitimité « humanitaire » de cette intervention, les rescapés moins que personne. A leur retour en Europe, ils proclament que si la Légion n'était pas intervenue ils auraient été massacrés jusqu'au dernier par les Katangais, lesquels accusent les Blancs d'être complices du régime Mobutu.

Cependant, des fausses notes ne tardent pas à se faire entendre. L'un des survivants du massacre de la villa P2 raconte qu'en fait, lorsqu'ils apprirent que les rebelles étaient entrés dans la ville, les Européens s'étaient rassemblés dans quelques-unes de leurs résidences, se préparant à résister ensemble. Le 13 mai, c'est l'armée zaïroise qui fait le tour des quartiers résidentiels et conseille — pour ne pas dire ordonne — aux Européens de se tenir en un même endroit afin que leur protection soit rendue plus facile. Les Blancs sont alors emmenés par les militaires zaïrois dans une villa voisine de leur quartier général, où se trouvent également les installations de transmission de la Force terrestre.

Le dimanche 14 mai, raconte l'un des survivants, M. R. (qui tient encore, douze ans après, à garder l'anonymat !), « nous étions plusieurs dizaines d'Européens rassemblés avec femmes et enfants au rez-de-chaussée de la villa. Au loin, nous entendions les échanges de coups de feu, tandis que de jeunes militaires zaïrois surveillaient les entrées de la maison. Les volets étant baissés, nous ne pouvions rien apercevoir de ce qui se passait à l'extérieur. Soudain, en début de soirée, des rafales éclatèrent, les Européens enfermés à l'intérieur de la villa furent pris sous une pluie de balles et de grenades. Un inconnu, non identifiable, lâcha une rafale de mitraillette sur les Européens en criant "Nettoyage !" Nous étions tous à plat ventre, mais nous n'avions aucun moyen de nous protéger. Les portes étaient verrouillées de l'extérieur, personne ne pouvait s'échapper. »

Une trentaine d'Européens trouvent alors la mort dans la

villa P2. Les exactions commises en ville par les rebelles, mais aussi par l'armée zaïroise, les rumeurs de « chasse aux Blancs » alimentent la panique des Européens. Lorsque, au lendemain du massacre de la villa P2, Mobutu débarque à Kolwezi en tenue de combat, il s'adresse aux journalistes avec l'assurance de celui qui sait qu'il n'est plus seul. Et pour cause : dès le lendemain, la Légion étrangère saute sur Kolwezi, tandis que les paras belges évacuent tous les Européens. Le régime, une fois de plus, est sauvé par l'intervention étrangère.

Ce massacre de la villa P2 fut imputé aux rebelles, mais les survivants européens se sont toujours demandé où étaient passés les soldats zaïrois chargés de les protéger. Quand se dissipa l'unanimisme humanitaire, des questions commencèrent à se poser, auxquelles nul ne répondit. Longtemps après, lorsque M. Nguza Karl I Bond, alors dans l'opposition, relata que le président Mobutu avait lui-même donné l'ordre de faire massacrer les Européens afin d'emporter la décision d'intervention, il ne rencontra, à Paris et à Bruxelles, qu'un silence incrédule.

Cette version répond cependant aux questions que se sont posées à l'époque plusieurs témoins européens, et elle a été confirmée par Pierre Yambuya, le pilote d'hélicoptère, qui se trouvait à Kolwezi ce jour-là. Yambuya écrit qu'« à 17 heures, ce dimanche 14 mai, le colonel Bosange ordonne tout à coup de fusiller tous les Européens enfermés dans la villa, en raison de leur prétendue complicité avec les Katangais. Selon lui, ce sont tous des mercenaires. [...] Bosange désigne le chef des services de renseignement et de sécurité, le lieutenant Mutuale, et trois autres soldats pour exécuter ses ordres. Mutuale, suivi de son peloton d'exécution, se dirige vers la villa, située à environ 50 mètres. Ils s'approchent de la villa, dont les portes sont métalliques, ils tirent plusieurs rafales avec leurs armes automatiques. Le bruit des rafales résonne comme celui d'un accrochage. (...) Une trentaine de corps seront retrouvés par les paras français. Plus tard, Bosange recevra une décoration de l'armée française. Pourtant, les autorités savent bien ce qui s'est réellement passé[16] ».

Rien d'étonnant à ce que, dix ans plus tard, lorsque les unités de paracommandos belges commémorèrent l'anniversaire de leur intervention à Kolwezi, ils se soient bien gardés, malgré ses protestations, d'inviter à la cérémonie l'ambassadeur du Zaïre. « Votre place n'est pas ici », lui fut-il sèchement signifié.

Kolwezi marque la dernière tentative de renversement du régime par la lutte armée. A l'époque, les opposants se persuadent du fait que Mobutu, même s'il ne peut guère compter sur sa propre armée, dispose en tout cas du soutien des Occidentaux, bien décidés à défendre cet allié fidèle Après Kolwezi, les combattants du FNLC se replièrent en Angola, où ils furent dirigés du côté de la frontière zambienne Ils ne représentèrent plus jamais un péril réel pour le Zaïre, et le général Mbumba regagna Kinshasa, sous la troisième République, après s'être réconcilié avec Mobutu.

Ses hommes ne désarmèrent pas pour autant : l'un de ses lieutenants, qui assistait aux travaux de la Conférence nationale, expliqua que le FNLC comptait toujours environ 18 000 hommes, disséminés dans plusieurs pays voisins du Zaïre: outre l'Angola, la Zambie, la Tanzanie, l'Ouganda. En Ouganda, ils auraient fait la jonction avec le FDR, le Front démocratique rwandais, qui tente de renverser le régime Habyarimana, allié de Mobutu.

CHAPITRE 3

Les cercles de la Sécurité

Mobutu est violent. Il n'hésite pas à battre sa ou ses femmes, à gifler ses collaborateurs, à ordonner la disparition de ses adversaires. Lorsqu'il est en colère, il martèle le sol de sa canne de chef, il cogne, il crie. Parfois, des ministres, des conseillers quittent la présidence le visage tuméfié. Il n'y a pas si longtemps que Mpinga Kasenda, distingué professeur de sciences administratives, ancien Premier ministre, se retrouva à l'hôpital, le bras cassé : l'entretien avec le Guide avait été orageux.

Mobutu n'est cependant pas un tortionnaire. Il met rarement la main à la pâte. Il préfère tuer par procuration, organiser le meurtre, puis nier toute responsabilité. Il aime se présenter comme l'avocat des droits de l'homme, protester, la main sur le cœur, de son ignorance, de son innocence, de son indignation. Promettre de châtier des coupables qui, ensuite, recevront une promotion...

Durant un quart de siècle, Mobutu a pu se maintenir au pouvoir, se permettre de longs séjours à l'étranger, déjouer menaces et complots parce que son pouvoir était protégé par les différents cercles de la Sécurité. Au cœur de ce dispositif, le dernier cercle, celui des services secrets, avec ses cohortes d'informateurs nationaux et étrangers. Pendant nombre d'années, des dizaines d'hommes ont œuvré dans l'ombre à conforter le pouvoir du dictateur, à déjouer complots et menaces, à dissuader opposants intérieurs et adversaires étrangers. Israéliens, Français, Belges, anciens mercenaires ou hommes de confiance, voire Sénégalais ou Coréens, ces conseillers n'ont pas manqué à la cour de Mobutu, multipliant les intrigues, inventant des complots pour mieux pouvoir les éventer et être récompensés de leur zèle.

Les différents cercles des forces de sécurité — à ne pas confondre avec la malheureuse armée régulière — forment l'un des systèmes les plus sophistiqués d'Afrique. Si l'on ajoute au poste normal de la défense nationale le montant des prébendes et le fruit des exactions, ce dispositif représente plus de la moitié du budget officiel du Zaïre...

Composés de différentes agences militaires et civiles, les cercles du pouvoir réel dépendent directement du Président. Ces agences rendent compte au plus important des conseillers présidentiels, celui qui est chargé de la Sécurité.

Les principales agences qui sont responsables de la sécurité sont, outre la gendarmerie nationale, la garde civile, l'Agence nationale de documentation (AND), l'Agence nationale d'immigration (ANI) et le Service d'action et de renseignements militaires, le Sarm. Le Président a toujours tenu à contrôler personnellement les activités de l'AND et de l'ANI, regroupées au sein du Snip, le Service national d'intelligence et de protection. En fait, à chaque fois qu'une agence devenait trop impopulaire ou trop connue, son nom était modifié, mais ses fonctions ne changeaient pas... « On ne quitte jamais réellement les services secrets », soupirait un transfuge, rappelant que le règlement interdit à ses membres de démissionner. En auraient-ils la tentation qu'ils en seraient dissuadés par les conditions de leur engagement. Non contents de jurer une fidélité inconditionnelle à Mobutu, les membres des services de sécurité doivent fournir une liste exhaustive et détaillée des membres de leur famille, avec fonctions et adresses, et communiquer les identités de cinq de leurs meilleurs amis. Tous les trois mois, les agents repassent par le Ceforec, le Centre de formation et de recyclage, où de nouvelles techniques leur sont inculquées, et les plus doués partent chaque année en Israël ou aux États-Unis. C'est d'ailleurs à Kinshasa que la CIA a longtemps formé ses agents en Afrique centrale.

Lorsque fut proclamée la troisième République, le général Likulia, considéré comme une « colombe », fut chargé d'« humaniser » les services de sécurité. Il n'eut jamais barre sur les services parallèles qui dépendaient directement du Président et du dernier carré de « durs » du régime, ce qui déboucha sur une guerre des services. Décidés à se battre pour préserver leur pouvoir, les « durs » avaient en effet recruté plusieurs milliers d'hommes que la population appela bientôt les « Hiboux » ou les « 4X4 », car ils circulaient toujours en jeeps banalisées, sans plaque. De novembre 1990 à juin 1991, ces recrues furent formées sur la base de Kitona par des instructeurs sud-africains. De leurs maîtres, les Hiboux avaient appris les techniques de la contre-guérilla urbaine, les méthodes si longtemps utilisées contre les militants de l'ANC : enlèvements, agressions nocturnes, assassinats maquillés en crimes de droit commun. Au cours de la Conférence nationale, ces Hiboux opéraient en toute impunité à Kinshasa et Lubumbashi, menaçant même des journalistes étrangers.

Souvenirs d'un ancien commando

La défense réelle du pouvoir a longtemps reposé sur la trop fameuse Division spéciale présidentielle, composée presque exclusivement d'hommes recrutés au sein de l'ethnie du Président, les Ngbandis. Certains de ces hommes seraient originaires de République centrafricaine. Les quinze mille membres de la DSP sont d'autant plus dévoués à leur seigneur et maître qu'ils auraient prêté un serment de fidélité scellé dans le sang. Leur attachement est aussi dû au fait qu'ils sont les seuls militaires zaïrois à être confortablement rétribués. « Le cuisinier d'un homme riche mange bien, aime à leur répéter le Président. Tant que je serai votre maître, vous vivrez bien... »

Si la troupe est surtout composée d'hommes originaires de la province de l'Équateur, en excellente forme physique, mais peu formés, les cadres de la DSP sont des intellectuels recrutés dans les universités. On trouve même parmi eux d'anciens séminaristes.

L'un de ces intellectuels-commandos, qui avait réussi le concours de l'École de formation d'officiers, a été admis, après quinze sélections successives, au sein de la Division spéciale présidentielle. L'homme avait été envoyé en Europe pour une mission particulière, vraisemblablement pour acheter le silence de certains témoins gênants du massacre de Lubumbashi. Il en a profité pour faire défection et parler.

Exhibant des mains restées calleuses et, sur ses chevilles, les traces laissées par les cordes qui lui arrachaient la peau, c'est avec fierté qu'il relate les rigueurs de son entraînement :

« Les recrues passent d'abord par la base de Kitona, longtemps tenue par l'armée belge, puis elles subissent des formations successives, données par divers instructeurs : des légionnaires français, des Israéliens. Chaque formation, qui dure de quatre à six semaines, donne droit à un brevet supplémentaire, accompagné d'une prime. » Les hommes de la DSP suivent une formation continue, ils n'interrompent jamais leur entraînement. La formation la plus dure est dispensée à Kota Koli par les Belges, la plus redoutable par les Israéliens. Instructeurs, matériel militaire, manuels et techniques, tout vient de Belgique. Escalade, traversées en rappel au-dessus de précipices, techniques de survie, notre interlocuteur garde un souvenir à la fois admiratif et effrayé de tout ce qu'il a appris à Kota Koli, en pleine forêt équatoriale, à 150 kilomètres de Gbadolite. « Nous n'avons pas seulement appris à survivre dans la forêt tropicale, où chaque homme devait pouvoir "tenir" un terrain de 8 kilomètres carrés et marcher durant dix jours en vivant sur le milieu. Nous avons aussi appris à tuer, à effectuer des "opérations", des "raids", c'est-à-dire à opérer vite, sans laisser de traces... »

Cette formation est dispensée par des instructeurs israéliens aux meilleures recrues, qui appartiennent à la formation Dragon. A Kota Koli, les quatre cents membres de Dragon apprennent à tuer, à liquider silencieusement l'adversaire. Selon la technique léguée par leurs instructeurs, les hommes de Dragon se masquent volontiers d'une cagoule. Ils circulent parfois ainsi dans les rues de Kinshasa, où ils inspirent la terreur.

Une centaine d'hommes de ce bataillon Dragon, auxquels s'ajouteront des membres du Sarm, le service « Action », démontreront leur savoir-faire et leurs méthodes sur le campus de Lubumbashi. Un an auparavant, en février 1989, ils avaient déjà donné la mesure de leurs talents auprès des étudiants de l'Institut national pédagogique de Kinshasa (voir introduction). La manifestation n'avait pas été autorisée, mais Mobutu avait conseillé de la laisser se dérouler malgré tout. Il fit alors intervenir les Dragons, qui attaquèrent les étudiants à l'arme blanche. « Il était important, dit alors le Président, de leur donner une leçon. » Un témoin raconte « avoir vu arriver cinq jeeps avec des militaires en civil, déguisés en étudiants (avec livres, papiers de cours...), qui criaient *"Bénévolat !"*, mot utilisé par les étudiants ces derniers temps pour réquisitionner les bus, camions, taxi-bus. Ils se sont mêlés aux étudiants et, tout à coup, à un signal donné, se sont mis à frapper sauvagement les étudiants et étudiantes avec des baïonnettes, des ceinturons, des bâtons. Leur intention, très clairement, était de tuer ». D'après un autre témoin, « les instructeurs israéliens disséminés dans la ville suivirent par radio les opérations de leurs recrues ».

A Kota Koli, se rappelle notre « ancien », « la formation est tellement dure que, chaque année, il y a des morts, souvent des étrangers d'ailleurs. J'ai vu personnellement plusieurs Tchadiens, qui étaient destinés à former la garde rapprochée de Hissène Habré, s'écraser sur les rochers... » Kota Koli, en effet, ne forme pas que des Zaïrois : Gabonais, Tchadiens, Rwandais, Togolais, Ghanéens y viennent régulièrement, ces recrues étant destinées à former ensuite la garde personnelle des amis africains de Mobutu. Quant aux voisins centrafricains, ils sont formés dans une autre base, en forêt, par les mêmes instructeurs zaïrois qu'à Kota Koli. De Kota Koli, des unités peuvent ainsi à tout moment se porter non seulement aux côtés de Mobutu, mais aussi de ses pairs africains. Dans une interview, Mobutu s'est d'ailleurs vanté de son « internationalisme » : « Cette fameuse fortune personnelle a été très utile pour garantir la sécurité de nos voisins. Elle m'a permis d'assurer l'entraînement de cinq bataillons de parachutistes : deux pour le Burundi, un pour le Rwanda, un pour le Togo et un autre pour le Bénin... Elle m'a également permis d'assurer l'entraînement de 250 commandos mauritaniens, d'aider le Tchad à remporter une victoire écrasante sur Kadhafi[17]... »

La Garde de fer

L'instruction dispensée aux Zaïrois n'est pas seulement d'ordre physique. On leur enseigne aussi à témoigner d'une allégeance totale au Guide grâce à un véritable conditionnement psychologique. Lors de leur prestation de serment, c'est au Président que les hommes de la DSP promettent fidélité, et à lui seul. Pas au Premier ministre, ni aux institutions, encore moins au peuple... « On nous apprend à vénérer le nom du Président, à l'appeler *le Guide*, le *Père fondateur*... Les cadres se voient enseigner le *mobutisme*, c'est-à-dire l'histoire nationale revue et corrigée à la gloire du Président. » Bon élève, notre interlocuteur fut d'ailleurs désigné pour suivre une formation d'éducateur politique et envoyé à l'École de cadres du parti, l'institut Makanda Kabobi, dont une session était organisée dans le domaine de la N'Sele. « On nous a parlé du MPR, des institutions qui découlent du parti unique. Aujourd'hui, bien sûr, depuis la proclamation du multipartisme, les cours politiques ont changé, mais la fidélité inconditionnelle à la personne de Mobutu demeure... »

L'ancien commando considère que son ancienne unité est l'un des bastions du pouvoir de Mobutu : « Quinze mille hommes extrêmement bien formés, prêts à tout, inconditionnels, c'est énorme, surtout face à des populations aussi peu belliqueuses que, par exemple, celles du Bas-Zaïre, du Kasaï, du Bandundu... En outre, la garde rapprochée du Président est d'une vigilance extrême. Elle ne se compose pas uniquement de Zaïrois : on y trouve aussi des Israéliens et des Noirs américains. De 1987 à 1989, les Américains ont d'ailleurs formé eux aussi des unités antiterroristes... »

La « Securitate » dans l'armée

Si la Division spéciale présidentielle est la « Garde de fer » du régime, le Sarm, Service d'action et de renseignements militaires, est en quelque sorte sa « Securitate », son service Action.

Longtemps dirigé par le général Mahele Lieko Bokungu, un militaire expérimenté qui se distingua à Kolwezi et au Tchad avant d'être nommé chef d'état-major en 1991, le Sarm fut créé en 1987. Ses recrues étaient issues de l'Université et des grandes écoles. On leur fit miroiter de brillantes formations à l'étranger, dans les écoles de guerre européennes ou américaines. Au lieu de cela, ils reçurent, au Zaïre même, un entraînement très particulier. « Trop dure. Notre formation était inhumaine. On nous a appris à mentir, à tuer, à perdre tout sens moral, à obéir aveuglément aux ordres », me raconte un autre transfuge. Seuls quelques privilégiés se rendirent en Israël, où on les initia aux techniques du sabotage.

Le Sarm, dont la première levée vit 600 recrues prêter serment (mais 200 furent finalement refusées ou décrochèrent), est bien plus que la police secrète du pays : il opère au

Zaïre même contre les opposants, mais aussi à l'extérieur. Ses membres sont relativement éduqués, ils doivent pouvoir voyager, s'exprimer en français, passer inaperçus en Europe ou ailleurs. Les hommes du Sarm, comme ceux de la DSP, dépendent directement du Président, mais leur tâche ne se limite pas aux opérations militaires. Ils pratiquent les enlèvements d'opposants, sont experts dans les opérations rapides, les raids-éclairs. Au sein du Sarm, on compte aussi des gardes postés aux frontières, des commandos envoyés à l'étranger, un groupe de « cascadeurs » spécialisés dans les accidents de voiture qui sont en fait des meurtres déguisés. L'un de ces hommes m'écrivit un jour pour relater, depuis Brazzaville où il s'était réfugié, comment il fut chargé de provoquer un tel accident, d'une époque où Mobutu en voulait particulièrement aux journalistes belges...

C'est le Sarm qui fut dépêché au Rwanda pour aider le président Habyarimana à contenir des rebelles venus d'Ouganda en octobre 1990. Opération douloureuse pour l'unité zaïroise : plusieurs dizaines d'hommes tombèrent dans une embuscade. Selon certaines versions, les Zaïrois furent envoyés en première ligne sous le feu des rebelles. Selon d'autres, l'armée rwandaise, les confondant avec ces mêmes rebelles, les attaqua par-derrière... Nul ne peut croire qu'il ait pu s'agir là d'une méprise. Les uns expliquent que l'armée rwandaise, dont certaines unités étaient complices des envahisseurs, voulurent empêcher les Zaïrois de remporter la victoire. D'autres penchent pour une thèse plus machiavélique encore : les hommes du Sarm, envoyés au-devant de l'armée rwandaise, étaient ceux-là mêmes qui avaient participé à l'opération de Lubumbashi aux côtés de la DSP. Dépositaires d'un dangereux secret d'État, ils auraient ainsi été éliminés...

La gendarmerie nationale, longtemps dirigée par le beau-frère du président Mobutu, le général Bolozi, demeure la première force de police nationale. Malgré de nombreux témoignages faisant état d'abus et d'exactions, elle est moins redoutée que les autres forces de sécurité. Il arrive souvent qu'en cas d'émeutes les gendarmes se rangent aux côtés de la population, demandant aux pillards qui saccagent les magasins de partager le butin avec eux...

Quant à l'Agence nationale de documentation, elle est composée de véritables « tontons macoutes » : se déplaçant à bord de véhicules banalisés, ces « agents de l'ordre » se reconnaissent à leur carrure athlétique, à leurs pistolets automatiques et à leurs lunettes à verres fumés. Munis de pistolets dotés de silencieux, ils s'en prennent parfois aux étrangers et terrorisent la population zaïroise. Les femmes qui tentent de vendre quelques légumes sur les marchés sont régulièrement rançonnées par ces bandits en uniforme.

L'AND est en fait l'héritière de la Sûreté créée par le colonisateur, naguère chargée de repérer les éventuels contestataires. Elle dispose d'une branche spéciale, les FIS (Forces spéciales d'intervention), souvent impliquées dans des actes de répression à l'encontre de l'opposition.

En 1984 est apparue une nouvelle force de police, la garde civile, formée par des instructeurs ouest-allemands avant que des Égyptiens ne prennent la relève. Au départ, la garde civile était chargée d'assister la gendarmerie nationale dans ses tâches de maintien de l'ordre et de contrôle des fraudes et trafics. En réalité, au lieu d'assurer l'ordre sur le territoire, elle devint rapidement partie prenante dans les délits les plus divers. A Kinshasa et dans les régions minières, ses hommes inspirent une crainte justifiée par la multiplication de leurs abus et exactions.

En 1989, des membres de la garde civile de Kinshasa furent même l'objet d'un procès « exemplaire », car ils avaient été impliqués dans une série d'assassinats particulièrement odieux et s'étaient livrés à nombre de rackets. On les avait même rendus responsables de meurtres suivis de trafics d'organes, et cette rumeur avait semé la panique dans la capitale.

Celui que l'on appelle, sans rire, l'« Élite général de paix », Kpama Baramoto, est le responsable national de la garde civile, mais le commandement de la région de Kinshasa lui a été retiré par suite d'abus trop nombreux... Baramoto, intouchable, est aussi l'oncle de la jeune fille qui fut molestée, on l'a vu, sur le campus de Lubumbashi...

Étudiants réprimés, leaders de l'opposition battus, foules dispersées à coups de fusils : le changement politique n'a pas mis fin aux débordements des forces de sécurité. Bien au contraire : l'armée et les forces de sécurité firent la pleine démonstration de leurs talents à l'automne 1991, profitant du chaos politique pour se livrer à leurs activités favorites, le pillage et l'intimidation. Le pouvoir les y avait peut-être incités : plus que jamais, les rivalités avaient été entretenues entre les différentes unités de l'armée ; certaines d'entre elles avaient reçu leur solde, d'autres non. Si les services secrets et la DSP demeurèrent sous le contrôle du Président, en revanche, plusieurs unités des forces armées zaïroises œuvrèrent pour leur propre compte. Non seulement elles s'en prirent aux biens et aux personnes, mais elles achevèrent de ruiner l'infrastructure économique du pays.

La violence cachée

Au Zaïre comme dans toute l'Afrique centrale, les empoisonnements sont considérés comme une pratique courante inspirée par des raisons familiales, des querelles d'héritage, de femmes, des jalousies. Rien d'étonnant à ce que bien des disparitions aient été imputées, à tort ou à raison, au Machiavel zaïrois. Mobutu, s'il n'est probablement pas responsable de tous les empoisonnements qu'on lui attribue, a certainement recouru à cette méthode « propre » pour liquider des gêneurs ou punir certaines offenses. Il est certain, en tout cas, que des opposants se sont parfois fait un point d'honneur — et de sécurité — de ne rien consommer sous son toit.

Les faits rapportés ci-dessous sont-ils réels ou non ? Sont-ils le fruit de l'imagination de Radio-Trottoir, cette rumeur publique souvent bien informée, mais parfois fantaisiste, ou ne dévoilent-ils qu'une petite partie des intrigues mortelles qui se sont tramées durant tant d'années ? Les preuves sont impossibles à réunir. Il est certain que tous les Zaïrois sont persuadés de la véracité de ces histoires, et une aussi ferme conviction constitue déjà en soi un fait politique...

Un témoignage nous paraît troublant. Il émane d'un ancien du sérail, transfuge de la fameuse Division spéciale présidentielle, qui assistait aux réunions dites de sécurité. Selon lui, un service très particulier se charge d'éliminer les gêneurs : le Service d'intendance présidentielle. Ses membres sont triés sur le volet, car ils veillent sur les plats servis au Président et sur ceux que l'on propose à ses hôtes. Lorsqu'il est question de faire disparaître un importun, une réception officielle peut représenter l'occasion propice.

Une réunion très secrète se tient alors, et des serveurs sont désignés, qui seront affectés exclusivement à la personne visée. Les méthodes peuvent varier. Très classiquement, un poison est glissé dans les aliments ou la boisson, mais, plus généralement, c'est l'assiette elle-même, ou le verre, qui sont enduits d'une substance toxique qui agit au contact de la nourriture. Le SIP aime à utiliser des femmes jolies, élégantes, pour endormir la vigilance éventuelle des invités et passer les plats ou les assiettes. Une telle pratique explique peut-être la scène étrange dont j'ai été témoin.

En novembre 1988, alors que le Premier ministre belge, M. Martens, poursuivait au Zaïre une visite très controversée, un grand dîner réunit à Kinshasa la délégation belge et le gouvernement zaïrois. Encadrant M. Martens, qui faisait grand honneur au poulet à l'huile de palme, la moambe, se trouvaient le Premier ministre de l'époque, M. Sambwa Mpinda Bagui, et le ministre des Affaires étrangères, M. Nguza Karl I Bond, considéré comme l'« ami des Belges ». En ces temps de crise entre Bruxelles et Kinshasa, une telle réputation était plutôt un fardeau. Alors que le Premier ministre belge, jovial, ne cessait de répéter sa joie de se retrouver en pays ami, ses voisins de table faisaient plutôt grise mine. Ils picoraient non dans les plats abondants, mais dans des boîtes en plastique qu'ils avaient apportées avec eux. « Je pratique un régime sévère », déclarait M. Nguza, tandis que M. Sambwa invoquait son foie défaillant. En réalité, les deux hommes craignaient bel et bien d'être empoisonnés ! Ils ne touchaient pas aux plats, mais ne mangeaient pas non plus dans les assiettes du service officiel. Durant les réceptions qui émaillèrent la visite du Premier ministre, les Belges remarquèrent également que plusieurs de leurs hôtes zaïrois dédaignaient les coupes de champagne généreusement servies...

Tous les Zaïrois sont fermement convaincus de la fréquence de tels empoisonnements. En cas de mort suspecte, chacun préférera invoquer cette pratique plutôt que le sida ou une banale crise cardiaque. Selon les uns, les gêneurs se voient administrer du cyanure ou bien du poison à action lente, extrait du venin d'un serpent que l'on ne trouve que dans l'île d'Idjwi, en face du Rwanda. Ce poison à retardement ne produirait ses effets que plusieurs semaines après son ingestion et serait pratiquement indécelable. D'autres affirment imperturbablement que des moustaches de léopard hachées menu représentent un redoutable poison !

Tous les Zaïrois attribuent à un empoisonnement lent la mort du général Mulamba. Ce dernier, du temps des rébellions, était appelé le « héros de Bukavu », car c'est lui qui reconquit la ville. En passe de devenir trop populaire, il fut nome ´ ambassadeur au Japon, où il mourut dans des circonstances jamais élucidées.

Les observateurs font remarquer que sur la douzaine de « compagnons de la révolution » qui soutinrent Mobutu lors de sa prise de pouvoir en 1965 après l'avoir aidé à réduire les rébellions, les survivants se comptent sur les doigts d'une seule main.

Massiala Kinkela, autre général très populaire, disparut, lui, avec plusieurs compagnons d'armes, dans un accident d'hélicoptère.

En 1979, Zondomio Agdopelungo, ex-président du Parlement, apparenté à la première épouse de Mobutu, Antoinette, suggéra au chef de l'État de présenter sa démission, car la situation, après les deux guerres du Shaba, avait empiré. Il mourut en 1984 dans d'atroces douleurs, et tout le monde attribua sa fin à un empoisonnement. Les Zaïrois sont persuadés que la malheureuse Antoinette, elle aussi victime de la colère présidentielle, fut, selon des proches, battue à mort alors qu'elle était enceinte. Elle fut transportée en Europe où elle mourut peu après.

Antoinette a laissé dans la population le souvenir d'une femme pieuse et douce, qui avait son franc parler et tentait de compenser par de nombreuses œuvres sociales la rigueur des temps. Autant qu'elle le put, elle protégea le cardinal Malula, premier primat du Zaïre, dont les rapports avec le Président étaient pour le moins conflictuels (voir chapitre 5). Un jour que Mobutu avait décidé pour la énième fois d'arrêter le prélat, Antoinette se trouvait auprès de l'archevêque, auquel elle rendait de fréquentes visites. Lorsque survinrent les militaires chargés d'emmener Mgr Malula, elle leur déclara calmement : « Dites à celui qui vous envoie que si on arrête le cardinal, il faudra m'arrêter aussi. » Le prélat ne fut plus inquiété.

En 1988, Antoinette n'était plus là pour le protéger lorsqu'il fut transporté en Belgique pour y mourir dans une clinique de Louvain. Tous les Zaïrois sont convaincus que le prestigieux prélat, qui, logiquement, aurait été amené à présider la Conférence nationale, a en réalité succombé à un empoisonnement. Radio-Trottoir expliqua par la suite qu'une religieuse appartenant à l'ordre des Joséphites, fondé par l'archevêque lui-même, était spécialement chargée de l'intendance et préparait les repas du prélat avec un dévouement extrême. Le SIP approcha alors la citoyenne Monoko, une artiste connue, amie de la religieuse. Alors qu'elle aidait celle-ci à dresser la table du cardinal, l'« artiste » enduisit de poison les assiettes. Quelques semaines plus tard, le prélat fut transporté en Belgique pour y succomber. La citoyenne Monoko mourut également dans des circonstances mystérieuses, et la religieuse chercha refuge au Vatican.

Des années plus tôt, assure Radio-Trottoir, une première tentative d'élimination du cardinal avait coûté la vie à Madrandele Tanzi, directeur politique du Mouvement populaire de la révolution. Au cours de la réception donnée au mont Ngaliéma à l'occasion du retour de l'archevêque au pays, quelqu'un avait soufflé au prélat de ne pas toucher à la coupe qu'on lui présenterait. Invoquant la réconciliation, Mgr Malula échangea son verre avec son voisin, qui ne put le refuser. Le malheureux périt peu après dans d'atroces souffrances à l'hôpital de la ville, où il avait été transporté d'urgence...

En matière d'empoisonnements, les témoins gênants représentent des cibles de choix. Le frère Victor Digekisa Piluka était l'un des témoins clés dans l'affaire du massacre de Lubumbashi. Cofondateur du syndicat étudiant *Solidarité*, il figurait en tête de la liste des hommes à abattre. Après avoir réussi à échapper à ses poursuivants, il se cacha longtemps dans la région de Lubumbashi. Rattrapé, il échoua à la prison de Makala, à Kinshasa, où ses codétenus n'étaient autres que les principaux inculpés dans le massacre. Tout au long du procès, le témoignage de Digekisa fut considéré comme capital, même si l'intéressé était aussi inculpé d'agressions contre les étudiants-mouchards et d'incitation à la violence. Bénéficiant de la complicité de son gardien, Digekisa parvint à s'enfuir vers Brazzaville et se retrouva en Belgique, où les services de sécurité belges organisèrent une garde sévère autour de lui. Et pour cause : en prison déjà, Digekisa avait échappé à une tentative d'empoisonnement.

« Début novembre, me raconte l'intéressé, je reçus un lot de bananes apportées par le garçon qui maintenait le contact entre les détenus et le monde extérieur, transmettant la nourriture, le courrier, les nouvelles. Nous l'appelions "De Poste", car il était toujours de garde devant nos cellules. Voyant ces bananes, je demandai à "De Poste" d'où elles venaient, sachant que ma famille, la seule à me nourrir, ne m'avait pas encore rendu visite. Il refusa de répondre et je m'adressai au responsable des prisonniers pour qu'il vérifie la provenance de ces bananes. "De Poste" révéla qu'elles lui avaient été transmises par Gata, le responsable de l'Agence nationale de l'immigration à Lubumbashi, l'un des principaux organisateurs du massacre des étudiants, détenu dans une cellule de luxe à Makala. Gata avait confié le colis au jeune émissaire et l'avait payé, moyennant promesse de ne rien dire. Je n'avais certes pas les moyens de faire expertiser les fruits, conclut Digekisa, mais je me suis bien gardé d'y toucher. »

On ne prête qu'aux riches. Au Zaïre, c'est bien le cas de le dire, et on attribue aux noirs desseins présidentiels des disparitions illustres : certains de ses compatriotes sont convaincus qu'il aurait fait disparaître le président tchadien Tombalbaye, le Congolais Marien Ngouabi, et surtout Agostinho Neto. Rappelez-vous, disent les « bien informés » : après les deux guerres du Shaba fut scellée la réconciliation entre le Zaïre et l'Angola, et le président Neto fut invité à Kinshasa. Mobutu, qui le soupçonnait d'avoir encouragé les envahisseurs du FNLC, se vengea à sa manière, et Neto, peu après cette visite, fut envoyé à Moscou pour y mourir.

Sans doute ne s'agit-il là que de rumeurs. Mais le fait que l'opinion populaire soit persuadée de leur véracité démontre à quel point, vers la fin de son deuxième mandat, Mobutu était « satanisé » par son peuple.

L'enfer des prisons

Si la pratique des empoisonnements constitue une violence difficile à étayer de preuves irréfutables, en revanche celle des prisons est patente.

« Lorsque j'ai quitté Makala, j'ai laissé derrière moi 1 507 prisonniers. La plupart étaient des prisonniers de droit commun, d'autres, détenus dans le pavillon 8, étaient des politiques. Ils avaient droit à un meilleur traitement et à des visites. Leur pavillon était plus présentable. Par contre, mes compagnons de cellule croupissaient littéralement dans l'humidité et les eaux sales. Si leurs familles ne venaient pas les nourrir, ils mouraient de faim. Moi-même, j'ai tenté d'alléger leurs souffrances en leur donnant un peu d'eau sucrée, mais je n'avais rien de plus à leur offrir. »

Victor Digekisa Piluka, l'un des témoins de Lubumbashi, a passé plusieurs mois dans la prison de Makala, avant de réussir à s'enfuir à la faveur d'une visite médicale. Il a gardé un souvenir horrifié de Makala, un véritable mouroir que les « anciens » appellent parfois l'« École nationale d'administration » puisque chaque citoyen, à un moment ou à un autre, est susceptible d'y passer...

La plupart des prisonniers rencontrés par Digekisa étaient détenus sans procès, victimes de dénonciations, de jalousies. « Tout est commerce, dit le rescapé, vous achetez le juge, le policier qui vous garde, le garçon qui s'occupe de votre couloir, et finalement le gendarme qui vous laisse filer... » Digekisa lui-même a réussi à gagner Brazzaville, puis la Belgique, flanqué du gendarme qui était censé le surveiller à Makala.

Un coopérant belge, Gauthier de Villers, a lui aussi passé quelques jours à Makala. Il venait de Kisangani, où la Sûreté avait introduit dans sa bibliothèque des documents compromettants afin d'y trouver prétexte à l'expulser. Avant d'être renvoyé vers la Belgique, Gauthier de Villers eut l'occasion de découvrir le monde carcéral zaïrois. A son arrivée, il avait dû passer, comme tout nouveau détenu, devant un « comité d'accueil ». Extrait de la camionnette militaire, il traverse une haie de soldats qui le bourrent de coups en disant haineusement : « On va te rendre les coups de chicotte que ton père nous a donnés ! » « Ici, c'est une procédure normale, c'est bien le moins », lui disent ses compagnons de chambrée... De Villers constate que l'administration pénitentiaire ne nourrit pas les détenus : « Mes compagnons reçoivent régulièrement de l'argent de l'extérieur, par l'intermédiaire des gardiens auxquels ils passent commande et qui prélèvent une dîme au passage. » Diplomates, commerçants, les compagnons de cellule du coopérant belge sont des gens aisés, et s'ils n'échappent pas aux vexations et aux mauvais traitements, ils ne mourront en tout cas pas de faim...

Makala, comme toutes les prisons du monde, est un microcosme de la société. Ici, les « riches » peuvent acheter les services de leurs gardiens. Les plus connus reçoivent les visites d'organisations internationales, mais, dans les pavillons situés à l'arrière, c'est l'enfer. Un religieux qui visite régulièrement la prison décrit : « Quelque trois cents détenus en lambeaux, véritable cortège décharné du style Buchenwald, se sont présentés dans la cour centrale devant les procureurs. Nous avons compris qu'à Makala, plus que les mauvais traitements, c'est l'absence totale de soins et de nourriture qui est la première cause de mortalité. Au pavillon 7, je me souviens d'être tombé sur une casserole de quelques haricots mêlés de cailloux et de morceaux d'herbe que mangeait un détenu. J'ai voulu la lui retirer pour la montrer au directeur, mais il a refusé, croyant que j'allais lui prendre sa pitance. » La Ligue zaïroise des droits de l'homme, pour sa part, dénonçait récemment le fait que « lorsqu'il pleut, tous les pavillons ou presque se remplissent d'eau, à l'exception du pavillon 1, où les responsables de la prison exigent le paiement d'un "loyer" de quelques milliers de zaïres par mois ». A Makala, l'homosexualité est courante, aucune précaution n'est prise contre le sida, les femmes sont régulièrement violées et des enfants naissent en prison, tandis que les jeunes gens doivent accomplir des "corvées" pour les plus anciens détenus qui font office de « capitas » ou de gardes-chiourme...

Si Makala est un mouroir, au moins la prison centrale de Kinshasa est-elle connue. Elle reçoit régulièrement des visiteurs, les conditions de détention abominables y sont dénoncées dans la presse. Qu'en est-il des dizaines d'autres lieux de détention ? Du bagne de Bula Bemba, dans le Bas-Zaïre, des multiples prisons gérées par les différents services de sécurité ?

Selon de nombreux témoignages, chaque arme, chaque service possède son propre centre de détention. « Lorsque vous voyez les villas situées autour du camp Tshatshi, à Kinshasa, qui se douterait que leurs caves constituent des prisons secrètes ? Les prisonniers y sont transférés les yeux bandés et ignorent où ils se trouvent », me confie un ancien garde-chiourme.

Les militants de l'UDPS sont intarissables à propos de toutes ces prisons, officielles ou clandestines, privées ou non, où ils ont été accueillis. Ils détaillent également toutes les formes de persécution quotidienne : lors des manifestations, les femmes sont violées, parfois délibérément par des militaires atteints du sida ; des maisons sont ravagées par des commandos, des enfants sont enlevés...

A Kinshasa, en contrebas du quartier résidentiel de Binza, le champ de tir de Kinsuka est un haut lieu de la terreur. Cette longue prairie débouche sur un ravin, et les voisins sont habitués au bruit des rafales. « Exercices de routine », leur dit-on. Un ancien de la DSP, familier des lieux, se souvient pour sa part que les corps roulaient directement au fond du ravin. Les plus chanceux ne subissaient que des simulacres d'exécution : des prisonniers étaient amenés à Kinsuka les yeux bandés, placés au fond du champ de tir, et, après plusieurs rafales, ramenés dans leur cellule.

Le 22 mai 1990, dans la foulée du multipartisme, le Conseil national de sécurité annonça que tous les centres de détention dépendant des services de sécurité allaient être fermés. Une décision de principe, car comment vérifier ? Ces centres de détention ne sont répertoriés nulle part... Amnesty International notait à ce propos : « La principale caractéristique commune aux centaines de prisonniers d'opinion abusivement détenus au Zaïre sans inculpation ni jugement tient justement à ce que les dispositions légales qui existent déjà pour prévenir de tels abus n'ont pratiquement jamais été appliquées. » En 1991, les prisonniers n'étaient pas seulement affamés : ils étaient purement et simplement oubliés. Depuis le printemps, les magistrats en grève laissaient s'empiler tous les dossiers en instance. Les émeutiers de septembre résolurent le problème à leur manière : ils enfoncèrent le mur de la prison de N'Dolo, et les détenus prirent la fuite dans l'indifférence générale.

Des tortures simples ou raffinées

Dans les prisons zaïroises, les mauvais traitements et la torture font partie de la routine. Les gardiens ne s'encombrent pas de techniques raffinées : ils battent les détenus, mais surtout les laissent mourir de faim. Non par méchanceté, mais parce que aucune autre solution n'est prévue...

Les détenus politiques ont cependant droit à des traitements spéciaux : ils sont battus, notamment sur les oreilles, ou entravés dans des menottes très étroites appelées *krakras*. Les techniques utilisées sont simples et efficaces : flagellation, y compris avec des fils électriques, chocs électriques ne laissant pas de traces, brûlures, pendaison la tête en bas, immersion dans des bassins d'eau. De Villers, un matin, assiste au retour de l'un de ses compagnons de cellule : « Il ne sait pas marcher seul. Il gémit de douleur. Notre compagnon a un linge autour du corps. Je puis voir ses jambes, ses pieds. Il n'y a, me semble-t-il, aucune trace de coups, alors que c'est aux chevilles qu'il a le plus mal. Ce sont, me dira-t-on, des Israéliens qui ont enseigné aux services zaïrois de sécurité ces techniques d'interrogatoire qui ne laissent pas de traces. Pièges classiques du confident-mouchard, de l'intimidation, association de deux enquêteurs tenant chacun son rôle, le « débonnaire » et le « dur » : de Villers a eu droit, en quelques jours, à toute la panoplie des techniques policières classiques, appliquées avec virtuosité.

Les femmes, en sus des mauvais traitements habituels, sont violées par leurs geôliers.

Chaque année les rapports d'Amnesty International, les témoignages de ceux qui parviennent à échapper aux griffes des services de sécurité viennent grossir les dossiers. Chaque année aussi, le régime Mobutu peaufine ses techniques pour échapper à la vigilance des observateurs ou les duper.

Une méthode classique, d'ailleurs inventée par le colonisateur belge, est la relégation. L'histoire des fondateurs du parti d'opposition UDPS n'est qu'une longue suite d'emprisonnements et de relégations. Par cette pratique, le régime envoie les gêneurs dans un lointain village. « Dans leur région d'origine », affirme-t-on officiellement. En réalité, les suspects sont le plus souvent relégués dans des villages où ils ne connaissent personne, où ils n'ont aucun membre de leur famille susceptible de leur venir en aide. Dépendant du bon vouloir de la population locale, surveillés de près par le Redoc local (membre de la Sûreté chargé du renseignement et de la documentation), leur sort est souvent des plus précaires.

En 1985, j'avais ainsi rencontré Faustin Birindua, l'un des cofondateurs de l'UDPS, alors qu'il était relégué à Walungu, au Kivu. L'hôtel qui faisait vivre sa famille à Bukavu était fermé, son épouse ne pouvait lui rendre visite. Pour survivre, Birindua devait cultiver son jardin et compter sur la charité d'une mission voisine... A plusieurs reprises, on lui offrit la liberté, la remise en état de son hôtel, voire de luxueux séjours à Kinshasa ou en Europe, en échange de sa reddition, du reniement de ses idées. Il passa même plusieurs semaines dans une suite de l'Intercontinental, à Kinshasa, qui, lui dit-on, était louée à l'année par la Sûreté pour accueillir des cas dans son genre...

Au cours des dix dernières années, la vie d'Étienne Tshisekedi n'a été qu'une suite d'intimidations, de séjours en prison ou en relégation. Mais la méthode s'est retournée contre ses auteurs : la personnalité de Tshisekedi est si charismatique qu'à chaque fois les villageois, apprenant à mieux connaître le leader de l'UDPS, finissaient par l'appuyer, par devenir des militants de son parti, par l'aider de toutes les manières. Lorsqu'il commençait à tenir des meetings depuis sa relégation, l'encombrant Tshisekedi était alors ramené à

Kinshasa... S'il n'a pas disparu en prison ou en relégation, s'il n'a pas été empoisonné ou battu à mort par les militaires, s'il a été persécuté sans que ses tortionnaires osent jamais aller jusqu'au bout, c'est à la pression internationale que Tshisekedi le doit.

Les simples militants de son parti n'ont pas eu droit à autant d'égards : des dizaines d'entre eux ont disparu dans les geôles anonymes, victimes des mauvais traitements, des tortures, de la faim ou de la maladie (voir chapitre 11).

La manipulation de l'opinion étrangère

Pour répondre aux inquiétudes américaines et fournir des éléments de réponse à Amnesty International a été créé en 1986 le Département des droits et libertés du citoyen. Cette institution à usage purement extérieur fut confiée à un avocat brillant et retors, ancien directeur de cabinet à la présidence durant quinze ans, Mᵉ Nimy Mayidika Ngimbi, qui fut aussi vice-Premier ministre. Bretteur redoutable, ne reculant devant aucune contre-vérité, attaquant ses contradicteurs sur leur propre terrain (il n'hésita pas à reprocher aux Belges de maltraiter les Zaïrois vivant à Bruxelles), Mᵉ Nimy se répandit hors des frontières pour démontrer que le Zaïre était un État de droit. A Kinshasa, il ouvrit des bureaux où les citoyens pouvaient venir se plaindre des exactions subies... De l'aveu même d'Amnesty International, aucune plainte n'aboutit jamais : « En général, le DLC s'est refusé à examiner la manière dont les forces de sécurité avaient abusé de leurs pouvoirs de détention ou à enquêter sur les plaintes pour coups ou mauvais traitement. » Mᵉ Nimy et ses droits de l'homme étaient un pur produit d'exportation. Sous la troisième République, alors qu'il s'agissait de resserrer les rangs, l'homme quitta d'ailleurs son poste de chargé de relations publiques pour être nommé... à la tête des services de sécurité, où il rejoignit le clan des « durs ». En 1991, alors que les critiques contre le régime s'enflammaient dans la presse, c'est l'ancien défenseur des droits de l'homme qui suggéra au Président de fermer les imprimeries et d'organiser quelques expéditions punitives contre les sièges des partis d'opposition.

Après les massacres de Lubumbashi, Mᵉ Nimy fut envoyé à Genève défendre la version du régime auprès de la commission des droits de l'homme des Nations unies et tenter de dissuader des étudiants alors réfugiés en Suisse d'apporter leur témoignage.

Philippe de Dieuleveult, mort pour raison d'État

Manipulant l'opinion nationale ou étrangère, le régime Mobutu a souvent réussi à maquiller ses « crimes » ou ses « bavures ». La fin de Philippe de Dieuleveult et de ses compagnons en est un exemple particulièrement tragique.

Dans les premiers jours d'août 1985, l'opinion française et tous les admirateurs de « La chasse au trésor », l'une des émissions de télévision les plus populaires, sont en émoi : Philippe de Dieuleveult a disparu, vraisemblablement englouti dans les rapides d'Inga. Cette fois, il n'y avait pas d'hélicoptère pour repêcher l'enfant chéri de la télévision, pas de caméra cachée, rien d'autre que les tourbillons du fleuve, que des vagues gigantesques qui s'écrasent sur des rochers et des falaises, véritables murs d'eau brune qui dévalent vers l'océan, à 200 kilomètres de là. La nature, du côté d'Inga, est tellement démesurée, l'entreprise de Philippe de Dieuleveult si audacieuse que la thèse de l'accident s'impose à tous ceux qui connaissent les lieux.

Jusqu'alors, cependant, tout s'était bien passé. L'expédition Africa-Raft, qui avait commencé au Burundi, à la hauteur du lac Tanganyika, avait déjà descendu le fleuve sur une distance de 2 000 kilomètres, sans rencontrer d'obstacle majeur, malgré la traversée des « Portes de l'Enfer », un passage très dangereux dans le nord-est du Zaïre.

C'est le mardi 6 août que l'expédition disparaît. Trois jours plus tard, le vendredi, la 31ᵉ brigade zaïroise, avec des officiers français à sa tête, entreprend des recherches. Une quarantaine de parachutistes français, basés d'ordinaire en République centrafricaine, sont dépêchés en renfort et ratissent les rives du fleuve. Ils découvrent des débris du naufrage de l'expédition. Une partie de l'équipement du radeau *Françoise*, à bord duquel se trouvaient Dieuleveult, Angelo Angelini et Lucien Blockmans est découverte sur la berge. L'embarcation elle-même est repérée en aval des rapides, intacte et vide, hormis deux mallettes ayant contenu des caméras. Alors qu'avant le départ, le matériel avait été solidement arrimé au raft, tout l'équipement a disparu. Près d'un rocher, on retrouvera seulement un carnet avec un ancien croquis, un cahier de bord dont les pages ont été arrachées, quelques photos, un pot de café, une bouteille d'huile. Quant au *Godelieve*, l'embarcation à bord de laquelle avaient pris place les Français Richard Jeannelle, photographe à *Paris-Match*, qui connaît bien Mobutu, André Hérault, le Belge Guy Collette et le Portugais Nelson Bastos, elle est retrouvée à moins de 300 mètres du point de départ, et son moteur porte des traces de choc.

Quelques jours plus tard, le corps d'un homme de race blanche, portant un gilet de sauvetage jaune pareil à celui des membres de l'expédition, sera repêché du côté de Boma. La dépouille sera identifiée comme appartenant au Belge Guy Collette, un entrepreneur de travaux publics qui avait rencontré Dieuleveult au Burundi.

Fin août, après avoir écumé la région, les parachutistes français et l'armée zaïroise décident de mettre fin aux recherches et concluent à la noyade. Cette affirmation est étayée par les expériences qu'ils ont menées : ils ont lancé dans le fleuve des fûts de 200 litres, et les ont retrouvés en aval, déchiquetés par les rochers. Quelques mois plus tard, un corps mutilé (sans tête, ni mains, ni sexe) sera retrouvé, présenté au consul de France à Kinshasa, qui l'identifiera comme étant celui de

Philippe de Dieuleveult et avertira la famille. Malgré ses doutes, et malgré les résultats d'une contre-autopsie attestant que ce corps n'était pas celui de Dieuleveult, la famille s'incline et conclut à la mort par noyade de l'animateur de « La chasse au trésor » et de ses compagnons. Cette conclusion permet de refermer le dossier, de clôturer la succession et plus tard, l'épouse de Philippe de Dieuleveult ainsi que l'épouse du photographe Richard Jeannelle, seront invitées au Zaïre par le président Mobutu. Mᵉ Laffon, l'avocat commis d'office par le ministre français des Affaires étrangères Roland Dumas sera du voyage. Les deux femmes survoleront les chutes d'Inga afin de mesurer par elles-mêmes les dangers que représentait l'expédition, de se convaincre définitivement de l'impossibilité d'en sortir vivant.

Mais voilà : six années après le drame, on se demande toujours si les membres de l'expédition sont bien morts noyés, on se demande même s'ils ont jamais franchi les terribles rapides, à supposer qu'ils en aient eu réellement l'intention.

Selon plusieurs témoins locaux, qui disparaîtront par la suite (des Zaïrois, un Américain qui sera rappelé aux États-Unis), les membres de l'équipage ont été aperçus sur la rive, alors qu'ils mettaient leur radeau à l'abri. Des années plus tard, l'un des témoins européens fournit les précisions suivantes : « Dieuleveult et son équipe n'ont jamais tenté de descendre les rapides. Après deux reconnaissances, voyant la chose trop risquée, ils sont remontés d'un kilomètre en amont des rapides et ont accosté sur la rive droite du fleuve. Après avoir mis à terre les deux radeaux, ils ont détaché ceux-ci, caché une partie du matériel et des provisions et, par la brousse, ils ont tenté de trouver un endroit habité. Malheureusement pour eux, ils ne savaient pas qu'ils étaient en zone militaire, ils ne possédaient pas de laissez-passer, ils étaient vêtus de kaki et de vêtements de brousse et ne connaissaient pas la langue du pays. Une patrouille des Forces armées zaïroises les a interceptés et, après avoir été dépouillés, ils furent massacrés. Seul le Belge qui était avec eux a fait le mort et, le soir, a essayé de se sauver en brousse. Mais il a été retrouvé par les villageois, tué et jeté dans le fleuve. Son corps a d'ailleurs été retrouvé. Les preuves de ce récit : rien n'a été retrouvé en aval des rapides, alors que tout ce qui tombe en amont est toujours retrouvé plus tard. Les deux rafts, eux, ont été retrouvés sur la rive en amont, l'un en état, l'autre découpé. Pendant deux semaines, des objets provenant de l'expédition ont été vus dans plusieurs villages. Mais, à cette époque, rien ne pouvait ni ne devait troubler les bonnes relations entre la France et le Zaïre. Dieuleveult et ses amis ont été sacrifiés pour raison d'État. »

Raison d'État : telle est bien la thèse qui fut retenue par les parents de Dieuleveult, qui n'ont jamais accepté la version de la noyade et ont toujours été persuadés que Philippe et ses compagnons ont été tués par des gendarmes zaïrois.

Des années plus tard, cette prémonition devait être confirmée, par des Zaïrois qui se trouvaient sur place au moment des faits, et qui participèrent au maquillage de la réalité.

En 1985, rappellent-ils, c'était la guerre en Angola. Le Zaïre soutenait discrètement l'Unita, en lutte contre le gouvernement marxiste de Luanda, soutenu par les Cubains. L'Unita disposait à l'époque de deux bases dans le Bas-Zaïre, l'une à proximité de la frontière angolaise, l'autre près du centre de blindés de Mbanza Ngungu, à quelques 200 kilomètres du site d'Inga. En outre, un autre mouvement, le Flec (Front de libération de l'enclave de Cabinda) opérait épisodiquement dans ce petit territoire appartenant à l'Angola. Riche en pétrole, le Cabinda était parfois qualifié de Koweït africain. Le pétrole de Cabinda était exploité par la société américaine Gulf petroleum, dont les installations étaient gardées par des soldats cubains. A l'époque, l'on prétendait au Zaïre que, jalouse du monopole de la Gulf, la société française Elf Aquitaine soutenait discrètement le Flec.

Au Cabinda précisément, quelques semaines avant l'expédition de Philippe de Dieuleveult, un raid avait été lancé contre les installations pétrolières. Il avait été attribué à un commando sud-africain, mais les services zaïrois y avaient participé. « C'est pour cela que nous étions nerveux dans la région » se souvient le témoin « nous nous attendions à une opération de représailles des Angolais sinon des Cubains ». Le 1er août, ces craintes trouvèrent confirmation : les services de sécurité français, qui à l'époque assuraient la protection du barrage d'Inga et de la ligne à haute tension qui relie la centrale à la province minière du Shaba avertirent leurs homologues zaïrois du fait qu'un commando composé de « six mercenaires blancs » vraisemblablement des Cubains, descendait le fleuve avec l'intention d'attaquer le barrage d'Inga.

A noter qu'à la veille de cet avertissement, le 28 juillet, Philippe de Dieuleveult avait fait un voyage éclair en France, pour y acheter du matériel de survie et notamment des fusils miniaturisés, il avait également eu contact avec les services spéciaux français.

Toujours est-il que, sur place, les Zaïrois, qui ignoraient tout de l'expédition sportive, prirent l'avertissement très au sérieux. Militaires et services de sécurité zaïrois furent mis en état d'alerte maximum. Le major Boyende, frère cadet du général Singa Boyende, commandant du bataillon de gendarmes mobiles stationné à Boma, fut averti du danger qui pesait sur Inga. Kasembe Emina, qui à l'époque était commissaire urbain pour la ville de Boma, fut également averti. Par la suite, il fut éloigné du Bas-Zaïre et nommé gouverneur de la ville de Goma au Kivu. Considérant que la menace pesant sur Inga était d'une importance vitale pour leur pays, les services de sécurité zaïrois organisèrent une réunion au plus haut niveau, rassemblant dans la ville de Boma le gouverneur Conde, le responsable local des Jeunesses du parti, le commandant du bataillon de la place, le major de la Force navale et le major Boyende lui-même. Ce dernier prit la parole pour souligner qu'il fallait faire vite, car le commando avançait vers Inga. Accompagné d'un groupe de militaires appartenant aux gendarmes mobiles ainsi qu'au bataillon territorial, le major Boyende se dirigea alors vers la zone de Seke-Mbanza, en direction du fleuve. Les villageois et les responsables locaux des Jeunesses du parti leur indiquèrent où ils avaient aperçu l'expédition. Les militaires s'y précipitèrent, les hommes de la sécurité les suivant à quelque distance. Ces dernières arrivèrent sur les lieux quarante minutes après les gendarmes. En cours de route, ils avaient entendu des coups de feu, et arrivés sur place, ils apprirent qu'un « problème d'argent » s'était posé entre les membres de l'expédition et les militaires arrivés les premiers sur les lieux. Il n'y avait cependant aucune trace de l'expédition. Les services de sécurité se contentèrent de relever sur le sable des traces de sang, d'observer des empreintes de semelles différentes des bottines habituelles des gendarmes zaïrois. Ils découvrirent des douilles provenant manifestement de fusils zaïrois et relevèrent le mégot encore fumant d'une cigarette Gauloise qui avait vraisemblablement été donnée à un militaire par l'un des membres de l'expédition. Mais des Blancs mystérieux il n'y avait guère de traces.

Le major Boyende fit alors son rapport auprès du commissaire responsable de la sécurité dans la région. Pour accréditer la thèse d'un attentat en préparation contre Inga, il exhiba des bâtons de dynamite, prétendument trouvés dans le matériel de l'expédition et qui plus tard s'avérèrent provenir d'une société locale, il montra des fusils ayant, disait-il, été pris sur les membres de l'expédition mais qui en réalité avaient été saisis auparavant sur des soldats angolais, il souligna qu'il avait trouvé une carte de la région côtière, marquée de plusieurs points entourés de rouge, et qui semblaient être des points de ravitaillement.

Selon la version du major Boyende, l'expédition aurait été interceptée alors qu'elle se trouvait encore sur le fleuve. Il aurait donné l'ordre de s'arrêter aux équipages des rafts, et aurait décidé de tirer après que les Blancs eurent refusé d'obtempérer. Cette version fut immédiatement mise en doute par les membres des services de sécurité, qui se souvenaient des traces de sang sur le sable.

Par la suite, le major Boyende devait expliquer qu'à aucun moment il n'avait reçu de message l'informant du fait qu'une expédition sportive avait obtenu l'autorisation de descendre le fleuve, et dans la ville de Matadi non plus, aucun message en ce sens ne parvint. Militaires et membres des services de sécurité zaïrois sont formel : le seul message jamais reçu concernait l'imminence d'une attaque cubaine sur Inga, et ce message était d'autant plus crédible à leurs yeux qu'il émanait des services secrets français. D'après les responsables locaux zaïrois, si ce message concernant l'expédition ne leur parvint pas, c'est parce qu'il fut retenu à Kinshasa. A supposer qu'il ait jamais été envoyé ?

Mobutu avait-il réellement approuvé l'expédition ?

Aux yeux des membres des services de sécurité, si le Guide n'était pas d'accord, il lui suffisait de ne pas faire transmettre le sauf-conduit nécessaire pour circuler dans cette région hautement stratégique qu'était à cette époque le Bas-Zaïre « il savait bien que si nous n'étions pas avertis, l'équipe n'irait pas loin... » Il est certain que Mobutu avait eu connaissance du projet initial de descendre le fleuve. Jeannelle était son photographe attitré, et avant le départ, il avait rencontré Philippe de Dieuleveult. Cependant, les plans qui lui avaient été communiqués ne l'avaient guère enthousiasmé : selon des témoins qui assistaient à l'entretien, il aurait déclaré : « si vous faites cela, je ne peux garantir votre sécurité ». Il aurait même ajouté : « Je ne réponds de rien ». Ses interlocuteurs français ne décelèrent cependant ni menace ni avertissement particulier dans ces propos.

Mais s'agissait-il uniquement de réaliser un exploit sportif, de franchir les redoutables rapides d'Inga ?

Selon le commandant Prouteau, qui rencontra Philippe de Dieuleveult lors de son dernier séjour en France, le 28 juillet, le héros de « La chasse au trésor » semblait avoir d'autres ambitions que le simple exploit sportif. Il souhaitait prouver ses talents de reporter, décrocher un « scoop » et il aurait laissé entendre qu'il avait le dessein, dans les temps à venir, de gagner le territoire contrôlé par un mouvement de libération encore peu connu. A cette fin, il se serait montré moins intéressé par les préparatifs nautiques que par l'acquisition d'équipements permettant de survivre lors d'une longue marche en brousse. « Tout se passait, se souvient son interlocuteur, comme si Philippe plutôt qu'à descendre des rapides en compagnie d'un photographe plutôt corpulent, se préparait à une longue expédition à pied dans la brousse... ».

De l'avis de ses proches comme de tous ceux qui l'ont rencontré à l'occasion de son voyage éclair en France, Philippe de Dieuleveult était inquiet, nerveux, beaucoup plus tendu qu'à l'ordinaire, comme s'il mesurait les dangers de son entreprise. Des dangers qui n'étaient pas seulement d'ordre physique...

A part descendre le fleuve, quel aurait pu être l'autre but de l'expédition ? Il se passait tant de choses à l'époque dans cette région éminemment stratégique. L'équipe aurait, par exemple, pu tenter de gagner l'enclave de Cabinda, afin d'y découvrir ce qui s'était réellement passé lors de l'attentat contre les installations pétrolières. Elle aurait également pu souhaiter rencontrer la guerrilla de l'Unita, qui disposait de deux bases clandestines au Zaïre. Un tel projet était-il susceptible de provoquer le veto de Mobutu ? Celui-ci, qui se posait en médiateur dans la crise angolaise, ne souhaitait certainement pas que soit révélé le soutien apporté à la guerilla angolaise. Mais l'information — fausse — faisant état d'une menace cubaine sur Inga émanait, elle des services français et elle fut communiquée deux jours après que Philippe de Dieuleveult eut fait son voyage éclair en France.

Saura-t-on jamais quel était le projet réel de Dieuleveult, et qui il risquait de réellement déranger ? Toujours est-il que par la suite, tout fut mis en œuvre pour accréditer la thèse de l'accident : une équipe de la Division spéciale présidentielle, appelée le « bureau numéro deux » dirigée par un certain major Ngongo, fut envoyée dans le Bas-Zaïre, accompagnée de l'un des membres des services de sécurité de l'ambassade de France. Durant trois jours, avant l'arrivée de la 31e brigade officiellement chargée de poursuivre les recherches, cette équipe s'employa à masquer toutes les traces, à maquiller les lieux du crime. Les paquets de cigarettes furent déplacés ailleurs qu'à l'endroit où avaient éclaté les coups de feu, un endroit qui se trouvait trop près du village. Les pièces à convictions furent dispersées ailleurs, de manière à mieux brouiller les pistes. Les Français n'ignoraient rien des efforts déployés par leurs collègues zaïrois, mais ils se gardèrent d'intervenir. Ils acceptèrent même de jouer le jeu : ce sont les militaires zaïrois qui leur indiquèrent où jeter les fûts dans le fleuve, afin qu'ils soient spectaculairement broyés.

Aux yeux des témoins et des acteurs zaïrois, une chose est certaine : ils ont agi de bonne foi, croyant que les membres de l'expédition étaient des mercenaires qui allaient attaquer Inga. Par la suite, pressé de questions, notamment par Antenne 2 et par le rédacteur en chef de *Paris-Match*, qui lui écrivit : « vous qui savez tout, vous ne pouvez plus garder le silence », Mobutu déploya son habituelle panoplie de séduction et de menaces. Les témoins disparurent, la « campagne de malveillance et de désinformation » fut dénoncée à hauts cris, le Président se plaignant bruyamment de ces médias capables de n'importe quoi pour ternir la réputation de son pays... Le major Boyende, qui connaissait les circonstances de la fin du héros de « La chasse au trésor » est mort en 1990. Quant on sait trop de choses, on ne vit pas vieux au Zaïre, disent ses anciens collègues.

La disparition de Philippe de Dieuleveult et de ses compagnons est venue s'ajouter à la longue liste des morts non expliquées. Ces morts pour raison d'État...

Les dividendes de la violence

Alors que Kinshasa fut longtemps une ville plus calme que New York ou Lagos, que les agressions y sont infiniment moins nombreuses, bon nombre d'Européens n'ont jamais osé quitter ce qu'ils appellent « la Ville » pour se rendre dans « la Cité », avec ses multiples quartiers populaires, animés et joyeux. Si la plupart des ambassades et des dirigeants de société ont planté leurs villas au bord du fleuve, ce n'est pas seulement pour jouir du paysage. C'est aussi avec la discrète certitude qu'être proche du fleuve signifie être proche de Brazzaville, sur la rive opposée.

Cette prémonition devait d'ailleurs se vérifier en septembre 1991, lorsque les expatriés, fuyant leurs maisons ravagées par les pillards, se pressèrent au beach Ngobila, l'embarcadère vers Brazzaville, sous la protection des paras français.

Au Zaïre, les expatriés considèrent toujours qu'ils vivent dans un pays à risques, et certains en ont longtemps perçu les primes correspondantes.

Durant un quart de siècle, Mobutu a lui aussi capitalisé les dividendes de la violence. Chaque jour, durant des années, la télévision, avant les informations, perpétuait le souvenir des rébellions et rendait hommage à Mobutu, garant de la paix retrouvée. Une paix illusoire, fondée sur la violence institutionnelle, la répression systématique, la peur...

Ces craintes d'une résurgence des vieux démons ethniques, d'un massacre des Européens, d'un chaos généralisé, d'une violence comparable à celle qui ravagea le Liberia ou la Somalie, Mobutu n'a pas craint de les ranimer en septembre 1991 (voir chapitre 12). A ce moment, le régime se trouvait dans l'impasse : Mobutu refusait de céder le pouvoir alors que, dans le pays et même à l'étranger, des voix de plus en plus nombreuses réclamaient son départ.

C'est alors qu'une mutinerie, probablement téléguidée, éclata dans l'armée. Elle commença par le pillage des maisons des expatriés, puis déborda sur les propriétés des privilégiés du régime : les militaires et la foule s'en prirent aux biens, mais pas aux personnes. L'intervention étrangère, celle des militaires belges et français, mit fin au désordre et tenta d'imposer une certaine cohabitation entre Mobutu et l'opposition : les Occidentaux voyaient encore en Mobutu le garant du retour au calme. Au Zaïre même, l'opposition voyait en lui l'homme par lequel le chaos risquait de revenir, inévitable.

C'est que Mobutu n'a jamais fait mystère de ses intentions : « Ma tête, a-t-il un jour déclaré, je la vendrai très cher. » Ou encore : « On ne dira jamais de moi : voici l'ex-président du Zaïre, mais : ci-gît le président du Zaïre... »

Moi ou le chaos ? Les Zaïrois ont compris le message à leur manière : le chaos ne surviendra pas après la chute du dictateur, mais c'est par sa chute même qu'il sera délibérément provoqué, par un « pouvoir de nuisance » que Mobutu ne se privera pas d'exercer.

Lorsque les Belges accordèrent précipitamment l'indépendance du pays, les Congolais de l'époque firent l'économie d'une guerre de libération. De même, trente ans plus tard, à l'aube de la deuxième indépendance, les Zaïrois tentèrent de faire l'économie d'un soulèvement violent contre Mobutu, car ils étaient convaincus que le rapport des forces ne jouait pas en leur faveur.

Privés du creuset d'une lutte d'indépendance, les Congolais ne furent cependant pas épargnés par la violence. Elle les rattrapa vite, et survint au lendemain même de l'indépendance, dès la disparition du corset colonial. Les multiples contraintes et frustrations engendrées par le régime Mobutu portent elles aussi en germe cette violence avec « effets-retards ».

Les événements de l'automne 1991 pourraient bien n'être qu'un avant-goût de cette fureur populaire qui risque encore d'éclater comme en 1960, si, une fois disparu le carcan totalitaire, la classe politique tardait à apporter les bénéfices du changement.

Par la violence institutionnelle de son régime, par la violence exercée quotidiennement par ses forces d'« insécurité », demain peut-être par les « effets-retards » d'un quart de siècle de frustrations, Mobutu est bien l'héritier de la contrainte coloniale.

CHAPITRE 4

L'héritage de la contrainte coloniale

Voilà un siècle, le Congo n'était qu'un fleuve, le plus large d'Afrique, que les Portugais avaient baptisé Zaïre. Voilà un siècle, il n'y avait au centre du continent que le souvenir de l'ancien royaume du Congo... Mais il y avait des peuples, les Congos, les Lundas, les Lubas, les Zandes, des peuples par dizaines, qui maintenaient entre leurs territoires, leurs ressources, leurs ambitions, des équilibres précaires. Des peuples qui construisaient, à leur rythme et suivant leurs impératifs, leur propre histoire, déjà influencée par la rencontre avec les Portugais et blessée par les raids des esclavagistes...

De l'immense territoire habité par ces peuples aux liens aléatoires, un homme rêvait depuis Bruxelles... Dans le flou des cartes, parmi les taches blanches qui s'étendaient au cœur du continent africain, un homme lisait les frontières de son empire. Ce Congo, dit l'historien Jean Stengers, « est le type parfait de l'entité politique née sur le sol de l'Afrique de par la seule volonté de l'Européen. (...) En 1884-1885, Léopold II trace hardiment sur la carte de l'Afrique des limites qu'il porte jusqu'au cœur du continent noir, en englobant des régions en grande partie encore inexplorées. Ces frontières sont reconnues par les puissances : le Congo est né[18]. »

Le Congo, le plus vaste des pays d'Afrique centrale, grand comme quatre-vingts fois la Belgique, est issu de la volonté impérialiste d'un seul homme. Cette immense juxtaposition de peuples, de richesses naturelles, ces savanes et ces forêts entaillées par le deuxième fleuve du monde, est le fruit d'une entreprise capitaliste unique en son genre. Devenu l'héritage gigantesque d'une jeune nation aux idées courtes, à la bonne volonté immense, comment n'aurait-il pas été marqué par les circonstances si particulières de sa colonisation ? Comment le Congo et ses dirigeants auraient-ils pu éviter, au lendemain de l'indépendance, d'être conditionnés par d'aussi lourds antécédents ? Il en va des pays comme des individus : avoir été enfant unique, objet exclusif de tant d'ambitions, de tant de soins, appropriés ou maladroits, laisse des traces, influence les comportements.

En deçà d'une histoire de la colonisation belge qui a déjà été écrite et mériterait de l'être à nouveau sous d'autres angles, la simple évocation de quelques-uns de ses traits éclaire certaines particularités des régimes qui se sont succédé après l'indépendance, en particulier celui de Mobutu.

Sous la bannière scientifique et humanitaire

Deuxième souverain constitutionnel d'un royaume minuscule et besogneux, le roi Léopold II partage les ambitions de ses contemporains, il est le témoin des entreprises coloniales de la France, de la Grande-Bretagne. Bien souvent, il songe que « la Belgique aussi doit avoir une colonie », mais il constate que les cartes sont désormais hérissées de drapeaux, balisées de frontières. Le Guatemala, Bornéo, les Philippines, Sarawak... Pour l'ambitieux souverain, ces lointaines contrées se révèlent inaccessibles, déjà convoitées ou conquises. Quant à l'Afrique, les Portugais, les Français et les Britanniques semblent en avoir verrouillé les côtes. Le centre du continent, lui, n'attire encore que des missionnaires, comme Livingstone, ou des aventuriers, comme Henry Morton Stanley. Prudent, ne souhaitant pas attirer l'attention sur ses desseins véritables, le roi choisit de se présenter comme un mécène, protecteur des géographes et des humanistes qui souhaitent débarrasser le centre du continent des rafles esclavagistes.

Le 12 septembre 1876 s'ouvre au Palais de Bruxelles la Conférence géographique internationale. Les participants, sous l'égide du souverain, examinent comment « planter définitivement l'étendard de la civilisation sur le sol de l'Afrique centrale ». Henry Morton Stanley aidera le roi à concrétiser ces bonnes dispositions après que la conférence a abouti à la création d'une Association internationale africaine.

Stanley vient précisément de traverser l'Afrique équatoriale dans sa plus grande largeur, depuis Zanzibar, et d'atteindre le comptoir de Boma, après avoir perdu tous ses compagnons européens au cours de cette équipée de 12 000 kilomètres.

Lorsqu'il rencontre l'explorateur, le roi des Belges peut enfin avouer ses ambitions réelles : lui aussi souhaiterait se constituer une colonie dans cette Afrique que se partagent les puissances de l'époque. Hélas, la Belgique est petite, jeune (moins d'un demi-siècle d'indépendance), elle est neutre, et, pis encore, elle n'a guère de goût pour l'aventure... Le roi et Stanley conviennent alors de dissimuler les objectifs réels de leur démarche : il ne s'agira que d'une expédition scientifique, destinée à reconnaître le bassin du Congo. Cette expédition sera soutenue par une institution qui a toutes les apparences de la respectabilité : le Comité d'études du haut Congo, qui naît le 25 novembre 1878 et deviendra un an plus tard l'Association internationale du Congo.

Stanley repart en Afrique à la tête d'une expédition financée exclusivement par le roi des Belges. Dans le bassin du Congo, il progresse lentement : moins de 35 kilomètres par semaine. Son rival Savorgnan de Brazza, qui se dirige également vers l'embouchure du fleuve Congo, menace de le dépasser. C'est que Stanley ne se contente pas de nouer des contacts culturels et scientifiques avec les indigènes, il conclut également des traités avec les chefs de village, installe des postes, des comptoirs... Le 13 juin 1880, il signe un traité de commerce qui accorde à l'Association le monopole absolu de l'exploitation agricole et du négoce. Retardé dans sa course par ses tractations (il signe plus de cinq cents traités, qui seront exhibés plus tard lors de la conférence de Berlin), c'est de justesse que l'explorateur britannique arrive premier au « pool », l'embouchure du fleuve. Il y conclut un accord qui permettra la création d'un nouveau poste, Léopoldville, à 10 kilomètres d'un petit village de commerçants et de pêcheurs, Kinshasa.

Sous le masque scientifique et humanitaire derrière lequel se dissimule l'Association internationale du Congo, la réalité ne tarde pas à apparaître. Après les félicitations académiques, les ordres que le roi adresse à Stanley sont clairs : « Je souhaite que vous achetiez tout l'ivoire que vous pourrez trouver sur les rives du Congo... » Par la suite, en 1884-1885, ce n'est pas avec le roi des Belges que traiteront les puissances européennes qui se partagent l'Afrique lors de la conférence de Berlin, c'est avec l'Association, dont le drapeau bleu semé d'étoiles flotte déjà sur les rives du fleuve.

Très habilement, le roi des Belges neutralise les appétits des puissances européennes : il déclare que si l'Association échoue, la France aura un droit de préemption sur le bassin du fleuve Congo — ce qui incite aussitôt la Grande-Bretagne à souhaiter la réussite de la royale entreprise —, et il décrète dans le même temps que ce territoire — qui deviendra l'État indépendant du Congo — sera ouvert au trafic commercial de toutes les nations. Très rapidement, le sort du Congo devient un enjeu international.

Comment, en ces premières années d'existence — ou plutôt d'assemblage — du pays, ne pas être frappé par l'utilisation, au niveau international, de ces mystifications qui allaient tant servir par la suite : une intervention parfaitement impérialiste se dissimule derrière des objectifs scientifiques et humanitaires (la lutte contre l'esclavage), la répression des révoltes indigènes est menée au nom de la civilisation, et les arguments du libéralisme sont invoqués au service d'une cause bien différente.

Car il n'y a, dans l'entreprise du roi, aucune volonté

libérale. L'accord conclu au congrès de Berlin garantissait la liberté de commerce dans tout le bassin du fleuve Congo ; en principe, les Européens pouvaient donc, sans autorisation préalable, prendre possession de terres non occupées n'excédant pas 10 hectares et y installer des postes de commerce[19]. Cependant, il n'y a jamais eu et il n'y aura jamais de « terres vacantes » : les Africains considèrent qu'elles leur appartiennent, tandis que Léopold II publie un décret selon lequel ces terres doivent être considérées comme appartenant à l'État.

Le roi, qui a financé sur ses propres deniers les coûteuses expéditions de Stanley, qui a supporté le prix de l'incroyable odyssée du chemin de fer de Matadi, songe à rentrer dans ses frais. On peut le comprendre : il y a investi 11 millions de francs-or, soit le quart d'une fortune qui s'élevait alors à 40 millions de francs. Si elle se poursuit à ce rythme, l'aventure africaine risque de ruiner le souverain, car la Belgique, en pleine expansion industrielle, ne songe guère à l'aider dans ses entreprises. Tout au plus des prêts lui sont-ils concédés à contre-cœur.

Le roi entend donc rentabiliser « son » Congo. Alors que le commerce privé est théoriquement autorisé, en réalité seul l'État et ses représentants ont le pouvoir de s'y livrer. Autrement dit, les indigènes ne peuvent vendre ni caoutchouc ni ivoire, sous peine de commettre un délit, et ils ne peuvent rien acheter, ne disposant d'aucune valeur d'échange... Un siècle plus tard, dans les campagnes où seuls les alliés et parents du régime ont les moyens de commercer, où les puissants font main basse sur les terres, a-t-on gardé souvenir du « libéralisme » assez particulier des premières années de l'État indépendant du Congo ?

Quant à l'illusion humanitaire, il n'a guère fallu de temps pour qu'elle fasse long feu.

En principe, les expéditions de Stanley puis la création de l'État indépendant du Congo avaient été justifiées par la nécessité « humanitaire » de mettre fin à l'esclavage et d'ouvrir le pays à la civilisation. En fait, dans leur conquête du pays, les explorateurs nouèrent, lorsqu'il le fallait, des accords de circonstance avec les plus cruels des esclavagistes, notamment le célèbre Tippo Tip. Aujourd'hui encore, à Kisangani, on montre le village occupé par ses descendants arabisés et les tombes de ses successeurs... Les esclaves domestiques « libérés » furent intégrés d'office dans les colonnes de portage où la mortalité était extrêmement élevée. Ces colonnes immenses, comme les forces armées d'aujourd'hui, étaient obligées de vivre sur l'habitant et contraignaient les villages à leur fournir des vivres.

En règle générale, les conséquences directes et indirectes de la pénétration coloniale se révélèrent beaucoup plus coûteuses en vies humaines que les rafles des esclavagistes.

« Sans chemin de fer, le Congo ne vaut pas un penny », avait décrété Stanley. Soutenu par le roi, celui que les indigènes appelaient *Boula Matari*, le briseur de pierres (surnom que gardera ensuite l'administration coloniale), s'attela alors à une tâche gigantesque : relier par chemin de fer Léopoldville au port de Matadi. Il y fallait des ouvriers dociles et nombreux. Or les hommes valides du bas Congo avaient déjà été décimés par le portage. On oublie souvent que ces énormes expéditions, au cours desquelles des bateaux démontables devaient être hissés sur la rive d'un fleuve devenu infranchissable, n'ont pu réussir que parce que les indigènes portaient à dos d'homme au-delà des rapides tout le matériel des Européens...

Pour construire ce chemin de fer, les Belges firent donc appel à de la main-d'œuvre originaire d'Afrique de l'Ouest, des Barbades, de Zanzibar. On fit même venir des coolies chinois. Mais, épuisés, en proie aux fièvres, les hommes ne résistaient pas, quelle que fût leur origine : sur cinq cents Chinois « importés », plus de trois cents succombèrent. « Le manque de vivres frais, l'action débilitante de la température, la difficulté des travaux à exécuter, les maladies contagieuses, tout contribua à rendre excessif le taux de mortalité. Sur 4 500 hommes ayant travaillé sur les chantiers de janvier 1890 à mai 1892, neuf cents succombèrent. » Or, soulignent Pierre Joye et Rosine Lewin[20], pendant ces deux années on n'avait construit que 9 kilomètres de voie. Ce premier tronçon avait donc coûté une vie humaine tous les dix mètres.

Mgr Augouard, évêque du haut Congo français, souvent reçu par Léopold II, devait constater que « l'intervention européenne en Afrique centrale y a fait mourir de mort violente beaucoup plus d'indigènes qu'elle n'en a soustraits à l'esclavagisme arabe et aux tueries de tribu à tribu ».

Par la suite, l'exploitation économique de la colonie devait se révéler encore plus coûteuse sur le plan humain. Du temps de Léopold II, il ne s'agissait pas encore de « mettre en valeur » les potentialités économiques du Congo : il fallait plutôt, coûte que coûte, exploiter au plus vite les richesses du sol et obliger les indigènes à collaborer à cette « cueillette ».

Comment s'étonner que dans les premières décennies ayant suivi l'indépendance du pays le « développement » économique se soit surtout limité à la ponction de la rente minière, à la « cueillette » des richesses du sous-sol ? Le Congo de Léopold II avait donné l'exemple de la prédation. Au roi des Belges allait succéder un potentat africain...

La violence économique

Hormis les luttes menées dans l'est du pays contre les Arabes et leurs alliés, la conquête militaire du pays fut relativement moins violente qu'ailleurs sur le continent. Les populations du bassin du Congo n'étaient en effet ni assez nombreuses ni assez concentrées pour pouvoir opposer une résistance massive et organisée à l'occupant. En réalité, la violence fut surtout d'ordre économique. Ainsi que le note l'historien Jean Stengers[21], les abus furent moins dus aux hommes ou aux circonstances qu'à un système dans lequel ces hommes se trouvèrent pris comme dans un engrenage.

Alors que les sociétés privées se voyaient priées d'investir dans les entreprises à risques comme la construction du chemin de fer ou la création de l'Union minière qui allait exploiter le cuivre du Katanga, l'État indépendant du Congo, pour sa part, entendait exploiter au mieux les richesses des « terres domaniales ». S'étant proclamé propriétaire des « terres vacantes », c'est-à-dire des terres qui n'étaient pas visiblement occupées par les Africains, il décréta que leurs ressources lui appartenaient et se chargea de les commercialiser.

L'ivoire et surtout le caoutchouc durent donc être récoltés par les indigènes, dont le travail représentait une forme d'impôt, au titre de dédommagement, sans doute, pour les bienfaits de la civilisation qui leur étaient apportés ! Dans tous les villages, le recrutement forcé devint une constante : partout, un agent territorial accompagnait dans sa tournée un sergent recruteur. Le chef de village se voyait prié de fournir un certain nombre d'hommes, moyennant une prime pour chaque recrue. Le chef, lorsqu'il livrait les hommes demandés, choisissait souvent les plus indisciplinés, ceux qui étaient rejetés par le clan. Certains villages, notamment dans le Bas-Zaïre, incapables de résister aux demandes de main-d'œuvre sans cesse accrues, préférèrent déserter les lieux et s'enfuir au plus profond de la brousse. A la veille de la reprise de l'État indépendant du Congo par la Belgique, l'équilibre démographique des régions où avaient pénétré les Blancs se trouvait ainsi profondément bouleversé.

Le caoutchouc rouge

Outre les contributions en hommes, en travaux pour les postes coloniaux ou les missions, les villages devaient payer en nature : ils étaient obligés d'apporter au poste une certaine quantité d'ivoire et surtout de latex. Les plantations d'hévéas n'existant pas encore, le caoutchouc était considéré à l'époque comme un produit miracle : ne venait-on pas, en Europe, de découvrir les pneus, de lancer les premières voitures, de populariser les bicyclettes ?

Pour stimuler le zèle des chefs de poste européens, assez mal payés, le système des primes fut introduit : plus les quotas de caoutchouc livrés étaient élevés, plus s'arrondissait leur pécule. Et plus augmentait la tentation de faire pression sur les villageois pour qu'ils apportent des quantités croissantes de caoutchouc. Dans ce but, les chefs de poste firent appel aux *capitas*, des contremaîtres qui veillaient à ce que les villages respectassent les normes imposées, et qui requéraient, si besoin était, les services des *askaris*, soldats indigènes.

Ces derniers, étrangers à la région, pratiquaient une coutume héritée des Zanzibarites et découlant de la loi musulmane : ils coupaient la main droite aux indigènes rebelles ou récalcitrants et la trempaient dans de la poix bouillante pour cicatriser la plaie. Au fil des années, le système empira, en dépit des règles édictées depuis Bruxelles par les fonctionnaires belges. Du fond de leur bureau, ces derniers avaient prévu que les indigènes ne devaient travailler, en principe, que quarante heures par mois pour récolter l'or rouge. Ces normes ne furent jamais respectées, car les hévéas sauvages se trouvant de plus en plus éloignés des villages, les indigènes passaient de plus en plus de temps à la cueillette, et les quantités fournies n'étaient jamais à la mesure des exigences des chefs de poste et de leurs adjoints.

Dénoncé par les Britanniques, dont le consul à Boma, Roger Casement, par des missionnaires et par des journalistes, ce scandale du caoutchouc rouge et des mains coupées finit par être connu en Belgique, où il indigna l'opinion, tandis que les campagnes de presse se multipliaient, en Grande-Bretagne et aux États-Unis, contre l'État indépendant du Congo et l'avidité de son maître. Déjà Stanley, dans ses carnets, avait noté : « Le souverain est d'une énorme voracité ». Alors qu'à la même époque les Français n'étaient pas tendres dans leurs propres colonies et que les Anglais menaient, avec les méthodes que l'on sait, la guerre des Boers, les exactions pratiquées dans le Congo de Léopold II enflammèrent le talent des écrivains et des polémistes de l'époque : Joseph Conrad dans *Cœur des ténèbres*, Conan Doyle, Mark Twain, Charles Morel... Les violentes campagnes d'opinion lancées outre-Manche et outre-Atlantique précipitèrent la reprise par la Belgique d'un État indépendant du Congo devenu bien encombrant.

Le roi, d'abord très affecté par les accusations qui se multipliaient, donna des ordres pour que cessent les abus. Il veilla ensuite à inverser le mouvement d'opinion. C'est ainsi qu'il mit en œuvre des méthodes qui devaient être reprises dans le Zaïre d'après l'indépendance : il embaucha des mercenaires, recourut à des lobbies pseudo-scientifiques, comme l'Association internationale pour la recherche en Afrique, et utilisa des journalistes complaisants. Mille francs de l'époque furent versés à un journaliste du *Temps* pour s'assurer de la « qualité » de ses écrits...

Embellir la Belgique

L'enrichissement personnel n'était cependant pas le but premier de Léopold II : il souhaitait mettre les richesses du Congo au service de la Belgique. C'est ainsi, en tout cas, qu'il justifiait l'entreprise coloniale. Les bénéfices colossaux retirés de l'exploitation du Congo servirent de fait à l'embellissement de la métropole. Celui que l'on appela aussi le « roi bâtisseur » entreprit, avec l'argent de la colonie, une impressionnante politique d'urbanisme et de travaux publics. Il fit édifier le musée de Tervueren, où se trouvent réunies les plus belles œuvres d'art d'Afrique centrale, les Arcades du Cinquantenaire à Bruxelles, les thermes de Spa et d'Ostende... Alors que le Congo était sous-peuplé, privé de tout équipement, et que les Belges qui y vivaient devaient se contenter de conditions de vie plus que sommaires, cette spectaculaire transfusion de richesses fit grincer bien des dents, d'autant plus qu'elle revêtit bientôt une forme institutionnelle par la création, en 1901, de la Fondation de la Couronne, appelée au début « Domaine de la Couronne ».

Cette Fondation s'appropriait plus de 10 % de la superficie du pays ; tous les produits récoltés sur cette terre, c'est-à-dire en premier lieu le caoutchouc, lui appartenaient. Léopold II s'inspirait là de l'exemple des grandes familles de l'Ancien Régime, mais il préfigurait aussi certaine « dotation présidentielle » qui devait de nos jours permettre à son bénéficiaire de se faire construire des palais du côté de Gbadolite et d'acheter des châteaux en Europe...

Si Léopold II, grâce aux immenses ressources de sa Fondation, fait rénover ses propriétés de Laeken et Ciergnon, c'est néanmoins à l'embellissement global de la Belgique qu'il songe avant tout. Plus tard, lorsque l'État belge reprendra la colonie et la Fondation de la Couronne, on s'apercevra que l'opération a été bénéfique pour le pays : jusqu'en 1908, les dépenses que la métropole avaient consenties pour le Congo (prêts accordés au roi, soldes des officiers et fonctionnaires) s'élevaient à 40 millions de l'époque, tandis que l'État belge, en constructions et immeubles acquis par la Fondation de la Couronne, aura reçu l'équivalent de 60 millions. Jean Stengers relève qu'il est exceptionnel qu'un jeune État d'outre-mer puisse ainsi rapporter, dans le premier quart de siècle de son existence, autant de plus-value à sa métropole. Par la suite, le Congo ne cessera d'ailleurs pas d'enrichir la Belgique[22].

Cueillette du caoutchouc, portage, corvées, recrutements forcés dans la Force publique : la violence exercée sur les indigènes découlait de la nature même d'une colonisation qui voulait, de force, ouvrir le bassin du Congo aux échanges, à la mise en valeur économique et donc à l'exploitation capitaliste. La violence militaire ne fut cependant pas absente de la conquête, loin s'en faut. C'est à l'issue de combats parfois très durs avec les indigènes que fut planté le drapeau étoilé de l'État indépendant du Congo. Mais que pouvaient les arcs et les flèches contre l'obstination et les fusils des Blancs ?

Les fortes têtes dans la Force publique

La Force publique, créée en 1886, représentait une armée moderne pour l'époque : elle était dotée de fusils Maxim, Albini ou Mauser l'emportant facilement, même contre les Arabes et les Swahilis, qui ne possédaient que des fusils à baguette. On retrouve déjà, là encore, l'utilisation de mercenaires européens et de supplétifs locaux. Les officiers sont belges et traités comme des héros lorsqu'ils rentrent au pays. Les autres Blancs viennent de toute l'Europe : Italiens, Allemands, puis cadres britanniques et scandinaves. Quant aux troupes, elles ne sont pas congolaises, car les indigènes sont trop peu nombreux ; elles se composent de mercenaires africains recrutés dans le bassin du Niger, en Somalie, en Éthiopie ou à Zanzibar[23]...

Toutes les velléités de résistance sont durement réprimées et les expéditions punitives se multiplient. Lorsque la Force publique se composera d'une majorité de soldats congolais, les rébellions ne seront pas rares. En effet, les mercenaires africains se comportant décidément trop mal avec les populations locales, les Belges décident, dès 1894, de créer une « armée nationale » et de recruter des « volontaires » congolais. La plupart des tribus résistent farouchement à ces tentatives de recrutement, sauf les Bangalas, les gens du Fleuve, originaires de l'Équateur, la région du président Mobutu. Vivant sur le fleuve, la grande artère du commerce et des contacts, les Bangalas, pêcheurs, passeurs, piroguiers, plus ouverts au monde extérieur, acceptèrent d'être incorporés dans l'armée. Leur langue, le lingala, devint la *lingua franca* de l'armée, puis celle du pays. Par la suite, les Batetelas, la tribu de Patrice Lumumba, et les Basukus acceptèrent également de fournir des contingents à l'armée.

Le sort de ces malheureux incorporés de force était lamentable : le chef de tribu les avait choisis parmi les gêneurs, les récalcitrants, ou parmi les esclaves, sachant bien que jamais ces recrues ne reviendraient. En effet, le taux de mortalité des soldats en période d'instruction était beaucoup plus élevé que, par la suite, celui des morts au combat. Les jeunes recrues, auxquelles on passait autour du cou le « collier national », étaient en fait des prisonniers qui succombaient en masse à une alimentation inappropriée, aux maladies, aux mauvais traitements. Plusieurs révoltes éclatèrent au sein de la Force publique, souvent déclenchées par des Batetelas. Les dernières eurent lieu en 1943 et 1944 à Luluabourg. Bien plus tard, ce sont des Batetelas, à la suite de leur leader Patrice Lumumba, qui implantèrent dans tout le pays le Mouvement national congolais. Au cours des quatre-vingts années de colonisation, ces rébellions militaires ne furent pas rares, mais elles ne s'étendirent jamais à l'ensemble du pays. Les ethnies étaient trop fractionnées, le territoire trop vaste, l'administration des Belges trop vigilante, même si les Européens étaient relativement peu nombreux.

« *Où est le chef ?* »

Le système de recrutement des soldats de la Force publique, et, plus largement, le principe de l'*indirect rule* — le « gouvernement indirect » — auquel eurent recours les Belges, se fondaient sur l'appui présumé des « chefs coutumiers ». Par la suite, l'existence et l'autorité de ces chefs furent présentées comme relevant de la plus authentique tradition africaine. En réalité, c'est la colonisation qui propage cette idée monarchique. Partout où ils arrivent, les Belges demandent : « Où est le chef ? » Lorsqu'il leur est présenté (les villages choisissent parfois de cacher leur dirigeant véritable), les Blancs sollicitent son concours. Le chef doit accepter de fournir des hommes pour les corvées ou pour l'armée, et des quotas de matières premières : caoutchouc, ivoire dans un premier temps, puis coton et autres cultures de rente. En échange de cette collaboration, les colonisateurs renforcent son autorité et lui concèdent quelques avantages matériels. Lorsque les chefs authentiques refusent les conditions posées par les Blancs, ils sont déposés et remplacés par un interlocuteur plus souple.

Catherine Coquery Vidrovitch[24] souligne l'intérêt qu'ont les chefs de lignage, aînés ou notables à bénéficier de l'appui effectif du système colonial, matérialisé entre autres par la mise à disposition de la Force publique. Car l'intérêt du chef est aussi matériel et chiffrable : c'est lui qui représente l'État. En qualité de fonctionnaire du gouvernement, il a droit à une double rémunération : d'une part, son traitement administratif, d'autre part, le « tribut » coutumier — le tout sous couvert de l'administration coloniale.

Lorsque, par la suite, le président Mobutu, à l'instar d'autres chefs d'État africains, revendiquera ses privilèges de « chef » en se fondant sur la « coutume » africaine, il ne remontait guère plus loin, en fait de coutume, qu'à l'*indirect rule* imposée par les Blancs. Dans la tradition africaine précoloniale, en effet, le chef n'a de comptes à rendre qu'à ses sujets, lesquels peuvent le déposer s'il ne remplit pas ses obligations. Symbole d'équilibre du groupe, dans la coutume authentique le chef ne peut en aucun cas se comporter en despote...

La résistance passive

Jusqu'à la veille de l'indépendance, les révoltes militaires ne furent que sporadiques. Cependant, dès les premiers moments de l'invasion européenne, les indigènes s'opposèrent à leur manière à la mainmise étrangère : ils pratiquèrent la résistance passive ou se laissèrent mourir de désespoir. « Des formes noires étaient accroupies, assises, couchées entre les arbres, appuyées contre les troncs, dans toutes les attitudes possibles de la douleur, de l'abandon, du désespoir. Une mine explosa sur la falaise, suivie d'une légère vibration sous mes pieds. Le travail continuait. Le travail... Et ceci était l'endroit où certains de ses exécutants s'étaient retirés pour mourir.

Car ils étaient en train de mourir lentement, c'était évident. Ils n'appartenaient déjà plus à cette terre. Amenés ici de tous les recoins de la côte en vertu de contrats en bonne et due forme, perdus dans ces milieux inhospitaliers, ils tombaient malades, perdaient toute utilité, et alors, ils étaient autorisés à s'en aller en rampant et à se reposer enfin. A présent, ces formes moribondes étaient libres comme l'air. Et presque aussi légères. »

Dans *Cœur des ténèbres*, c'est ainsi que Joseph Conrad décrit la « libération » des travailleurs noirs recrutés pour l'édification du chemin de fer des Cataractes : seule la mort les délivrait[25].

Au cours des premières années de la colonisation, c'est cette voie que suivirent de nombreux Congolais. Le recul démographique fut longtemps l'une des grandes préoccupations du colonisateur : « Il ne faut pas cacher qu'à côté des avantages immenses que nous leur avons apportés, notre arrivée a quelque peu bousculé les habitudes ancestrales et l'état sanitaire des Noirs... Avant notre arrivée, le Noir ne se déplaçait pour ainsi dire pas. Les maladies, telles que la maladie du sommeil, étaient localisées et n'exerçaient leurs ravages que dans des régions restreintes... Par nécessité, nous avons entraîné l'indigène à se déplacer — les régions ont été mises en contact les unes avec les autres, les maladies transmissibles qui étaient localisées se sont répandues dans la colonie entière, y causant des ravages d'autant plus violents qu'il n'existait d'immunisation d'aucune sorte... Ne perdons pas de vue que l'histoire de certaines colonisations nous montre que des populations indigènes entières se sont éteintes au contact de la civilisation blanche[26]. »

Cette mise en garde lancée aux autorités belges en 1926 n'émane pas d'un journaliste britannique ou américain échauffé ni d'un polémiste désireux d'en découdre : elle est prononcée par le fils du roi Albert, qui a succédé à Léopold II, le prince Léopold, futur roi des Belges, au retour d'un voyage dans la colonie. Il y a constaté le déclin dramatique d'une population incapable de résister aux contraintes de la colonisation blanche. En cause : le travail forcé, les recrutements obligatoires dans la Force publique, l'obligation faite aux agriculteurs de nourrir des villes en plein développement, surtout dans les régions minières. Le futur souverain a constaté l'effroyable mortalité des travailleurs enrôlés dans les grands travaux comme la construction des routes, des chemins de fer, l'ouverture des mines du Katanga, pour laquelle des dizaines de milliers de travailleurs du Kasaï devront être importés pour relayer les Lundas défaillants, qui fuient en brousse plutôt que de risquer la mort au fond de la terre. L'idéologie du travail forcé, telle qu'elle est pratiquée et imposée par les Belges, qu'il s'agisse des corvées, des recrutements de main-d'œuvre ou des cultures obligatoires, se révèle extrêmement meurtrière pour les Congolais. Ils s'y opposent par la fuite, la résistance passive ou la mort. Qui oserait jurer qu'aujourd'hui encore, face à un État prédateur qui prive les intéressés du produit de leur travail, le retour aux cultures de subsistance, la réticence à collaborer aux innombrables projets de développement, ne constituent pas des formes de résistance passive à des pratiques héritées de la colonisation, où la grande idée était de mettre de force le Noir au travail ?

Si la Belgique se résout finalement à reprendre le Congo de Léopold II, c'est parce que les critiques se sont multipliées dans le monde anglo-saxon et que les scandales menacent de prendre les proportions d'une affaire internationale : le président Roosevelt n'a-t-il pas affirmé son intention de convoquer une nouvelle conférence de Berlin sur l'Afrique centrale afin d'y examiner la question du Congo ? Il était donc temps de remplacer la poigne de fer de l'exploitation léopoldienne par le paternalisme éclairé de la colonisation belge.

Comment ne pas souligner à quel point l'évolution du Congo, et plus tard du Zaïre, a pu être déterminée par les traits de ces premières années d'histoire ? Le pays fut dès l'origine la propriété exclusive d'un seul homme. Le Congo fut le prototype d'une entreprise capitaliste fondée sur le profit et l'exploitation. Son économie fut dès l'origine extra-vertie, ses richesses servant à alimenter des comptes en banque extérieurs au lieu de soutenir le développement du pays. Quant à la présence européenne, elle se para dès le début des blancs drapeaux de la « diplomatie humanitaire » et de la « mission civilisatrice ». On peut en être certain : le caractère particulier de ces premières années d'existence du Congo et les justifications qui furent avancées pour revendiquer sa conquête ne manquèrent pas d'influencer, plus tard, les comportements et argumentaires de ses nouveaux maîtres...

La Belgique prend la relève

Lorsque la Belgique reprend à son compte l'État indépen-dant du Congo, en 1908, elle met immédiatement fin aux abus les plus criants et entame alors, à sa manière, la « mise en valeur » de la colonie. Les méthodes changent, mais l'idéologie demeure identique. A l'État purement spoliateur succède une sorte de « colonialisme éclairé ».

On ne peut parler, à propos de l'entreprise coloniale de la Belgique, d'impérialisme, car le Congo est « enfant unique », mais il y a incontestablement volonté d'imposer une vision particulière de la civilisation et du développement économique qui se fonde sur la conviction de l'infériorité intrinsèque des populations indigènes. Combien de fois — et aujourd'hui encore... — les Belges ne répéteront-ils pas que « les Noirs sont de grands enfants » auxquels « il faut tout apprendre » ? La colonisation belge marque l'apogée d'une bourgeoisie nationale industrieuse, bien-pensante, aussi chargée de stéréo-types que de bonnes intentions. Une bourgeoisie qui vient à peine de créer la Belgique elle-même...

La bonne volonté « humanitaire » des colonisateurs s'ap-puiera sur les missions et les agents territoriaux pour accomplir l'« œuvre civilisatrice », tandis que l'exploitation économique, elle, sera le fait des grandes compagnies. Du temps de

Léopold II, déjà, la mise en valeur du territoire s'était faite par l'intermédiaire des compagnies à charte, dont la plus connue était la Compagnie du Katanga. Cette société privée s'était, aux termes d'une convention passée avec l'État indépendant du Congo, engagée à explorer la région et à organiser, directement ou par l'intermédiaire de filiales créées à cette fin, la colonisation et l'exploitation du sol et du sous-sol du Katanga.

Plus tard fut créée la Compagnie des chemins de fer du Congo supérieur aux grands lacs africains, la C.F.L. Seule, en effet, l'alliance entre le capital privé d'une Belgique en plein essor industriel et l'initiative publique — celle du roi, puis de l'administration coloniale — était à même de relever le défi du « développement » de cet immense territoire.

L'entreprise coloniale de la Belgique revêt plusieurs caractéristiques, certaines communes à toutes les métropoles européennes, d'autres plus particulières. Aussi capitaliste que les autres, son emprise économique sera moins le fait de colons individuels que de grandes sociétés : très tôt, à cause de ses extraordinaires ressources en matières premières, l'exploitation du Congo s'inscrit dans les grands mouvements de l'économie mondiale.

La colonisation belge se voudra également civilisatrice et culturelle. Elle mettra son point d'honneur à améliorer le système de santé, à mettre en place un large système d'éducation, à imposer la mise en valeur des terres, et elle s'appuiera essentiellement, pour ce faire, sur l'Église catholique et les missions.

En outre, l'ordre colonial, fondé sur une stricte répartition des rôles et sur une hiérarchie sociale rigoureuse entre Blancs et Noirs, mais également entre les Blancs eux-mêmes, aboutira à un système qui ne peut se comparer qu'à l'édifice social qui se construira plus tard en Afrique du Sud. Dans l'« ordre belge » qui régnait au Congo, chacun avait sa place bien déterminée : l'agent territorial et ses « indigènes, le missionnaire et ses pupilles, le chef d'entreprise et ses ouvriers, le colon, sa femme et leurs boys, le cuisinier, le jardinier, et même, selon un témoin de l'époque, le "boy-sonnette", qui, chez les plus aisés, criait *dring-dring* lorsque le repas était servi... ». Cette expérience de la colonisation ne manquera pas d'influencer le développement du futur État indépendant et le comportement de ses propres dirigeants...

La « mise en valeur » économique

La richesse du Congo léopoldien se fondait avant tout sur la cueillette du caoutchouc et la récolte de l'ivoire, c'est-à-dire sur une économie de rapine menée à grande échelle ; la prospérité du Congo des Belges — ou, plutôt, des Belges grâce au Congo — reposa sur les mêmes principes d'extraction des richesses de la colonie.

Lorsqu'il séjourna au Katanga, en 1892, le géologue Jules Cornet fut impressionné par l'ampleur des ressources du sous-sol, mais le roi Léopold II lui imposa provisoirement silence sur ses découvertes pour ne pas accroître davantage l'appétit de sir Cecil Rhodes et de ses autres rivaux européens.

Dès que la Belgique reprend en charge le Congo, les grandes sociétés consentent les investissements nécessaires et déterminent pour longtemps l'orientation de l'économie congolaise : tout reposera désormais sur la rente minière. C'est en fonction des mines que seront créées les voies de communication, la production d'énergie électrique et les quelques industries de transformation.

Longtemps, l'exploitation des ressources minières du Congo s'apparente plus à un écumage qu'à une mise en valeur rationnelle : on ne s'attaque qu'aux gisements les plus accessibles. Les grandes sociétés, jusqu'à la Deuxième Guerre mondiale en tout cas, préfèrent utiliser une main-d'œuvre abondante et sous-payée plutôt que d'avoir recours à la mécanisation. Elles ne craignent d'ailleurs pas de défier à ce propos l'administration coloniale, toujours préoccupée par les problèmes démographiques. La contradiction est en effet constante entre les impératifs de l'économie et les craintes de dépeuplement.

En un demi-siècle, les sociétés exploitant les mines du Congo réussissent à extraire plus de 5,5 millions de tonnes de cuivre, plus de 3 tonnes de diamant industriel et plus de 260 000 kilos d'or[27].

L'uranium du Katanga pour la bombe

C'est au cours de la Deuxième Guerre mondiale que cette exploitation du sous-sol congolais connaît son apogée : il faut alors soutenir l'effort de guerre des Alliés. Le gouvernement de la Belgique occupée s'est en effet réfugié à Londres et dispose des ressources de la colonie, qu'il met à la disposition des Alliés. Ressources financières, mais aussi matérielles : c'est l'uranium de Shinkolobwe, au Katanga, qui, à partir de 1942, sert à la fabrication de la bombe atomique américaine, tandis que le cuivre est utilisé à celle des armes et des munitions. Une fois de plus, le Congo, grâce à ses ressources et à sa situation géopolitique, se retrouve au centre des préoccupations occidentales, notamment américaines. En échange de l'uranium congolais, la Belgique, outre diverses compensations financières, se voit promettre de pouvoir participer activement à la recherche américaine en matière atomique. Marché de dupes : la loi MacMahon votée après la guerre interdira tout transfert de technologie nucléaire à des pays tiers[28].

Jamais l'Union minière ne fut aussi prospère qu'à cette époque : le chiffre d'affaires de sa direction de guerre, réfugiée aux États-Unis, atteignait 65 millions de dollars, ce qui dépassait de loin le budget annuel du gouvernement belge de Londres. Après la guerre, ces ressources permirent à la Belgique de se redresser beaucoup plus rapidement que les autres pays européens. Durant le conflit, la production minière fut donc poussée au maximum, malgré de multiples mises en garde : les gisements risquaient de s'épuiser, et la main-d'œuvre devait être recrutée de plus en plus loin.

Au lendemain de la guerre, la rationalisation de la production et sa mécanisation deviennent impératives. C'est du plan décennal lancé alors que datent les spectaculaires investissements belges au Katanga. C'est de ce plan que datent également les améliorations significatives apportées au sort des travailleurs. Les grandes sociétés ont désormais le souci de protéger, de maintenir en vie et en bonne santé une main-d'œuvre qui n'est plus renouvelable à volonté.

Bien des Zaïrois se souviennent encore avec nostalgie de la période coloniale et des avantages sociaux accordés aux ouvriers à l'époque. Ils confondent parfois l'« âge d'or » des deux dernières décennies avec les soixante années qui les avaient précédées... L'Union minière avait particulièrement bonne réputation : on y naissait, on y mourait, la société prenait soin des travailleurs et de leurs familles tout au long de leur existence. Selon les écrits laudatifs de l'époque, la société « accordait même aux femmes la permission de rentrer dans leur village d'origine pour y faire une brève visite à leurs parents... » C'est que les femmes avaient été autorisées dans les cités minières : on s'était aperçu que les travailleurs, « stabilisés » par la présence de leur famille, désertaient moins le travail et résistaient mieux aux maladies...

En fait, malgré les immenses profits récoltés, les sociétés minières et les grands holdings ne donnèrent pas au Congo les moyens d'un développement autonome : les industries de transformation ne furent créées que très tard, et à aucun moment ne fut envisagée la construction d'usines de traitement du cuivre, puisqu'il fallait avant tout soutenir la sidérurgie belge. De ces vingt dernières années de la colonisation, les Congolais n'ont pas moins gardé un souvenir nostalgique. Ils considèrent ces années comme une période d'ordre, sinon de prospérité, et rappellent volontiers que le produit national brut de leur pays était à l'époque comparable à celui de l'Afrique du Sud...

Une mise en valeur... obligatoire

Incontestablement, c'est au cours de l'époque coloniale que se sont dessinés les grands traits qui allaient marquer les premières décennies du Congo indépendant : développement prioritaire des industries extractives, insertion des ressources du pays dans le commerce mondial via les trusts et les holdings, enjeu stratégique représenté par les richesses du Katanga.

Par ailleurs, la « mise en valeur » du Congo eut toujours un aspect coercitif. Cette coercition s'exerça surtout dans le domaine de l'agriculture et revêtit une ampleur sans égale en Afrique. Les impératifs de l'économie et la logique capitaliste ne suffisent pas à expliquer la force de ces contraintes : il fallait que s'y ajoute une forte dose de bonne conscience.

L'administration belge estimait qu'il fallait améliorer l'alimentation de l'indigène, l'obliger à produire plus, « pour son bien », afin qu'il augmente ses ressources et protège sa santé. Elle était également désireuse de lui inculquer le sens du profit, de l'insérer dans l'économie monétaire en luttant contre son « indolence naturelle ». C'est pour cela que, dès 1917, les cultures obligatoires furent instaurées, suivies, à partir de 1936, par les « paysannats indigènes » où les cultivateurs étaient obligés de se regrouper afin d'accroître leur productivité. Durant plus de quarante ans, des agronomes, répartis sur tout le territoire, prodiguèrent conseils et sanctions.

Cependant, le « bien » de l'indigène n'était pas, loin s'en faut, la seule motivation : les cultures obligatoires s'inscrivirent rapidement dans une logique capitaliste et furent particulièrement favorables aux entreprises européennes qui, ayant établi sur place de grosses usines d'égrenage du coton, réalisaient de confortables bénéfices[29]. Cette culture obligatoire du coton était honnie par les indigènes parce qu'elle exigeait beaucoup de travail et surtout parce que le prix d'achat de la production était fixé trop bas. Au cours de la seule année 1952, vingt mille condamnations furent prononcées pour infraction aux « cultures éducatives ». Dès l'indépendance, le carcan de ces cultures obligatoires fut le premier à sauter, et des jacqueries, nées de décennies de contraintes et de frustrations, éclatèrent dans tout le pays.

Aujourd'hui encore, les anciens colons du Congo parlent haut et fort, vantent leur expérience, revendiquent leurs droits. Cependant, malgré la place en vue qu'ils occupaient dans la société coloniale, leur poids économique fut bien moindre que celui des grandes entreprises car le Congo, en fait, ne fut jamais une colonie de peuplement.

La nature assez particulière de ce peuplement européen à l'époque de la colonie n'a pas manqué d'influencer le Zaïre d'après l'indépendance. Les « petits Blancs » n'étaient pas les bienvenus au Congo : seuls réussissaient à tirer leur épingle du jeu des commerçants grecs ou portugais, ainsi que des Pakistanais dans les provinces orientales. Ils s'implantaient en brousse pour y ouvrir de petits et grands commerces, généralement méprisés par les Belges, qui les considéraient comme une sorte d'ethnie intermédiaire à mi-chemin des Blancs et des indigènes... Quant aux colons belges, ils étaient triés sur le volet : l'administration coloniale voulait que les Noirs se fassent des Blancs une image positive, qu'ils voient dans leurs maîtres des gens aisés, répondant à certains critères moraux et sociaux, ceux d'une Belgique bourgeoise et bien-pensante. Ceux qui voulaient s'embarquer pour le Congo devaient donc déposer une caution assez importante, prouver qu'ils possédaient quelque bien au pays. Parmi ces colons, les ouvriers étaient rarissimes, les chômeurs n'avaient pas leur place. Dans la colonie, le conformisme social achevait de « normaliser » les Blancs, qui se gardaient bien de fréquenter de trop près les indigènes. Il fallut attendre la veille de l'indépendance pour qu'un mariage mixte provoque un beau tollé. Certes, les colons avaient des « ménagères » ou des « bibis », mais cela se passait dans la discrétion la plus totale.

Mis à part le Katanga, où il s'agissait de contrer les appétits des Anglo-Saxons, ou encore le Kivu, où il fallut empêcher les Italiens de s'implanter, le peuplement blanc demeura toujours très limité au Congo et se cantonna à un certain type de citoyens belges : aristocrates au Kivu, enfants de la « bonne bourgeoisie », surtout francophone, partout ailleurs.

Une colonisation aussi typée sur le plan social aide à comprendre pourquoi, dès les premiers temps de son accession au pouvoir, le président Mobutu fut obsédé par l'idée de créer lui aussi un noyau de « trois cents familles » qui seraient, comme en Belgique, l'embryon d'une future bourgeoise nationale, le pendant congolais de cette bourgeoisie qui avait naguère envoyé les plus aventureux de ses fils en terre africaine...

De l'éducation conçue comme une maçonnerie

Les Belges ne souhaitaient pas voir *leur* Congo s'ouvrir à d'autres influences. Ils décourageaient les immigrations étrangères et tenaient à ce que l'éducation dispensée à *leurs* pupilles africains fût le plus proche possible du modèle belge. C'est pourquoi, jusqu'en 1956, l'enseignement fut le monopole des missions.

Au contraire des Français ou des Britanniques, les Belges édifièrent la pyramide de l'enseignement non avec des ambitions de pédagogues, mais avec une mentalité de maçons : de leur point de vue, il fallait d'abord étendre très largement l'enseignement primaire avant de mettre en place, très prudemment, le secondaire. Quant à l'université, la conviction générale, y compris dans les milieux de gauche, était que les Noirs étaient loin d'être mûrs pour y accéder. Il fallut attendre 1955 et l'enthousiasme des milieux chrétiens, teinté de prosélytisme, pour qu'apparaisse l'université de Lovanium, bientôt suivie par l'université d'État d'Élisabethville. La pointe de la pyramide était réellement bien fine : au moment de l'indépendance, le Congo ne comptait que seize universitaires !

En revanche, les séminaires étaient pleins et la majorité des intellectuels congolais avaient fait leurs classes chez les *mompé* (les « mon père »), ce qui représentait pour eux le seul moyen de dépasser le niveau des études primaires. Les missionnaires avaient veillé en priorité à former des séminaristes. Soutenus en cela par l'opinion belge, ils considéraient également que les Congolais avaient un long chemin à parcourir avant de devenir des « intellectuels », des êtres capables d'abstraction. S'ils accédaient jamais à ce stade, pensaient les missionnaires, il convenait de veiller au grain, car les pupilles risquaient de devenir des agitateurs, des idéologues, comme il n'y en avait déjà que trop dans les colonies françaises ou anglaises. Priorité fut donc accordée à l'enseignement technique, aux connaissances professionnelles et à l'enseignement religieux. Longtemps la Belgique s'enorgueillit du taux assez élevé de scolarisation au niveau primaire, alors qu'en réalité la qualité de l'éducation laissait grandement à désirer dans les écoles missionnaires.

Les parents d'élèves protestaient régulièrement contre le fait que les prêtres, souvent d'origine flamande, maniant difficilement la langue de Voltaire, privilégiaient l'enseignement dans les langues indigènes, et négligeaient parfois d'apprendre le français à leurs jeunes pupilles. Cette attention portée aux langues indigènes avait ses mérites, car les missionnaires tenaient beaucoup à ne pas couper les jeunes de leur milieu d'origine. Les parents, pour leur part, regrettaient que leurs enfants fussent ainsi privés des chances d'ouverture sur le monde et d'ascension sociale que représentait à leurs yeux la connaissance du français. Ce ne fut pas l'un des moindres atouts de l'enseignement laïc, non confessionnel, qui ne fut introduit qu'en 1956 : il était dispensé en français...

S'ils s'étaient donné la peine d'étudier les langues indigènes, les missionnaires, en revanche, manifestaient un mépris total pour les religions de leurs ouailles, et détruisirent des milliers de « fétiches ».

Enfermés dans le carcan de leurs langues locales, confinés

à l'enseignement primaire ou professionnel, les enfants congolais d'avant l'indépendance se virent appliquer, d'une certaine manière, les principes paternalistes et méprisants qui allaient rester en vigueur au pays de l'apartheid.

L'apparition des « évolués »

Cette théorie de l'évolution progressive vers la civilisation se traduisit, pendant les dernières années de la colonie, dans la notion d'« évolués ». Les besoins de l'industrialisation et l'apparition des grandes villes avaient peu à peu attiré un certain nombre d'Africains qui avaient rompu avec leur milieu traditionnel, qualifié de « coutumier ». Ils vivaient aux abords des grandes agglomérations blanches, dans les « cités » dites africaines. A Léopoldville, cette cité était bizarrement surnommée... « le Belge » !

Ces cités africaines, à la périphérie de la ville moderne et où les Blancs se gardaient bien de pénétrer, étaient appelées « centres extracoutumiers », l'autorité et le pouvoir judiciaire n'y étant plus détenus par des chefs traditionnels. Les Africains vivant ainsi dans les marges du monde blanc étaient censés devenir des « évolués ». Pour cela, il leur fallait d'abord passer par le stade de l'« immatriculation » : recevoir des mains de l'administration blanche une carte les délivrant des juridictions « coutumières » et les autorisant à vivre dans les villes.

Durant quelque temps, une grave querelle sémantique divisa les colons : fallait-il qualifier les Congolais européanisés d'« évolués », comme si le processus d'assimilation était parachevé, ou bien d'« évoluants », comme s'il s'agissait là d'un long chemin à parcourir ?... Pour déterminer qui pouvait ou non être qualifié d'« évolué », l'administration belge procédait à des contrôles dont la minutie maniaque ne devait connaître d'équivalent, plus tard, que chez les Boers d'Afrique du Sud. Les enquêteurs inspectaient les familles africaines, vérifiaient la régularité de leur ménage, leur stabilité, observaient avec attention leur mode de vie : y avait-il des latrines convenables, des tables et des chaises, se servait-on de couverts ?... Si toutes ces conditions et bien d'autres encore étaient remplies, le titre envié d'*évolué* pouvait alors être décerné. L'entrée sur un pied d'égalité dans le monde des Blancs n'était plus qu'une question de temps... En théorie tout au moins.

Car l'égalité n'était jamais qu'une fiction. Le racisme demeurait toujours aussi manifeste à l'égard des Africains. Qu'ils fussent évolués ou non, le marché de l'emploi ne leur était guère plus ouvert pour autant, non plus que les relations sociales ; ils voyageaient toujours dans des wagons séparés...

La déception et la rancune de ces « évolués », qui, au moment de l'indépendance, avaient parcouru le long chemin de l'assimilation sans y trouver finalement aucune gratification, furent l'un des principaux griefs des nationalistes congolais. Patrice Lumumba, par exemple, ancien commis à statut d'« évolué », était particulièrement amer face aux réticences des Blancs à son égard. Cette rancune s'accentua lorsqu'il eut l'occasion de constater que dans les colonies françaises les intellectuels africains étaient dotés de statuts bien différents. Jusqu'en 1960, les Congolais, même s'ils appartenaient à des familles aisées qui auraient pu les envoyer à leurs frais en Europe, étaient condamnés à rester relativement coupés du monde : les « indigènes » ne pouvaient avoir de contacts qu'avec les Belges ; ils ne pouvaient voyager — après combien de difficultés ! — que vers la Belgique.

C'est en 1958, lors de l'Exposition universelle de Bruxelles, que des groupes de Congolais purent enfin faire le voyage. Ils animaient un pavillon où l'on avait reproduit leur habitat traditionnel, avec forêt et cases... Au lieu de leur réserver tout simplement un hôtel, les Belges s'étaient longuement interrogés sur le point de savoir comment faire pour les loger « conformément à leurs coutumes »... Deux ans plus tard, d'autres « indigènes » siégeaient à la Table ronde et réclamaient l'indépendance !

Jusqu'à la fin, quoiqu'elle s'en défende, l'entreprise coloniale de la Belgique demeura une entreprise à caractère totalitaire. Sous couvert de développement, d'ouverture à la civilisation, il s'agissait pour elle d'obliger l'indigène à s'adapter à l'ordre des Blancs et de le contrôler jusque dans les aspects les plus intimes de son existence, qu'il s'agisse de la production agricole, du travail dans les mines ou des comportements familiaux...

Les résistances

Les religions furent l'une des échappatoires mises à profit par les colonisés.

En 1930 apparaît Simon Kimbangu, qui refuse l'ordre colonial et recourt à la non-violence. Évoquant David face à Goliath, il demande à ses compatriotes de cesser de payer l'impôt, de ne plus participer aux cultures obligatoires ni aux corvées. Les missionnaires catholiques le considèrent comme un dangereux agitateur et exigent des sanctions. Condamné à mort, puis gracié, il fera trente ans de prison. Sous le nom d'« Église du Christ sur terre », l'Église kimbanguiste est aujourd'hui l'une des plus importantes au Zaïre.

Venue de Rhodésie du Nord au Katanga, la prédication de la très américaine Watch Tower Society, les témoins de Jéhovah, y est devenue le *kitawala*, durement persécuté par le colonisateur. Et pour cause : les « watawalas », aujourd'hui encore interdits, condamnent l'alcoolisme, l'attachement à l'argent, et revendiquent l'égalité de tous. Ils participeront aux grandes révoltes paysannes des années 1960-1965.

Dans ce Congo qu'ils imaginaient éternel, les Belges, avec leur mentalité de maçons, n'en continuaient pas moins d'édifier à leur rythme, c'est-à-dire très lentement, la pyramide du développement. L'enseignement primaire était une réalité, les écoles techniques se multipliaient, de vastes campagnes de vaccination et de prophylaxie étaient lancées. Au cours des dix dernières années de la présence belge au Congo, les progrès enregistrés dans le domaine de la médecine furent indéniables : les grandes endémies, comme le pian, la variole, la malaria, avaient reculé, tandis que la courbe démographique marquait une hausse spectaculaire. Durant les années d'après guerre, les Belges mirent ainsi le meilleur d'eux-mêmes à édifier ce qu'ils considéraient comme une « œuvre » coloniale. Aujourd'hui encore, certains nostalgiques se demandent à quoi aurait ressemblé le Congo si la construction de la pyramide avait pu être menée à son terme. Poser ainsi la question, c'est faire l'impasse sur le monde extérieur. Car, malgré les illusions des Belges, « leur » Congo ne vivait pas en vase clos. Il y eut la conférence de Bandoeng, le vent de la décolonisation qui soufflait sur l'Afrique, l'accession à l'indépendance des anciennes colonies françaises...

En 1956, un professeur d'université jusqu'alors très respecté, M. Van Bilsen, fut traité de fou par tout le monde : il avait proposé un plan visant à ce que le Congo accède à l'indépendance dans les trente ans à venir. Parmi les Belges, le tollé fut général. Dans la colonie, ce plan fit soudain rêver : c'était la première fois que quelqu'un disait aux Congolais que leur indépendance était envisageable. La réponse fut immédiate : cette indépendance, on la voulait tout de suite.

Si la population congolaise était demeurée passive, ce n'était qu'en apparence : en réalité, jamais l'ordre des Blancs n'avait été accepté. La revendication d'indépendance se répandit comme une traînée de poudre. En Belgique même, l'opinion, qui était toujours restée assez étrangère à l'aventure coloniale, rejeta massivement l'idée de lutter pour garder le Congo. Dès les premiers désordres, les partis au pouvoir décidèrent d'accorder cette indépendance soudain revendiquée.

En hâte, la Belgique propulsa le Congo dans une indépendance mal préparée. Elle faisait ainsi, sagement sans doute — de son point de vue, en tout cas —, l'économie d'une guerre coloniale. Le Congo, lui, se voyait projeté dans l'inconnu sans être passé par le creuset des luttes de libération, sans avoir connu les souffrances qui forgent les nations[30].

Dès le 30 juin 1960, les contraintes que les Belges avaient mis des décennies à imposer, comme les cultures obligatoires, sont rejetées d'un seul coup. Plus tard éclatent les plus vastes jacqueries jamais connues en Afrique noire : elles s'expliquent par le fait que nulle part les contraintes coloniales n'avaient été aussi vastes et aussi fortes que dans ce Congo que les Belges décrivaient comme une « colonie modèle »...

Au moment de l'indépendance, la Belgique officielle, celle de la métropole, accorde à sa colonie ce qu'elle considérait comme la panacée, c'est-à-dire le régime démocratique. Mais, très vite, c'est l'antécédent colonial qui reprend le dessus : en 1965, le pays renoue avec le régime totalitaire qu'il n'avait abandonné que cinq ans auparavant. A nouveau les Congolais retrouvent la férule d'un ordre unique, exclusif, qui entend les contrôler dans toutes leurs activités. Une dictature autochtone succède à celle des Blancs. L'étiquette a changé, le flacon reste le même. Sauf que, sous Mobutu, il est plus vide encore...

A mesure que le temps passe prend corps chez les Congolais devenus Zaïrois la nostalgie de l'ordre des Blancs, un ordre totalitaire mais qui, au moins, les nourrissait... Le relatif isolement qui a marqué les quatre-vingts années de la colonisation, les formes extrêmes de paternalisme qu'elle y a revêtues permettent de comprendre pourquoi les relations entre le Zaïre et la Belgique se sont longtemps caractérisées par un mélange d'amour et de haine. Sacrifiant encore à ce très riche registre de sentiments ambivalents, bon nombre de Zaïrois n'appellent-ils pas encore les Belges *nokos*, les oncles ?...

NOTES DE LA PREMIÈRE PARTIE

1. Cléophas Kamitatu, *La Grande Mystification du Congo-Kinshasa, les crimes de Mobutu*, François Maspero, Cahiers libres, pages 207, 208.
2. Jacques Brassinne et Jean Kestergat, *Qui a tué Lumumba ?*, Éditions Duculot, collection Documents, page 55.
3. Jean-Claude Willame, *Patrice Lumumba, la crise congolaise revisitée*, Éditions Karthala, page 447.
4. Jacques Brassinne et Jean Kestergat, *op. cit.*, page 73.
5. *Idem*, page 110.
6. *Idem*, page 166.
7. Ludo Martens, *Pierre Mulele*, Éditions EPO, Bruxelles, page 278.
8. *Idem*, page 178.
9. *Congo-Zaïre*, GRIP (Groupe de recherche et d'informations sur la paix), Informations Bruxelles, page 96.
10. Cléophas Kamitatu, *op. cit.*, page 69.
11. Ludo Martens, *op. cit.*, page 332.
12. *Op. cit.*, page 327.
13. C.K. Lumuna Sando, *Zaïre, quels changements pour quelles structures ?*, Éditions Africa, page 91.
14. Crawford Young et Thomas Turner, *The Rise and Decline of the Zairian State*, University of Wisconsin, 1985, page 419.
15. Pierre Yambuya, *L'Abattoir*, Édition EPO, page 25.
16. *Idem*, page 57.
17. *Africa News* et *Jeune Afrique Magazine*, avril 1988.
18. Jean Stengers, *Congo, mythes et réalités, 100 ans d'histoire*, Éditions Duculot, page 91.
19. Pierre Joye et Rosine Lewin, *Les Trusts au Congo*, Bruxelles, Sociétés populaires d'éditions, page 50.
20. *Op. cit.*, page 23.
21. Jean Stengers, *op. cit.*, page 113.
22. *Op. cit.*, page 104.
23. Hilde Eynikel, *Congo Belge, portrait d'une société coloniale*, Éditions Duculot, page 112.
24. Catherine Coquery Vidrovitch, *Afrique noire, mythes et réalités*, Payot, page 122.
25. Joseph Conrad, *Cœur des ténèbres*.
26. Duc de Brabant, Congrès colonial belge, comptes rendus et rapports, 1926, pages 36 et 38.
27. Pierre Joye et Rosine Lewin, *op. cit.*, page 210.
28. Jean Kestergat, *Quand le Zaïre s'appelait Congo*, Paul Legrain, Bruxelles, page 147.

Le dinosaure

29. Pierre Joye et Rosine Lewin, *op. cit.*, page 73.
30. Jean Stengers, *op. cit.*, page 272.

Quelques autres ouvrages :

Du Congo au Zaïre, 1960-1980, Essai de bilan, Centre de recherche et d'information socio-politique, CRISP, Bruxelles.
Michel Massoz, *Le Congo de papa, le Zaïre authentique,* Michel Massoz, éditeur, Liège.
Louis François Vanderstraeten, *Histoire d'une mutinerie,* juillet 1960, Académie royale de Belgique.

Deuxième partie

LA PYRAMIDE
DE L'ARGENT

CHAPITRE 5

Le double visage d'un ambitieux

Les pères capucins de Molegbe, petite ville de la province de l'Équateur, avaient bien remarqué que le fils de Gbemani, leur excellent cuisinier, était un gamin malicieux, plutôt turbulent et fou de lecture. Mais qui, en ces années-là, aurait pu croire que le jeune Joseph Désiré connaîtrait un jour un tel destin ?

En 1930, Joseph Désiré Mobutu voit le jour à Lisala, dans un Congo où les missionnaires ont l'éternité devant eux, où l'administration territoriale croit en l'émancipation des jeunes Noirs... mais pas avant l'an 2000. Ses parents sont des gens simples, tout imprégnés de tradition : sa mère, la très belle Yemo, qui a d'abord vécu auprès du chef coutumier des Ngbakas et qui a déjà quatre enfants, a épousé le cuisinier des missionnaires, Albéric Gbemani. Tout naturellement, ce dernier adopte le jeune Joseph Désiré, et, chaque fois qu'il change d'employeur, emmène avec lui sa petite famille. Après un bref passage chez un juge belge, M. Delcourt, dont la femme apprend le français au jeune garçon curieux qui traîne à l'office, Gbemani s'en revient dans l'orbite des religieux, et ses enfants avec lui.

Du fleuve à la ville

Piroguiers, pêcheurs, les Ngbandis, branche minoritaire du peuple bangala, sont des gens du Fleuve. L'épreuve du vol rituel fait partie de leurs rites initiatiques, de même que, comme Mobutu aime à le raconter, l'épreuve du courage : à dix ans, le garçon aurait tué un léopard. Cet univers du fleuve, pétri d'anciennes coutumes, est bien éloigné du monde des couvents où sa mère traîne le garçon rétif.

Comment rêver d'un autre destin que le séminaire pour ce garçon qui aime tant les livres ? Après la mort de son mari, mama Yemo propose ses services d'un couvent à l'autre. Le jeune Joseph Désiré fréquente les scheutistes de Kinshasa, les capucins de Molegbe, de Libenge, avant de terminer ses études primaires chez les frères des écoles chrétiennes de Coquilhatville, aujourd'hui Mbandaka. Il a été chantre, enfant de chœur, il est imprégné de la religion catholique qui forme l'essentiel du bagage scolaire de ces années-là.

Il est surtout fortement influencé par sa mère, à laquelle il vouera plus tard un véritable culte. Repoussée par la famille de son mari, obligée de retourner au village, mama Yemo, bien plus tard, sera la seule à parler encore librement à l'orgueilleux. Jusqu'à sa mort, elle lui répétera : « N'oublie jamais d'où tu viens... » C'est après sa disparition que Mobutu devait sombrer dans la mégalomanie.

Dans cette région du fleuve proche de la République centrafricaine, les populations sont joyeuses, dissipées, plus portées sur le sexe et la fête que sur les prières. Plantées au cœur de la forêt, les missions, avec leurs austères bâtiments de brique rouge, leurs pelouses aux allées bien droites, bordées de rosiers, et leurs jardins potagers, sont l'exacte réplique des « maisons mères » de Flandre. Aujourd'hui encore, les jeunes Noirs saluent poliment les *mompé* qui les font travailler au jardin, leur apprennent le français avec un accent flamand prononcé, et tentent d'implanter sous les tropiques le goût du travail, de l'épargne, de la fidélité conjugale.

De ces premières années chez les missionnaires flamands, le jeune Joseph Désiré gardera le souvenir indélébile de ce qu'était le paternalisme colonial. Il ne se défera jamais d'un léger accent, de cette manière très belge d'appuyer sur chaque syllabe pour être sûr d'être bien compris. Il ne sera cependant pas séminariste. En effet, à la suite d'une expédition non autorisée à Kinshasa (Léopoldville à l'époque), que les bons pères considèrent comme un lieu de perdition, il est renvoyé du groupe scolaire de Mbandaka. Ces vacances indûment prolongées avaient fourni aux pères le prétexte qu'ils attendaient pour se séparer de l'élève indiscipliné qui avait trop tendance à « emprunter » les ouvrages de la librairie et à dénoncer ses condisciples.

Le jeune homme est enrôlé dans la Force publique. Nous sommes en 1950. Jusqu'à la veille de l'indépendance, la Force publique congolaise, avec ses officiers belges très à cheval sur le règlement et sa discipline de fer, encadre ceux que l'on qualifie de « fortes têtes » chez les Congolais. Les religieux, qui envoient le jeune Joseph Désiré sous les drapeaux, ne font pas autre chose que les chefs coutumiers qui, naguère, désignaient comme « volontaires » pour la Force publique les « mauvais éléments » du village.

A l'école centrale de Luluabourg, le nouveau conscrit ne sera pas heureux. « Je ne me laissais pas faire et je n'acceptais pas les choses qui me paraissaient stupides ou injustes[1] » ; de son propre aveu, il était le meneur d'un groupe de jeunes contestataires, et, s'il triomphait dans toutes les épreuves sportives, il était mal vu de ses supérieurs.

Plus tard, s'entretenant avec des journalistes belges, celui qui était devenu entre-temps le maréchal Mobutu devait évoquer avec une amertume toute fraîche encore ces années d'humiliation : « J'ai connu la chicotte (coups assenés à l'aide d'une fine lamelle de cuir), parce que je refusais de suivre des ordres que je ne comprenais pas... » Heureusement, le jeune conscrit réussit à poursuivre ses études, ses anciens condisciples se chargeant de lui faire parvenir copie de tous les cours. A Luluabourg, après avoir suivi des leçons de secrétariat et de comptabilité, Mobutu obtient, en 1953, le grade de sergent. Il est alors affecté à Léopoldville, où d'autres possibilités s'ouvrent à lui.

Il y rencontre notamment un homme qui exercera une grande influence sur lui, le colonel Marlière. Ce dernier estime, contre l'avis général, qu'il faut préparer l'africanisation de la Force publique et pousser la formation des Congolais. Il remarque le jeune sous-officier venu de Luluabourg, précédé d'une réputation de forte tête, et lui confie une tâche qui enchantera le sergent Mobutu : la rédaction du journal de la Force publique.

Ainsi qu'il le relate volontiers, Mobutu a toujours été attiré par le journalisme. Durant ses études secondaires déjà, avant son renvoi, il avait été le rédacteur en chef du journal de sa classe. Mobutu sera reconnaissant au colonel Marlière de lui avoir ouvert les voies de ce nouveau métier. L'officier belge deviendra plus tard le parrain de son premier enfant, avant d'être, durant les temps troublés de l'indépendance, le conseiller le plus écouté du tout nouveau chef d'état-major de la Force publique. Après 1965, cependant, le colonel Marlière, estimant que ses avis n'étaient plus écoutés par son pupille, rentrera dans l'ombre.

Mobutu, qui signe « de Banzy » — du nom de Banzyville, sa ville natale, (aujourd'hui Mobayi), à côté de Gbadolite —, préfère manifestement les éditoriaux et les analyses politiques à la rubrique des chiens écrasés. De l'avis de ses contemporains, ses articles sont brillants, mais parfaitement subjectifs : ce qui compte pour lui, c'est d'exprimer ses propres vues et de multiplier les contacts. Il est vrai que l'époque offre matière à réflexion aux jeunes Congolais ambitieux : alors que les Belges se croient installés dans leur Congo pour l'éternité, l'Afrique se réveille. Les colonies françaises réclament et obtiennent l'indépendance, les pays non alignés se constituent en groupe distinct. Au Congo même, timides mais obstinés, arc-boutés sur leurs solidarités ethniques, quelques leaders comme Kasavubu chez les Bakongos, Lumumba chez les Batetelas, commencent à prononcer le mot d'indépendance. Mobutu, lui, écrit sur tous les sujets, lit tout ce qui lui tombe sous la main et rencontre les rares journalistes congolais de l'époque : Jean-Jacques Kandé, dont il fera plus tard son ministre de l'Information, Gabriel Makosso, dont il fermera le journal. Il fréquente aussi les quelques journalistes belges travaillant à Léopoldville. Lorsque son temps de service est terminé, il se fait embaucher à *L'Avenir colonial belge,* qui deviendra plus tard *L'Avenir,* où il écrit dans les pages consacrées aux actualités africaines. Mobutu, qui a de la mémoire, vouera une reconnaissance durable au Belge Pierre Davister, qui l'engagea et fut son premier mentor.

Avec patience et clairvoyance, Davister forme sa jeune recrue. Il lui apprend à rédiger des articles plus nuancés (pour ne pas effrayer la Sûreté belge), à ficeler des éditoriaux, à interviewer toutes les personnalités congolaises de l'époque. En 1958, il envoie à Bruxelles son jeune rédacteur en chef adjoint et le charge de couvrir le Congrès de la presse coloniale, réunion organisée dans le cadre de l'Exposition universelle qui marqua l'apogée d'une certaine Belgique. Mobutu, lui, met à profit ce séjour en Belgique pour retrouver ses compatriotes, quelques figures de proue du nationalisme congolais que les Belges qualifient d'« évolués ». Il rencontre aussi les milieux belges, minoritaires mais actifs, qui militent en faveur de l'indépendance.

Après avoir été obligé de rentrer au Congo — les règlements coloniaux sont inflexibles —, Mobutu obtient de pouvoir revenir en Belgique pour y compléter sa formation. En 1959, après avoir « couvert » l'insurrection de Léopoldville qui éclate comme un coup de tonnerre dans la sérénité du ciel colonial, il retrouve Bruxelles.

Des témoins de l'époque qui ont connu Mobutu à l'école de journalisme de l'Association de la presse belge ou à l'Institut supérieur d'études sociales de la rue de la Poste, à Bruxelles, se souviennent d'un jeune homme studieux, avide de lire, de s'exprimer, qui ne s'offusquait guère lorsqu'un professeur d'ethnologie l'apostrophait en disant : « Vous, là, le grand, levez-vous pour qu'on voie combien les gens du Fleuve sont différents des trapus de la forêt ! » A Bruxelles, Mobutu lit, étudie, sort beaucoup, boit parfois, suit avec passion les événements qui s'accélèrent. Lorsque Lumumba, extrait de sa prison d'Élisabethville, débarque pour prendre la tête de la délégation congolaise chargée de négocier l'indépendance, Mobutu se faufile jusqu'à lui et lui offre ses services.

Autour de la table ronde réunissant les délégués venus du Congo, les étudiants présents en Belgique ne sont pas admis. Kamitatu raconte avoir lui-même apostrophé « un grand et beau jeune homme » venu assister à une réunion du Front commun congolais, qui affirmait faire partie du Mouvement national congolais de Lumumba, et lui avoir demandé de quitter les lieux. « Je suis convaincu, poursuit Kamitatu, qu'il ne m'a jamais pardonné ce crime de lèse-majesté. Sa présence en ces lieux et à cette heure n'était certes pas le fait du hasard (...). Car on devait apprendre par la suite que, déjà à cette époque, le stagiaire Mobutu était un indicateur des services de la Sûreté belge. Lumumba, ignorant le rôle de son enfant chéri, lui fera partager les secrets de sa vie politique[2]. »

C'est à Bruxelles que Mobutu rencontre le financier juif Maurice Tempelsman, ami de Lawrence Devlin, que la CIA avait alors installé à Bruxelles pour y développer des contacts avec les Congolais. Des noms que l'on retrouvera...

Si Mobutu, stagiaire en Belgique, avait des contacts avec la Sûreté belge, il n'était certainement pas le seul : à l'époque, pratiquement tous les jeunes Congolais qui étudiaient en métropole étaient en rapport avec les services belges ; c'était presque la condition mise à l'octroi de leur autorisation de séjour.

Qu'il ait ou non été lié à la Sûreté belge n'empêche pas Mobutu de gagner la confiance de Lumumba. Kamitatu et d'autres ont beau critiquer la naïveté, voire l'aveuglement du futur Premier ministre, rien n'y fait. Mobutu fait découvrir à Lumumba les bistrots de Bruxelles et réussit de la sorte à s'introduire à la conférence de la Table ronde. Il n'y est pas admis à titre de délégué, mais il est chargé de filtrer les entrées.

Plus tard, en avril, lorsque les Belges organisent une table ronde à caractère économique, Lumumba charge Mobutu d'y représenter le MNC (mouvement national congolais).

Alors qu'à Léopoldville, la fièvre politique monte à la veille de l'indépendance, cette table ronde, plus technique, n'attire guère l'attention. C'est là cependant que, face à des interlocuteurs inexpérimentés, les Belges tentent de préserver leur contrôle économique sur l'ex-colonie. De ces négociations, le jeune Mobutu gardera un souvenir amer : « Pauvre petit journaliste mal dégrossi, je me suis retrouvé à la même table que les plus grands requins de la finance belge ! Je n'avais aucune formation financière et mes compagnons de délégation, ceux qui représentaient les autres mouvements congolais, pas davantage[3]. » Non sans raison, Mobutu considère que ses compatriotes et lui-même se sont fait rouler lors de ces négociations, et sa rancune sera tenace : c'est ce qu'à maintes reprises il appellera le « contentieux ».

A la veille de l'indépendance, Mobutu regagne Léopoldville, où il devient inséparable de Lumumba, qui le nomme secrétaire d'État à la Présidence du Conseil des ministres. Pas pour longtemps : lorsque les troupes de la Force publique se mutinent, que l'africanisation hâtive des cadres militaires est décidée, l'ancien sergent devient colonel, puis chef d'état-major d'une armée alors en pleine décomposition. Le stage en Belgique n'est plus qu'un lointain souvenir, la carrière journalistique de Mobutu est terminée. Cependant, cette brève période de sa vie marquera profondément le futur maréchal-président. Même s'il a fait ses preuves comme journaliste, Mobutu préfère désormais se présenter comme un militaire de métier.

Après l'indépendance, il complètera sa formation au cours d'un bref stage en Israël. Malgré les défaites de son armée, que ce soit face aux rebelles des années 60 ou aux envahisseurs katangais, Mobutu aime à se prévaloir de ses faits d'armes personnels, de ses qualités de meneur d'hommes, de ses succès militaires. La reprise du pont Kamanyola face aux rebelles simbas est entrée dans la légende nationale. A chaque alerte, Mobutu ne craint pas de revêtir son uniforme de parachutiste et de se faire photographier à la tête de ses troupes ou aux commandes de son avion. Au fil des années, malgré l'embonpoint qui le guette, il peaufine son allure de baroudeur. Seul Alexandre de Marenches, ancien patron des services de renseignements français, mauvaise langue, prétendra qu'en réalité le Président ne pilote qu'en double commande, ce que les militaires zaïrois démentiront avec énergie.

Malgré ses rodomontades militaires et la réputation de sportif, de baroudeur qu'il tient à préserver, Mobutu n'avait en fait qu'une vraie vocation, le journalisme. Du journaliste il a la plume rapide, la réaction vive, le sens des mots qui font mouche. Du publiciste, il a la faculté de saisir l'air du temps, les relations utiles, les thèmes en vogue. De ses années de plume, Mobutu gardera toujours, vis-à-vis des journalistes, un mélange de passion et de rancœur. Il se montrera remarquablement fidèle aux amis de ses débuts, des hommes comme Marlière, Davister, Monheim, et exagérément sensible aux jugements de la presse, belge en particulier. Manipulateur aussi : il connaît la vanité de ses anciens confrères, il s'emploie à les flatter en vantant leur expérience, il sait comment les séduire en les recevant avec munificence ou en leur offrant des exclusivités, comment les mater en les privant de faveurs ou de visa... Plus tard, il fera de l'agence de presse zaïroise Azap son officine personnelle, dictant à son directeur des diatribes enflammées qui feront d'étonnantes dépêches où il sera notamment question d'une « journaliste liée aux milieux juifs noirs américains (...), soutenue par les services secrets belges et par le milieu diamantaire d'Anvers... » !

En 1960, ce publiciste, dont nous reparlerons, n'a pas encore l'occasion d'exercer ses talents. L'homme est trop occupé à construire son réseau de relations publiques ou occultes, à reprendre en main une armée qui se désagrège, à surveiller le pouvoir politique en guettant le moment d'intervenir. Il fréquente encore ses amis et conseillers belges, dont le colonel Powis de ten Bossche, dont il fera plus tard son indéfectible aide de camp, mais il noue aussi d'autres relations. Des témoins affirment que s'il évolue dans l'entourage de Lumumba, il hante tout aussi assidûment l'ambassade américaine. Clare Timberlake, alors ambassadeur, l'aidera quelque temps plus tard à rechercher Lumumba en fuite (voir chapitre 10). En 1960, il devient également l'ami du général marocain Kettani, qui dirige les Casques bleus envoyés au Congo par les Nations unies et qui l'introduira auprès du roi Hassan II...

De ces amitiés multiples avec les Américains, avec les Marocains, Mobutu tirera longtemps les dividendes, non sans rendre lui-même de signalés services à ses protecteurs.

Au début des années 60, Mobutu a souvent été dépeint par ses détracteurs comme l'« homme des Belges », l'« homme des Américains », voire l'« agent de la CIA ». Sans doute s'agit-il là d'une vision trop simpliste. Le personnage est en réalité plus complexe : ce qui l'intéresse, dans les années 60 comme en ce début des années 90, c'est son propre pouvoir. Il fréquente ceux qui peuvent le lui garantir, il leur rend des services, sans leur être nécessairement inféodé.

L'ambitieux veut avant tout parvenir au sommet de la pyramide du pouvoir, puis il tentera de consolider celle-ci avec les ciments de la violence, de l'argent et de la séduction.

La conquête du pouvoir

L'homme a de la suite dans les idées, de la méthode. En 1960, lorsqu'il met la classe politique en congé, la situation n'est pas encore mûre, et lui-même n'est pas prêt. Sagement, cédant le pouvoir à quelques jeunes intellectuels rappelés de Belgique, il se retire au bout de quelques mois.

Pour le meilleur et surtout pour le pire, les civils refont un tour de piste. Cinq années durant, dans ce pays déchiré par les rébellions, devenu bien malgré lui un champ clos de la compétition Est-Ouest, lancé trop tôt dans l'aventure de l'indépendance, les hommes politiques apprennent leur métier. Ils se déchirent, se trahissent, se neutralisent, mais nouent également des accords. Peu à peu se dessine pour le Congo une vocation neutraliste, non alignée. En 1965, les sécessions sont matées, l'Afrique veut oublier le temps des mercenaires. Elle s'ouvre à cet immense pays plein de promesses. Le Congo, malgré ses divisions politiques et ses impasses provisoires, demeure une démocratie. Lumumbistes centralisateurs, sociaux-chrétiens, fédéralistes, de grandes tendances peu à peu se dessinent, des personnalités fortes se confirment, que l'on retrouvera un quart de siècle plus tard, si Mobutu ne les a pas éliminées entre-temps : Joseph Iléo, Cléophas Kamitatu, Anicet Kashamura, Étienne Tshisekedi...

Cette évolution heurtée, incertaine, vers un système politique pluraliste, est stoppée sans douleur le 24 novembre 1965. L'opinion est lasse, la population épuisée par les guerres, les répressions, et les hommes politiques eux-mêmes accueillent avec un certain soulagement la trêve qu'impose le général Mobutu.

Ce dernier, soutenu par ses amis du groupe de Binza et par l'armée, se targuant de l'appui des Occidentaux, n'est pas impopulaire, loin s'en faut. Il a trente-cinq ans, des talents oratoires évidents — sa timidité du début s'est dissipée —, des faits d'armes indéniables que la propagande monte en épingle. Il revendique l'héritage spirituel de Lumumba et projette d'ériger un monument à sa mémoire dans la maison Brouwez, où le leader nationaliste passa sa dernière nuit. A l'époque, il est de bon ton de ne pas trop s'interroger sur le rôle de Mobutu dans la mort du Premier ministre.

Lorsqu'il met le Parlement en congé, officiellement pour cinq ans, et qu'il confisque tous les pouvoirs, législatif, exécutif, judiciaire, Mobutu sert évidemment ses intérêts personnels. En même temps, il s'estime investi d'une tâche qui dépasse sa propre personne. De sa relation avec Lumumba, de sa lutte contre les sécessions, il a gardé une vision centralisatrice du pays. Il s'identifie à cette nation qu'il entend unifier, à ce pays qui reste à créer sur la mosaïque des ethnies, des langues, des régions.

Bien plus tard, au sommet de son orgueil et de son aveuglement de despote, il s'exclamera avec son inimitable accent belge : « Ce peuple, je ne lui dois rien. Il y a vingt-cinq ans que je m'esquinte pour lui, c'est lui qui me doit tout. Quand je pense à cela, j'en suis ému... » Il est vrai que les trente années d'indépendance du Zaïre sont indissociables de la personne de Mobutu et de la réalité du mobutisme...

En ces premières années de pouvoir absolu, le peuple ne boude certes pas le jeune militaire. Le pays a retrouvé la paix civile et connaît une relative prospérité, la monnaie nationale est cotée par rapport au dollar. Invoquant le nationalisme, se souvenant du marché de dupes qu'a été la table ronde économique de 1960, le chef de l'État se permet de défier la Belgique : il rouvre le dossier du contentieux colonial et nationalise l'Union minière. Aux yeux des Belges, il s'agit là d'un véritable défi qui marque le début de la décolonisation économique par rapport à l'ancienne métropole.

Les étudiants, qui ont approuvé la nationalisation de l'Union minière, sont les premiers à briser le relatif consensus qui entoure Mobutu et à protester contre la dégradation de leurs conditions de vie. Jusqu'alors, ils n'avaient vu en lui que l'ancien compagnon de Lumumba, le garant de l'unité du pays. Leur première manifestation pacifique est réprimée avec une violence imprévue : l'armée tire, fait une centaine de morts. Il est vrai que les étudiants ont commis l'erreur de défier Mobutu sur un point sensible : ils l'ont injurié publiquement en le traitant de bâtard ! Des années plus tard, cette même insulte servira de prétexte à une longue crise avec la Belgique. Mobutu décrète alors l'enrôlement obligatoire des étudiants dans l'armée et décide une réforme radicale de l'enseignement universitaire. Désormais, il n'y aura plus qu'un système d'université unique, à l'image du Parti ; les recteurs d'université seront nommés par le président et perdront toute autonomie ; les facultés plus « intellectuelles », comme la sociologie ou les sciences politiques, quitteront la capitale pour être transférées à Lubumbashi : il est préférable que les fortes têtes soient éloignées de Kinshasa. A compter de cette date, la répression envers les étudiants devient systématique et des informateurs officient dans chaque établissement.

Le syndrome monarchique

Assez rapidement, par-delà les discours nationalistes, derrière la poigne de fer qui écrase les opposants réels ou supposés et mate les étudiants, se dessine le véritable visage du maître du Zaïre, celui d'un roi africain profondément marqué par l'image des souverains belges : Léopold II, le roi cruel et mythique qui créa le Congo, et Baudouin Iᵉʳ, celui que la foule kinoise, en 1955, appelait *bwana kitoko*, le beau gosse, car elle admirait sa prestance...

Léopold II, c'est le fondateur. Aujourd'hui encore, les Zaïrois disent de lui : « Il nous a découverts. » Découverts, créés, révélés à eux-mêmes — et exploités pour son plus grand profit. Autrefois, lorsque le Parlement belge renâclait à le suivre dans ses aventures coloniales, et surtout à les financer, Léopold II, dans de grands éclats de colère, s'emportait contre ce peuple boutiquier et aimait à souligner sa petitesse face à l'immensité du Congo. Mobutu aime ces métaphores. Lui aussi se plaît à souligner que son pays est vaste comme quatre-vingts fois la Belgique, qu'il ne compte pas deux ou trois tribus antagonistes, mais des centaines, et que les Belges sont priés de respecter un chef d'État doté de telles responsabilités. Mobutu, par bien des aspects, a repris à son compte le mythe léopoldien : celui du souverain lointain, tout-puissant, qui dirige d'une main ferme et dont l'objectif est d'abord de maintenir la cohésion d'un immense ensemble.

L'autre face du mythe monarchique, aussi importante que celle du « père sévère léopoldien », c'est l'image de Baudouin Iᵉʳ. Cet homme aujourd'hui austère, au visage émacié, qui aime se pencher sur les questions de développement ou de religion, dont la Fondation qui porte son nom se soucie du tiers monde — et du quart monde en Belgique —, est resté extraordinairement populaire au Zaïre. Baudouin y est entré dans l'imaginaire collectif. Il est le symbole du souverain bienveillant, préoccupé du sort de ses sujets. Il est vrai que l'actuel roi des Belges est lié de manière tout à fait particulière au destin du Zaïre : son voyage triomphal, en 1955, marqua l'apogée de la colonisation. Moins de cinq ans plus tard, c'est lui qui décida d'accorder l'indépendance au Congo et prononça cette phrase que les événements ultérieurs rendront singulièrement dérisoire : « Nous agirons sans atermoiements funestes et sans précipitation inconsidérée... » C'est encore lui qui, le 30 juin, blêmit lorsque Lumumba évoque les souffrances et les humiliations de l'ère coloniale. Il se considère comme offensé, il veut quitter les lieux alors que son propre discours, rédigé par ses conseillers, a été empreint d'un rare paternalisme...

La population zaïroise, elle, oubliera ces polémiques. Elle gardera intact le souvenir d'un homme jeune, beau, qui vint un jour la saluer. Lorsque, en 1985, Baudouin revint au Zaïre, il y fut accueilli avec une émotion, une chaleur extraordinaires d'où la nostalgie de la prospérité et de l'ordre coloniaux n'étaient pas tout à fait absentes.

Cette figure emblématique du roi des Belges ne laisse pas Mobutu indifférent. Volontairement ou non, il tente de s'identifier au souverain belge. A qui veut l'entendre, il souligne qu'il a le même âge que Baudouin et appelle ce dernier « mon cousin ». Les images des débuts du règne mobutiste témoignent d'une volonté de ressemblance frappante : Mobutu se coiffe d'une raie sur le côté, il porte comme le roi des lunettes cerclées de fer ; sur les photos officielles, il adopte le même regard triste. Plus tard, poussant plus loin l'analogie, Mobutu créera l'ordre du Léopard, la plus haute distinction zaïroise, sur le modèle de l'ordre de Léopold en Belgique ; il se dotera d'une maison militaire et d'une maison civile, à l'instar de l'hôte de Laeken... La « dotation présidentielle », elle, ressemble fort, dans son principe, à la liste civile du Roi, votée par le Parlement. Mais, en importance, elle s'apparenterait plutôt au Domaine de la Couronne de Léopold II...

Gbadolite, *du marbre dans la jungle*

Si les journalistes ont parfois appelé Gbadolite « le Versailles de la jungle », c'est parce qu'ils ne connaissent point le palais royal de Laeken. En réalité, le palais que le Président s'est fait construire dans son village natal ne ressemble en rien à la très classique résidence des rois de France, mais s'inspire fortement de la demeure du roi des Belges : mêmes tapisseries cossues, même sens bourgeois du confort, et surtout même lieu de culte.

C'est à Gbadolite, dans une crypte de marbre blanc qui évoque la crypte royale de Laeken, que repose Antoinette, la première épouse de Mobutu. Les visiteurs sont priés de se recueillir quelques instants à la mémoire de cette femme qui a laissé un souvenir de douceur et de bonté, et que son époux, après l'avoir fort maltraitée de son vivant, aurait bien voulu faire béatifier. Un prêtre espagnol au regard de feu, qui semble sorti tout droit d'un tableau du Greco, officie dans la chapelle de Notre-Dame de la Miséricorde ; lors des messes solennelles, une chorale d'enfants zaïrois chante de très beaux chants grégoriens.

Gbadolite est le haut lieu de la monarchie mobutiste. Les Zaïrois l'appellent Bethléem, la ville sainte, car le Président, boudant Kinshasa la rebelle, l'a comblée de ses bienfaits. Il y a ouvert une usine de Coca-Cola, a développé les plantations, a fait réaliser le barrage de Mobayi, et son épouse a ouvert une école pilote destinée aux enfants des villages de la région, que l'on vient chercher en bus. Émargeant à la cassette présidentielle, des instituteurs belges y enseignent. Ils ne quittèrent les lieux, à regret, qu'en octobre 1991.

L'hôpital, géré par des religieuses allemandes, prodigue les meilleurs soins de la région. Si le Zaïre n'a pratiquement plus de relations téléphoniques avec le reste du monde, à Gbadolite ce problème ne se pose pas. Une liaison par satellite fonctionne chaque fois que le Président se trouve dans ses murs. Seule ombre au tableau : Gbadolite n'aura pas sa cathédrale. Les plans étaient dessinés, la décision était prise, mais l'argent, malgré tout, a manqué. Surtout, peu soucieux de voir se rééditer le phénomène de Yamoussoukro, en Côte-d'Ivoire, où le vieux rival de Mobutu, Houphouët-Boigny, a fait construire une réplique de la basilique Saint-Pierre de Rome, le pape a fait savoir qu'il n'y viendrait pas.

Lorsque l'on critique Gbadolite, Mobutu fulmine : « Un aéroport, des fermes, une usine... Qu'on ne me dise pas que j'ai détourné l'argent, que je l'ai placé à l'étranger ! En réalité, j'ai investi à Gbadolite. J'y ai même fait construire un barrage, ce qui permettra d'implanter d'autres industries dans la région. »

A 10 kilomètres de Gbadolite, Mobayi est un barrage relativement modeste. D'après les experts, il aura le privilège de produire l'électricité la plus chère d'Afrique. Ses bénéfices risquent d'être éphémères : le débit de l'Oubangui, qui marque la frontière avec la République centrafricaine, est insuffisant et le fond de la rivière a tendance à s'ensabler. De plus, les potentialités industrielles de la région sont inexistantes. Malgré les avis défavorables de la Banque mondiale et de la plupart des bailleurs de fonds, plus lucides ou plus avares de leurs deniers dans les années 80 qu'au temps du barrage d'Inga,

Mobutu a réussi à convaincre la Société générale de Belgique de réaliser le montage financier nécessaire.

Gbadolite, modeste bourgade de l'Équateur sur la rive de l'Oubangui, ne mérite pas tant d'honneurs, et on peut douter qu'elle survive à la gloire mobutiste. A « Gbado », en effet, qui compte moins de 40 000 habitants, il n'y a guère de ressources naturelles, hormis l'agriculture traditionnelle. La route asphaltée qui mène à la résidence présidentielle ne se prolonge pas au-delà de la ville. De toute manière, l'avion est le seul moyen de communication. C'est pour cela qu'à ses frais Mobutu a fait construire un aéroport international ultramoderne où les gros-porteurs peuvent atterrir de nuit grâce aux radars. La piste, qui se termine en bordure des bananeraies, accueille souvent le Concorde dont le président est un commanditaire régulier. Lors de la construction de l'aéroport, comme les travaux n'avançaient pas assez vite, la présidence a fait venir l'asphalte du tarmac par gros-porteur depuis l'Europe. Le prix de revient n'avait aucune importance.

La « gentilhommière » de Gbadolite a englouti des sommes considérables. Durant des années, les avions Hercules C 130 de l'armée zaïroise ont été réquisitionnés pour transporter depuis Kinshasa du matériel lourd, du mobilier et des équipements vers la Bethléem de l'Équateur. J'ai découvert Gbadolite la veille de Noël. A première vue, les lieux ne laissent pas d'impressionner. Des rues asphaltées au fond de la brousse, un immeuble de cinq étages, un joli supermarché, quatre banques, des villas destinées aux cadres du parti. On se croirait dans une banlieue résidentielle belge, et la ville a bien meilleure allure que Kinshasa ou Kisangani, aux rues défoncées. Au loin, on aperçoit des Chinois qui cultivent des jardins modèles, s'efforçant d'y faire pousser des agrumes et des haricots. En cette fin d'année, des guirlandes de lumière reproduisent des sapins, des étoiles. Sur la terrasse de la présidence, en face des fontaines, chacun peut admirer une crèche grandeur nature.

A y regarder de plus près, Gbadolite ressemble plutôt à un

décor de cinéma. Dès que le Président quitte la ville, la représentation s'arrête : il n'y a plus de courant, chacun retrouve sa génératrice ou sa bougie, les guirlandes s'éteignent, les maisons des notables se vident. Car tous les dignitaires du régime disposent d'une résidence à Gbadolite. Les villas se sont multipliées, mais dès que le Président ne séjourne plus dans la ville, les parentèles viennent camper dans les maisons vides et jusque dans les hôtels, quitte à en être rudement chassées lorsque les hôtes légitimes sont de retour.

Les réceptions, à Gbadolite ou ailleurs, sont empreintes d'un certain rite monarchique, créé de toutes pièces mais qui fait illusion. Lorsque des visiteurs sont reçus en haut lieu et qu'un dîner se prépare, les « expatriés » qui vivent autour de Gbadolite sont systématiquement invités. Un bus envoyé par la présidence vient, quelques instants avant la réception, rassembler les ingénieurs du barrage de Mobayi, les institutrices de l'école belge, quelques religieuses flamandes. Tout le monde se retrouve autour de tables rondes dressées devant les fontaines. Suivant un rituel bien établi, les dames sont priées de se diriger les premières vers les buffets opulents. A côté des plats européens figurent de délicieuses spécialités zaïroises. Les hommes suivent, puis les officiels du régime.

Le Président, gastronome et bonne fourchette, est un hôte prévenant : ses invités défilent devant lui par ordre de préséance et il les salue un à un, s'enquérant parfois de leur logement, de leur santé. Il veille à ce que les moyens de transport ne manquent pas, et réquisitionne l'avion d'Air Zaïre s'il le faut. Les repas s'ouvrent souvent par un toast porté à la mémoire des ancêtres. Chacun est alors prié de verser sur le sol un peu de vin, dédié à l'esprit des absents. Cette pratique évoque les libations d'autrefois, mais les mauvais esprits prétendent que cette coutume obéit à une motivation beaucoup plus simple : dans les villages, on se débarrassait ainsi des impuretés contenues dans les calebasses de vin de palme...

Lorsque le Président quitte la table, chacun se précipite, la fête est finie, les lumières s'éteignent. Les gardes se jettent sur les reliefs des repas, la nuit africaine reprend ses droits sur ce coin de brousse. Heureux, flattés, les hôtes européens sont persuadés d'avoir vécu un grand moment d'authenticité africaine.

Ce mythe pseudo-monarchique est l'une des plus belles mystifications de Mobutu. Y a-t-il jamais cru réellement lui-même ? En tout cas, durant de longues années, ses interlocuteurs occidentaux, Belges en tête, jouèrent le jeu. Chacun le considéra comme un monarque, invoquant comme lui la tradition africaine pour justifier l'absolutisme. Il était de bon ton d'oublier que dans la coutume du bassin du Congo il n'existait précisément pas de monarque absolu : les chefs traditionnels étaient liés par un réseau serré de devoirs, d'obligations, et pouvaient être remplacés s'ils ne respectaient pas le contrat implicite avec leur peuple. Seuls les derniers chefs, ceux que rencontrèrent les colonisateurs, étaient de véritables despotes. Mais s'ils avaient dû renforcer leurs pouvoirs, c'était précisément pour mieux résister aux envahisseurs blancs...

Mobutu, chaque fois que de besoin, invoque la coutume, et l'invente s'il le faut. On raconte que lors d'une visite de Valéry Giscard d'Estaing, les deux présidents furent confrontés à une manifestation de femmes à Kinshasa, protestant contre la hausse du coût de la vie. Majestueusement, les « mamans » laissèrent tomber leur pagne, offrant leur opulent postérieur aux regards présidentiels. « Ne vous inquiétez pas, dit Mobutu à son hôte, chez nous, c'est la coutume... » *Si non e vero...*

Le look du chef coutumier

Puisant dans la tradition, Mobutu s'est aussi fabriqué de toutes pièces un look assez particulier. Il se coiffe d'une toque de léopard, tient fermement sa canne de chef et aime à siéger sur une peau de léopard, symbole de puissance.

A Kinshasa, les jeunes générations sourient volontiers de ces spectaculaires attributs que les Occidentaux ont longtemps fait mine de respecter. Mais en est-il ainsi partout au Zaïre ? Dans les villages, on a longtemps craint « le Vieux », affirmant qu'il détenait des pouvoirs magiques, racontant à la veillée de fabuleuses histoires sur ses magiciens, ses goûteurs chargés de tester les plats, ses sorciers, ses poisons et autres valises magiques. En brousse, Mobutu est encore considéré comme le plus prestigieux, le plus redoutable des chefs coutumiers.

Au Zaïre comme dans la plupart des autres pays d'Afrique, sous la mince couche de modernité dont se parent les partis politiques et les intellectuels, le pouvoir traditionnel demeure un lien puissant avec le passé et les ancêtres. Le sentiment d'appartenance à une tribu, le respect dû aux chefs représentent une garantie d'identité, de protection sociale, un lien avec les dieux. Dans la tradition comme dans la vie quotidienne des villages, les chefs coutumiers jouent un rôle important : dépositaires des terres ancestrales, ils perçoivent la dîme des cultivateurs, arbitrent les conflits, possèdent des richesses qui sont moins leur bien propre qu'une réserve qui servira à toute la communauté en cas de malheur. Entouré de notables, de vassaux, de militaires souvent issus de sa propre famille, le chef rend la justice et fait régner l'ordre. Son pouvoir n'est cependant pas inamovible : s'il est jugé incompétent, le chef peut être déposé par les siens, et l'obligation de redistribuer ses biens est impérative.

De cet ensemble de droits et d'obligations traditionnels, Mobutu, comme d'ordinaire, a retenu les aspects qui servaient ses ambitions. Il a pris soin de se faire introniser chef coutumier dans sa région, la province de l'Équateur. Il est passé par les rites initiatiques, puis les anciens lui ont donné l'autorisation de prendre place sur la peau du léopard.

Dès son accession au pouvoir, Mobutu a veillé à se faire accepter par les chefs coutumiers de toutes les régions du pays : l'un de ses premiers voyages l'a conduit au Kasaï, où venait de s'éteindre la rébellion menée par le chef Kalonji, le

« mulopwe ». Mobutu sera ensuite accueilli dans le Bandundu, où les anciens lui remettront solennellement une canne sculptée, sorte de sceptre, symbole du pouvoir ancestral et garantie de puissance. Mobutu ne se séparera plus jamais de cette canne, avec laquelle il martèlera aussi bien les salons de l'Élysée que les couloirs de la Maison-Blanche. Les pouvoirs attribués à cette canne inciteront d'ailleurs un audacieux à tenter de la voler, à l'instar de l'imprudent qui, au cours des cérémonies de l'indépendance, déroba pour quelques heures le sabre du roi Baudouin...

Cette appropriation du pouvoir coutumier, considérée comme une usurpation, fait d'ailleurs partie des critiques récurrentes adressées à Mobutu : du Kasaï au Shaba, les grandes tribus ne cesseront jamais de reprocher au bâtard originaire d'une petite tribu de l'Équateur, dont les origines se trouvent en République centrafricaine, de s'être arrogé les attributs d'un pouvoir sacré.

Se considérant comme un chef, Mobutu a toujours veillé à se concilier la faveur de ses pairs. A l'instar des Belges naguère, il pratique à leur égard l'*indirect rule*, le gouvernement indirect : il tient compte de l'avis des chefs à condition que ces derniers lui marquent leur allégeance. Il les reçoit volontiers en audience, et les Mercedes ou les camions qu'il leur offre sont de simples marques d'estime.

Mobutu, comme la plupart de ses compatriotes, croit fermement aux fétiches, aux signes. Avant de voyager, il observe, dit-on, sa tortue et se juche même sur sa carapace. Si l'animal ne bouge pas, le voyage sera sans danger.

Les sorts, les fétiches interviennent aussi dans la vie quotidienne : en 1988, la Radio-Trottoir du tout-Kinshasa fit ses gorges chaudes d'une brouille de plusieurs mois entre le Président et son épouse. Celle-ci, profitant d'un voyage de son mari à l'étranger, entreprit d'inspecter une pièce où il lui était interdit de pénétrer. Là, à sa grande surprise, elle découvrit — ou crut découvrir — le sosie de Mobutu, entouré de fétiches. Prise de panique, craignant d'être éliminée pour son audace, elle quitta le pays et se réfugia en France, puis à Knokke-le-Zoute, en Belgique. Les autorités belges refusèrent d'intervenir pour l'obliger à rentrer au pays. Lorsque éclata la brouille entre Mobutu et la Belgique, à la fin de 1978, les intellectuels avancèrent des explications d'ordre économique et psychologique ; le peuple, pour sa part, y vit avant tout une histoire de femme...

Les barons du régime

Au début de son règne, Mobutu est assuré du soutien populaire. Pour mieux se concrétiser, son idéal monarchique a encore besoin d'une féodalité et d'une bourgeoisie. Fasciné par le modèle belge, il se laisse convaincre par l'un de ses conseillers que dans la Belgique du XIXe siècle ce sont « trois cents familles » qui ont assuré le décollage économique et l'industrialisation du pays. Trois cents grandes familles qui ont créé la Société générale, colonisé le Congo, développé en Wallonie les charbonnages et la sidérurgie... Il oublie que ces trois cents familles disposaient non seulement de capitaux importants, mais aussi d'une tradition de savoir-faire techno-logique, d'une main-d'œuvre qualifiée, et que leur ascension se situait dans un cadre européen.

Sa bourgeoisie nationale et sa nouvelle féodalité, le fils du cuisinier Gbemani entend donc les créer de toutes pièces. En 1973, alors que les capitaux belges hésitent à s'investir davantage dans l'économie congolaise, pourtant prometteuse, et que les étrangers gardent trop d'emprise sur les secteurs clés, Mobutu frappe un grand coup : il décide de nationaliser, de « zaïrianiser » toutes les entreprises appartenant aux Euro-péens. Des conseillers belges — toujours eux ! — lui avaient parlé de nationalisation, et, à l'époque, l'idée était à la mode dans les milieux progressistes. Nul n'aurait cependant jamais imaginé que, du jour au lendemain, toutes les entreprises étrangères se verraient bel et bien confisquées !

En réalité, alors que le Président penchait vers une natio-nalisation progressive, ce sont les membres du groupe de Binza et ceux de sa propre famille qui lui forcent la main et le poussent à prendre une mesure aussi radicale.

Litho, son oncle, Antoinette, son épouse, Wazabanga, un cousin, Moleka, originaire de l'Équateur, Nendaka, l'homme de la Sûreté, fidèle de la première heure, se voient du jour au lendemain placés à la tête de sociétés prospères. Wazabanga devient importateur de voitures allemandes et japonaises ; un autre cousin se spécialise dans les Mercedes ; Litho est propulsé à la tête de Congofrigo, qu'il transformera en Société générale d'alimentation. Au bout de quelques mois, Litho dispose à travers le pays d'un parc de deux cents camions frigorifiques, de wagons et de bateaux climatisés, et même d'avions ultramodernes aménagés pour les cargaisons de denrées périssables, en provenance d'Afrique du Sud notamment. Le couple présidentiel ne s'est pas oublié dans la distribution : le Président et son épouse fondent la Celza (cultures et élevages du Zaïre), une société qui ne regroupe pas moins de quatorze entreprises belges établies dans diverses régions du pays. En 1977, les quatorze plantations de Celza employaient vingt-cinq mille personnes, dont cent quarante Européens. Le conglomérat était devenu le troisième employeur du pays[4].

Tous ceux que l'on appellera très vite les « barons du régime » ont évidemment un droit d'utilisation prioritaire sur les ressources en devises de la Banque du Zaïre. C'est alors que s'édifient les grandes fortunes. Le principe de cette accumulation de capital est simple : il repose sur l'existence d'un marché officiel et d'un marché parallèle. Nanti d'une lettre comminatoire rédigée par la présidence, l'heureux béné-ficiaire se présente à la Banque nationale du Zaïre, où il est autorisé à changer un certain montant en devises. Une fois obtenues, ces devises sont changées au marché noir, au cours parallèle, ce qui permet de doubler ou de tripler la mise initiale. Cette nouvelle somme sera à son tour changée grâce au même passe-droit. Et ainsi de suite... Faut-il préciser que les banques belges et françaises étaient à l'époque parfaitement informées de ces pratiques, mais les passaient sous silence pour des raisons d'opportunité : le Zaïre était si riche...

Les proches parents du Président constituent la nouvelle féodalité du pays ; ses amis, souvent originaires de la région de l'Équateur, en deviennent la nouvelle bourgeoisie. Cette classe sociale tirée du néant par la faveur du prince se révèle n'être rien d'autre qu'un clan cupide et improductif. En quelques mois, les réserves économiques du pays sont dilapidées ; les Belges, toujours légèrement racistes et profondément frustrés, s'exclament : « Ils sont passés directement de l'arbre à la Mercedes ! » Deux ans plus tard, mesurant l'ampleur du désastre, Mobutu tentera de revenir sur la « zaïrianisation » et proclamera la « rétrocession » : les anciens propriétaires belges sont autorisés à regagner le pays et à gérer leurs affaires en collaboration avec leurs associés zaïrois. Mais, après ce gigantesque gaspillage du capital productif, le mal paraît irréversible, la confiance est brisée : le Zaïre est désormais considéré comme un pays à hauts risques par les investisseurs occidentaux, son économie a été pillée, la crise devient permanente...

Le but politique de l'opération est néanmoins atteint : Mobutu consolide son pouvoir personnel et s'appuie sur une caste qui lui doit tout. Il la méprise, certes, et à maintes reprises il dénonce les « profiteurs » qui ont choisi une pratique inverse de la consigne qu'il lance avec un parfait cynisme : « Servir et non se servir. » Proclamant avec solennité l'avènement de la troisième République, Mobutu se défera d'ailleurs cavalièrement du parti unique et de cette nomenklatura qu'il a engendrée. Ses anciens fidèles, ceux que le peuple appellera les dinosaures, se retourneront alors contre lui dans l'espoir que le système survive à la disparition de son initiateur...

Les contradictions n'effraient pas Mobutu : lui qui proclame sa volonté de dépasser les clivages ethniques ne cesse de favoriser outrageusement sa propre famille et les ressortissants de son ethnie, les Ngbandis, qui apparaîtront désormais comme un groupe privilégié.

Retour vers le Fleuve

Une fois sa féodalité mise en place, Mobutu veille à construire sa propre image. Radio-Trottoir l'y aidera. Si, à l'apogée du règne mobutiste, la presse zaïroise est muselée, l'opinion n'est pas ignorante pour autant. Car tout le monde observe, tout le monde parle. La tradition orale propage les rumeurs, les amplifie.

Autrefois, les colons européens vivaient sous le regard attentif de leurs boys. Pour échapper à leur curiosité, ils choisissaient de s'exprimer en flamand sur les questions personnelles. Cette discrète pratique est d'ailleurs toujours en usage dans les milieux belges installés au Zaïre.

Mobutu et les siens, eux, vivent sous le regard de tout un peuple. La curiosité populaire est d'autant plus facile à assouvir que le Président se déplace : il rachète à Goma la somptueuse maison d'un colon avec, dit-on, des escaliers recouverts de feuilles d'or, il acquiert des résidences dans toutes les grandes villes du pays. Le luxe, l'ostentation de la tribu entretiennent la légende. L'une de ses dernières résidences, celle de Lisala, dans l'Équateur, qui ne fut jamais occupée, a coûté près d'un milliard de francs belges. Ces demeures de rêve, dont le destin sera d'être vidées de toutes leurs richesses, et même de leurs tuyauteries et de leurs carrelages, par le petit peuple lorsque viendra — tôt ou tard — l'heure de la curée, ont finalement été dédaignées pour le *M.S. Kamanyola*, le bateau présidentiel. Celui que le peuple appelait « le Voisin », parce qu'il aimait se déplacer d'une résidence à l'autre, est alors devenu « Noé » ou « l'Homme aquatique »... Sans pitié, la presse l'appelait aussi Pecos, du nom d'un héros mexicain, ou Johnnie Walker, car le petit personnage figurant sur les bouteilles de whisky brandit lui aussi une canne...

Étrange personnage, en 1991, que celui de ce chef vieillissant qui, chaque nuit, va dormir au large sur le fleuve et n'ose plus quitter son bateau qu'en hélicoptère, car il craint les huées s'il vient à traverser les villes en voiture. Dignitaires, conseillers, opposants, tous sont amenés en hélicoptère à bord de ce bateau amarré au milieu du fleuve, loin des rives et des populations. C'est à bord de son bateau, planté devant deux récepteurs de télévision, relié au reste du monde par satellite, que Mobutu en août 1991 a suivi l'ouverture des travaux de la Conférence nationale et entendu son Premier ministre évoquer le bilan négatif de trente et un ans d'indépendance, tandis que les représentants du peuple conspuaient la simple mention du chef de l'État. Seule l'évocation de sa mère, symbole de la femme et de la maman zaïroises, lui arracha quelque réaction. Avec l'âge, l'homme était devenu sensible. L'émotion lui mettait la larme à l'œil, il ne comprenait pas l'ingratitude de ses compatriotes auxquels il estimait avoir tant donné, tant distribué...

« Il ne supporte plus que le fleuve, disent ses fidèles, seules les eaux immenses l'apaisent, l'isolent, le protègent des injures des uns, des sollicitations des autres. »

Et pourtant... Alors que, sans trêve, des hommes-grenouilles nagent autour du bateau présidentiel, les passagers des barges venues de Kisangani saluent de loin la silhouette immobile sur le pont, et certains d'entre eux, sans mot dire, font en direction du vieux chef le « V » de la victoire, symbole de l'opposition...

Chaque fois qu'il revient sur la terre ferme, Mobutu redevient, suivant le mot d'un de ses courtisans, l'intendant de la République : sa famille, ses alliés, sa cour l'assiègent, moins pour l'entretenir des affaires de l'État que pour l'assaillir de leurs problèmes personnels, solliciter de l'argent pour un voyage à l'étranger, régler un problème de couple, médire des absents.

Politiquement, Mobutu est sans descendance : aucun de ses nombreux enfants n'a hérité de ses talents politiques. Pis encore : plusieurs d'entre eux sont considérés comme de véritables bandits, trafiquants d'armes et de passeports. Lors des événements de septembre 1991, la foule a découvert d'importantes quantités d'armes et de munitions dans des entrepôts appartenant à Manda, le plus turbulent des fils du Président, tandis qu'un autre fut aperçu à la tête d'un groupe de pillards. De nombreuses querelles divisent en outre la grande famille, opposant les enfants d'Antoinette à ceux de Bobi Ladawa, la seconde épouse. Parfois, les proches rappellent que sur son lit de mort l'oncle paternel Litho Moboti, le chef du clan, avait déclaré : « Lorsque je ne serai plus là, vous vous entretuerez tous*... »

A gérer ces problèmes de famille et de clan, à regarder la télévision, à méditer sur les questions internationales dans lesquelles il a voulu se parer du rôle de médiateur (cas du Rwanda, par exemple), Mobutu passe relativement peu de temps sur les dossiers politiques de son propre pays. Quant aux journaux, nationaux ou étrangers, il a depuis longtemps cessé de les lire, se contentant des résumés plus ou moins objectifs que lui soumettent ses collaborateurs.

Chronique de la cour

Dès la mise en place du système monarchique, Radio-Trottoir a pris ses fonctions. Chronique de la cour, elle amplifie les ragots et les rumeurs et donne à chacun l'impression d'être au cœur des secrets du royaume. Tout se sait, tout se colporte. Rien des faits et gestes du Président et de sa famille n'est ignoré.

* D'autres se souviennent des dernières paroles d'Antoinette à son mari : « Si tu épouses Bobi Ladawa, elle ne te donnera pas d'autres enfants... »

Une légende se construit selon laquelle le monarque ne règne pas seulement par la force de son intelligence politique ou par les pouvoirs liés à sa fortune, mais aussi par la séduction qu'il exerce sur les femmes, grâce à la force de ses sorciers et devins. Les bons mots, les anecdotes à ce sujet sont rapportés et chacun s'en délecte dans les villas des coopérants ou les petites maisons de la Cité...

Quelques grands sujets alimentent aussi la chronique : les choix économiques du Président, la manière dont il se fait abuser, sa relative naïveté. Ainsi, lorsque Mobutu revient en 1987 d'un voyage en Argentine, tout Kinshasa se délecte de sa dernière lubie : dans la pampa, il s'est laissé convaincre d'acheter 5 300 mérinos qui peupleront son domaine de Gbadolite. Les moutons, raconte-t-on, sont en fait des brebis, grosses de surcroît, qui devraient mettre bas dès leur arrivée. Mais, de la pampa australe à l'Équateur, la distance est longue, et le DC 10 d'Air Zaïre devra faire quinze rotations. A leur arrivée, les brebis, déjà mal en point, supportent mal la chaleur de l'Équateur. Quant aux plus résistantes, il ne faudra pas longtemps aux gardes du domaine, payés irrégulièrement, pour les transformer en méchouis. Les vétérinaires étrangers qui accompagnaient le précieux chargement ne seront pas épargnés eux non plus : ils seront victimes de malarias tropicales.

Quant aux femmes et aux intrigues de cour, les histoires rapportées par Radio-Trottoir raviraient un chroniqueur florentin. La réalité suffit déjà à faire rêver : l'épouse actuelle du président, la citoyenne Bobi Ladawa, avait déjà eu quatre enfants de lui alors qu'Antoinette vivait encore. Sœur jumelle de l'épouse de l'oncle Litho, le chef du clan, elle dut partager les faveurs de Mobutu avec sa sœur après la mort de l'oncle. Chez les Ngbandis de l'Équateur, en effet, la femme, devenue veuve, est prise en charge par les autres hommes du clan. Quant à la sœur cadette de l'épouse, elle est également sommée de réserver bon accueil au Guide. Peu publiées, mais inlassablement répétées par la tradition orale, les « histoires de femmes » qui animent la classe dirigeante font rêver le petit peuple, où chacun agit de même à sa manière.

Lorsque, en 1990, le très respecté Marcel Lihau, professeur d'université à Boston et cofondateur de l'UDPS, parti d'opposition, regagna le Zaïre après un long exil, il fut reçu séance tenante par Mobutu. Chacun craignait que l'opposant ne se fît circonvenir sur le plan politique. Il n'en fut rien : « Nous avons parlé de femmes », raconta Lihau à l'issue de l'entretien. La première femme de Lihau était en effet Sophie Kanza, sœur du premier universitaire congolais, Thomas Kanza ; très proche de Mobutu, elle fut nommée ministre lorsqu'elle quitta son mari.

Par-delà les rivalités politiques et les histoires d'argent — nous y reviendrons —, pratiquement toute la classe dirigeante zaïroise est ou a été liée à Mobutu par des affaires de femmes, le dictateur usant largement de son droit de préemption. Dans un régime républicain moderne, ces histoires appartiendraient à la vie privée des hommes politiques et ne revêtiraient pas une importance particulière. Il n'en va pas de même au Zaïre : nul ne s'en offusque sur le plan moral, loin s'en faut, mais elles font partie de la donne politique. Nguza Karl I Bond lui-même consacre une bonne partie de son livre, *Mobutu ou l'incarnation du mal zaïrois*, à démentir les intrigues privées entre le Président et lui. Les femmes sont bel et bien un instrument de pouvoir : Mobutu est un grand séducteur, on ne compte pas les femmes, et non des moindres, qui lui furent acquises. Il n'hésita pas à marier les plus belles, les plus intelligentes de ses amies avec des rivaux politiques potentiels. La très jolie et très brillante Wivine, épouse de Nguza et fille de N'Landu, l'un des grands chefs du Bas-Zaïre, cofondateur de l'ABACO, premier parti nationaliste, le reconnaît d'ailleurs : « Le Président m'avait poussée à épouser Jean (Nguza) pour que je puisse l'informer sur les faits et gestes, les opinions politiques de mon mari. Lorsque ce dernier commença a être considéré comme un danger pour le Président, il me demanda d'empoisonner mon époux... Mais voilà — conclut

Wivine —, comme j'aimais mon mari, j'ai pris son parti et je lui ai tout raconté. »

Se proclamant une adversaire déclarée et redoutable de Mobutu, Wivine mit tout son talent à seconder Karl I Bond dans sa carrière politique.

Vers la fin du second septennat, les pouvoirs occultes de Mobutu faisaient encore rêver le petit peuple. Après le marabout sénégalais Kebe, d'autres Africains de l'Ouest se succédèrent auprès de lui. Recrutés notamment par un architecte de Casamance, Pierre Atepa Goudiaby, ami intime du président Abdou Diouf, de Paul Biya, le président du Cameroun, et de quelques autres « monarques » africains, Goudiaby amena quelques-uns de ses compatriotes au Zaïre. Flottant dans leurs boubous brodés, ils hantaient les couloirs de l'hôtel Intercontinental, nourris et logés par la présidence. De temps en temps, ils étaient emmenés en hélicoptère vers le bateau présidentiel où ils entouraient Mobutu de leurs incantations réconfortantes et lui enfilaient bagues et bracelets destinés à prolonger son pouvoir. A l'aide de « *dawa* », fétiches et autres gri-gris, ils l'aidaient à damer le pion à l'opposition et lui conseillaient de respecter le chiffre 4, son porte-bonheur. En ville, on chuchotait même que « le Chef » ne se séparait jamais d'une valise extraordinairement puante, au contenu mystérieux, d'où il tirait des exorcismes... Quant à la presse, elle dénonçait avec véhémence les rosicruciens, francs-maçons, adeptes de la théosophie, du yoga, de la méditation transcendantale, qui recrutaient sans vergogne au sein de la classe dirigeante, et elle évoquait « les Grands Maîtres évoluant dans des chambres noires inaccessibles aux épouses et aux enfants ». Nos gestionnaires, écrivit le journal *La Conscience*, « pratiquent la magie noire et blanche pour se maintenir au pouvoir au détriment du peuple ».

Mobutu, sans conteste, s'est composé le style d'un potentat africain, mais le publiciste catholique a sans doute fini par ajouter foi à sa propre légende.

CHAPITRE 6

Un néo-fascisme africain

Dans les premières années qui suivent sa prise de pouvoir, Mobutu met ses talents de publiciste au service de son pays. A cette époque, le Zaïre est pacifié, sa monnaie forte, le cours du cuivre en hausse. L'Afrique est prête à se réconcilier avec ce géant qui s'éveille. Mobutu, ainsi que le souligne Buana Kabue[5], veille à effacer les mauvais souvenirs et mène une politique de prestige. Des ambassades s'ouvrent partout dans le monde ; le Zaïre joue la carte de la solidarité continentale : il envoie des avions au Nigeria déchiré par la sécession biafraise ; il aide les Bakongos d'Angola qui formeront le FNLA et entameront la lutte de libération à partir de son territoire ; il soutient financièrement le lancement du chemin de fer transgabonais et la mise sur pied de la compagnie d'aviation du Cameroun. Conakry, Dakar, Alger, Lagos : Mobutu est reçu partout, chaleureusement, par ses pairs africains. Comme ses collègues, il a bridé toutes les forces politiques en dehors de son parti unique, les lumumbistes sont hors la loi, il n'est plus question de créer un deuxième parti, et le Mouvement populaire de la révolution a pris la relève du Corps des volontaires de la République.

Le grand thème de l'époque, c'est le nationalisme, la construction d'un État homogène. Les velléités fédéralistes des Constitutions antérieures sont abolies. Mobutu opte résolument pour la centralisation. Ne faut-il pas unifier tant de peuples différents, couler dans un même moule ce véritable sous-continent qu'est son pays ? En 1965 encore, comme en

1960, le Congo est une mosaïque de peuples aussi différents que les Suédois le sont des Siciliens. Comment, sur une aussi vaste superficie, gérer et intégrer deux cent cinquante ethnies, quatre cent cinquante langues ? Le parti unique sera cette gangue unificatrice ; le nationalisme tiendra lieu de ciment à la pyramide.

Dès 1967, le manifeste de la N'Sele, adopté dans le domaine présidentiel du même nom, annonce la couleur : « Seul le nationalisme permettra aux citoyens d'atteindre une véritable libération politique, sociale, économique. » Le Mouvement populaire de la révolution, le Parti-État, devient « l'expression de la nation politiquement organisé ». Les anciens membres de l'Ugec (Union générale des étudiants congolais), qui, dans les années 60, avaient assimilé la vulgate marxiste, fournissent à Mobutu les outils idéologiques qui l'aideront à construire l'édifice de son pouvoir. Des thèmes qui deviendront récurrents apparaissent alors : celui du chef, celui de la grandeur du pays.

Le simple citoyen n'a pas le choix : qu'il le veuille ou non, il est de droit et dès sa naissance membre du Parti-État. Ce n'est qu'en 1974, lorsque le culte de la personnalité aura atteint son apogée, que ce que l'on appelle alors le « nationalisme zaïrois authentique » prendra son véritable nom et deviendra le mobutisme.

Le culte de la personnalité

Même si on a quelquefois de la peine à se le rappeler aujourd'hui, Mobutu, à cette époque, n'était pas impopulaire, loin s'en faut. Buana Kabue se rappelle cette période faste : « Jusqu'en 1974, au seul nom de Mobutu, les petits enfants accouraient, les grandes personnes aussi. Chacun voulait avoir vu de ses yeux le chef de l'État (...). Tout était prétexte à réjouissances quand il s'agissait d'accueillir en triomphe celui qui symbolisait l'espoir en un avenir meilleur et prêchait la grandeur du Zaïre. On fermait les écoles, on n'allait pas au travail. Cet enthousiasme s'est refroidi à mesure que les conditions de vie devenaient plus dures, que les mères de famille avaient plus de peine à nourrir, soigner et éduquer leurs enfants[6]. »

A cette époque, le chanteur Franco, qui fera danser l'Afrique entière, se met au service de la gloire présidentielle et en sera largement récompensé. Un étudiant de l'époque, envoyé sous les drapeaux en 1971 pour cause de contestation, se souvient du mimétisme de sa génération : « Nous, les jeunes, voulions tous nous coiffer comme lui, avec une raie sur le côté. Nous portions les mêmes lunettes, avec le même geste pour les remonter sur le nez, nous adoptions ses expressions, ses intonations. Nous étions volontaires pour rejoindre les Jeunesses du MPR constituées au sein du parti unique. »

Mobutu n'est pas le seul à voir les avantages que présente le système totalitaire lorsqu'il s'agit d'encadrer et de contrôler une population. Sekou Touré pratique lui aussi ce léninisme du pauvre qui fera tant de ravages en Afrique. Mobutu, son disciple, va cependant plus loin et trouve des émules en Afrique centrale : au Tchad, son ami Tombalbaye abandonne son prénom de François pour Ngarta et ordonne à ses sujets de faire de même avec leurs prénoms chrétiens, tandis qu'Eyadéma, au Togo, Habyarimana, au Rwanda, et Bokassa, en République centrafricaine, suivent l'exemple zaïrois — Bokassa allant jusqu'à se faire couronner empereur, un pas que le maréchal-président s'abstiendra de franchir.

Désormais, hors du Parti, point de salut ! Les mouvements de jeunesse, notamment les scouts, qui bénéficient d'une large audience, sont interdits et remplacés par les Jeunesses du MPR et par leurs groupes de vigilance, les Cader (Comités d'action et de défense de la révolution). Sous la coupe du parti unique, les « organisations de masse » se multiplient, chapeautées par la Mobap (Mobilisation et action populaire). Les femmes, qu'elles soient volontaires ou non, sont priées de rejoindre les groupes d'animation. Vêtues de pagnes à l'effigie du Président, elles chantent et dansent sur son passage. A chaque visite officielles au Zaïre, le même scénario se répète : les femmes dûment réquisitionnées, flanquées des notables et de la troupe locale, attendent durant des heures, sur le tarmac qu'arrive l'avion présidentiel. Lorsque le Président descend en compagnie de ses hôtes, les animateurs font monter le niveau des chants tandis que les femmes ondulent et proclament la gloire du Chef... Pour plus de précaution, des groupes de femmes soigneusement sélectionnées précèdent le Président lors de tous ses voyages à l'intérieur du pays, préparant l'auguste arrivée avec leurs chants, leurs rires et l'argent qu'elles ont mission de distribuer.

Durant bien des années, au Zaïre comme dans d'autres pays d'Afrique, les hôtes officiels s'extasieront de bon cœur devant cette « spontanéité » des foules africaines, leur sens de l'accueil, leur joie de vivre...

Plus tard, la télévision ne sera pas avare de propagande : avant chaque bulletin d'information, elle montrera Mobutu surgissant sur un fond de nuages, et saluera en lui le Pacificateur. Chaque matin, à 7 h 30, tout s'arrête pour le salut au drapeau et l'hymne national.

En 1973, Mobutu, qui apprécie les louanges autant que les protocoles d'accueil, se rend en Chine, où il est accueilli par Mao Tsé-toung. Ce dernier, par pays d'Afrique noire interposés, entend contrer les Soviétiques partout où c'est possible. Le Zaïre, ce géant africain si proche des Américains, lui paraît un allié rêvé. Des années plus tard, Mobutu se souviendra encore avec émotion de l'accueil qu'il reçut à Pékin. Il le confiera dans une interview : « Mao m'a dévisagé. Il a observé ma toque, ma canne, puis m'a regardé fixement pour finir par me dire : "Mobutu, c'est vous ? Sachez que j'ai de l'admiration pour vous, vous êtes courageux... J'ai fourni armes, munitions, argent à vos adversaires pour vous combattre. C'est vous qui avez gagné. J'ai beaucoup de respect pour vous[7]." » A la suite des deux visites de Mobutu à Pékin, des agriculteurs chinois seront invités au Zaïre ; ils tenteront de faire pousser du riz dans le domaine présidentiel de la N'Sele, des pamplemousses à Gbadolite...

En 1974, c'est à Pyongyang, en Corée du Nord, que Mobutu trouve un accueil à sa mesure. Kim Il-sung a bien fait les choses : des opéras ont été composés à sa gloire, des milliers de voix chantent ses haut faits, son effigie, grandeur nature, couvre les murs de la capitale coréenne. Mobutu, qui n'a aucune tendance à la modestie, va dès lors donner un autre tour à la révolution culturelle qu'il a déjà entreprise chez lui.

En 1971 déjà, il avait résolu d'imprimer sa marque à un État encore trop influencé par l'ère coloniale. Il avait commencé par débaptiser le pays de son beau nom hérité du fleuve, pour l'appeler Zaïre. Zaïre, en fait, est un nom laissé par les premiers explorateurs portugais. Ces derniers, en débarquant sur les rives du Congo, demandèrent aux indigènes comment s'appelait le majestueux cours d'eau. Les tribus répondirent *nzadi*, ce qui ne signifie rien d'autre que « le fleuve » en kikongo. Les Portugais, comprenant Zaïre, baptisèrent ainsi la vaste embouchure. Mobutu a donc décidé de donner ce nom-là à son pays et à la monnaie nationale. Il dota aussi le pays d'un nouvel emblème, celui du MPR, un flambeau tenu d'une main ferme. Plus tard, les détracteurs diront que le symbole du MPR ressemble étrangement à un cornet de frites ou de crème glacée.

Mais, en ce temps-là, on n'osait pas rire publiquement de ce qui symbolisait la nation. Encore moins après ces voyages en Asie à partir desquels le culte de la personnalité prit une autre dimension.

Car Mobutu, durant son périple, était accompagné de son ministre de l'Information, Sakombi Inongo. Ce dernier, rhétoricien forcené, comprit immédiatement le parti qu'il pouvait tirer d'un culte présidentiel bien organisé. Son ministère devint celui de l'Orientation nationale, et lui-même, tout de blanc vêtu, devint le chantre, le griot du chef de l'État, s'inspirant de la phraséologie chinoise ou coréenne. Les Zaïrois furent désormais priés d'applaudir le Guide, le Président-Soleil, le Génie de Gbadolite, le Stratège... Le principal intéressé préférait modestement se faire appeler « président-fondateur », dans le même temps qu'il s'autoproclamait maréchal. Plus tard, alors qu'il entreprenait une médiation — manquée — en Angola, ses courtisans lui soufflèrent même que le prix Nobel de la paix devait lui revenir. Il le crut... A l'instar des grands frères asiatiques, les Zaïrois furent obligés d'arborer l'insigne du parti unique, ou, mieux encore, le portrait du chef de l'État.

Mobutu demanda aux Zaïrois, devenus des « citoyens », de remiser costume et cravate, qui pour beaucoup étaient des signes de promotion sociale durement acquis, au profit de l'*abacost*, étrange création vestimentaire, fruit de l'imagination du maréchal-président. Dérivé de l'expression « à bas le costume », l'*abacost* se voulait une version africaine de la tenue Mao : costume de couleur sombre, veste à manches courtes et col à longues pointes, avec dans l'encolure un foulard de soie délicatement noué. Il fallait vraiment toutes l'élégance naturelle des Zaïrois, leur goût de la « sape », pour porter sans ridicule une telle tenue, sans compter que le foulard les faisait transpirer dans l'humidité torride de Kinshasa. Les moins gâtés étaient sans conteste les « barons du régime » : la veste trop cintrée de leur *abacost* réglementaire moulait outrageusement leur bide de nouveaux riches. Les femmes ne furent pas épargnées par les réformes : les pantalons moulants et les mini-jupes leur furent interdits, de même que les cheveux défrisés et les crèmes qui éclaircissent la peau. Toutes les Zaïroises furent obligées de porter le pagne, qu'elles drapèrent autour d'elles avec un art consommé.

On aurait tort de sourire de cette quête d'authenticité. Mobutu, nous l'avons dit, est un publiciste. Il capte des idées, des aspirations qui sont dans l'air du temps, et les met au service de ses ambitions personnelles. Or le Zaïre, dans ces années-là, avait bien besoin de s'émanciper, surtout mentalement, de la tutelle coloniale. La colonisation belge n'avait-elle pas été réductrice, désireuse de faire de tous les Congolais des petits-bourgeois catholiques, des « évolués » ? Les missions, en plus de leurs œuvres sociales, avaient soumis leurs ouailles à un véritable lavage de cerveau. Il était temps de rejeter valeurs et références importées et de revenir aux racines africaines. Mobutu, à sa manière, perçut et interpréta ce mouvement, soutenu d'ailleurs par de nombreux intellectuels qui lui fournissaient les arguments de ses meilleurs discours.

Si le mobutisme engendra la soumission des âmes simples, il signifia aussi la compromission des intellectuels. Depuis les étudiants du groupe de Binza jusqu'aux dignes économistes qui se succédèrent au poste de Premier ministre, Mobutu sut rallier à lui nombre de professeurs, d'intellectuels qui lui firent allégeance. Moins par conviction que par nécessité : le flirt avec la politique était, pour ces cerveaux désargentés, le seul et unique moyen de s'assurer un revenu décent.

A l'heure des bilans, ce « détournement » des intellectuels pèsera lourd dans le passif du mobutisme. Dans ce pays tragiquement dépourvu de cadres au moment de l'indépendance, la formation devint un enjeu essentiel et les Zaïrois se ruèrent sur l'enseignement supérieur, y déployant des talents que le colonisateur belge n'aurait pas soupçonnés. L'un des principaux acquis de l'indépendance est certainement l'émergence de milliers d'intellectuels. Ces derniers, une fois leurs études terminées, ne se virent attribuer, dans leur propre société, que des salaires de misère, en dépit du prestige attaché aux postes qu'ils occupaient. C'est là que la « perversion » mobutiste put déployer sa mesure : pour la formation de ces jeunes, des familles entières s'étaient cotisées, sacrifiées, dans l'espoir qu'une fois parvenu à une fonction importante l'élu redistribuerait une partie de ses gains. Il ne s'agit pas là d'un simple vœu pieux, mais d'une obligation : refuser d'y répondre équivaut à se couper des siens, à ne plus oser retourner dans son village. Doté d'un diplôme prestigieux, d'un bagage durement acquis, mais assorti d'un salaire ne lui permettant pas de répondre aux espérances familiales, comment l'intellectuel ne se serait-il pas laissé séduire par les sirènes mobutistes ? A l'université déjà, les plus brillants avaient été repérés, voire recrutés par les services du Président.

Ces services sont composés d'informateurs officiant dans chaque institution. Partout, des « étudiants professionnels » sont autorisés à passer d'une année à l'autre sans réussir leurs examens, à condition de bien remplir leur devoir de mouchards. Les Cader, apparentés au MPR, forment une sorte de police parallèle. Ces structures de délation représentent dans chaque établissement supérieur le véritable pouvoir. Durant des années, l'obtention de tout poste important a dû passer par leur approbation.

Dans les universités comme dans les entreprises ou les ambassades, partout règne alors une autorité parallèle, autrement plus puissante que la hiérarchie officielle. Comme à Moscou ou à Prague à la même époque : l'autorité du Parti, la primauté des services de sécurité...

Il y eut cependant des résistances : bien des étudiants ne regagnèrent pas leur pays après leur séjour à l'étranger. De grands esprits comme l'écrivain Mudimbe préférèrent refuser les honneurs qui leur étaient proposés et choisirent l'exil. D'autres acceptèrent de végéter dans l'anonymat et la médiocrité, sanctionnés par une famille incrédule et déçue. Bien des Zaïrois tentèrent leur chance dans les organisations internationales, mais, là aussi, le régime finissait par les rattraper et leur promettait ses faveurs, moyennant allégeance et menus services, d'« information », par exemple.

Même dans le cas des plus coriaces exilés, les pressions exercées au pays sur les familles réussirent souvent à vaincre les résistances et à précipiter le retour des ingrats. L'histoire du mobutisme est jalonnée de retours d'intellectuels et d'opposants obligés de négocier postes et prébendes pour prix de leur ralliement.

Publiciste, Mobutu est aussi un mystificateur. Durant des années, l'un de ses plus grands plaisirs fut de se rendre en

Europe avec, dans ses bagages, des opposants fraîchement débauchés ou sortis de prison. En réponse aux questions des journalistes qui s'enquéraient du sort de tel ou tel détenu, le Président se faisait une joie de désigner un pauvre hère, au fond de la salle, et, partant d'un grand rire, il s'exclamait : « Votre ami ? Mais il est avec moi, le voilà... »

Alors qu'il se trouvait en prison pour s'être entretenu avec des juristes américaines membres du Lawyers Committee for Human Rights, le professeur Baudouin Mangala, l'un des premiers militants de l'UDPS, fut un jour emmené par les services de sécurité ; nourri, rhabillé de neuf, doté d'un nouveau passeport, il se retrouva dans la suite présidentielle à bord d'un avion à destination des États-Unis. Le malheureux, abasourdi, fut alors sommé de témoigner devant le Congrès de l'inanité des accusations portées contre le régime. Mangala refusa de quitter son hôtel et, confronté à Mervyn Dymally, président du Black Caucus, il s'en tint à des propos très elliptiques. Il réussit cependant à prévenir ses amis juristes du sort étrange qui lui était réservé, et Washington protesta, car la loi américaine interdit d'amener des prisonniers sur le territoire des États-Unis.

La résistance de l'Église catholique

Le plus coriace adversaire de l'« authenticité » présidentielle, de sa dérive vers le culte de la personnalité et de ses injustices sociales fut l'Église catholique.

L'une des premières décisions de la politique d'authenticité consista à prohiber les prénoms chrétiens, et à obliger chacun à porter son nom traditionnel. Mobutu lui-même jeta Joseph Désiré aux orties et se retrouva Sese Seko Kuku ngbendu wa za Banga, « le grand guerrier qui triomphe de tous les obstacles », et, accessoirement, « qui couvre toutes les poules ».

Si, aujourd'hui, bon nombre de Zaïrois retrouvent avec fierté leur nom de baptême, c'est avant tout pour marquer leur opposition au mobutisme. Sur le moment, la décision ne fut cependant pas impopulaire. Elle était ressentie comme un acte de libération par rapport à la colonisation et à des missionnaires qui baptisaient les enfants en leur donnant le nom du saint figurant ce jour-là sur le calendrier. Festus, Chrysostome, Pius, Dieudonné, les noms archaïques ne manquèrent point et furent remplacés sans grand dommage par des patronymes africains. Mais l'Église, pour sa part, ne l'entendit pas de cette oreille.

Durant les premières années de la deuxième République, de 1965 à 1972, l'Église avait nettement pris parti pour le régime Mobutu. Et pour cause : du temps des rébellions, religieuses et missionnaires avaient été sauvagement massacrés ; les missions, considérées comme relevant de l'ordre colonial, avaient été détruites. L'arrivée au pouvoir de Mobutu, se proclamant catholique fervent, fut bien accueillie par l'Église, en particulier par le cardinal Malula.

Joseph Malula, prince de l'Église

Ce dernier, dans un pays où il n'y avait malheureusement place que pour un seul « héros », est un personnage d'une tout autre stature que l'ancien sergent de la Force publique. Né en 1917 à Kinshasa d'un père luba appartenant à une famille noble du Kasaï (son vrai nom, Ngalula, sera déformé lors de son inscription à l'école), Joseph Malula est ordonné prêtre en 1946 ; en 1954, il est le premier curé noir de Kinshasa. Plein de vitalité, pétillant d'intelligence, il a le talent d'un grand intellectuel, le charisme d'un vrai chef politique. Homme d'Église prestigieux, il marquera le combat nationaliste : en 1956, il collabore à la rédaction du *Manifeste de conscience africaine* ; en 1958, il participe au Congrès de l'humanisme chrétien à Bruxelles.

Coup de théâtre en 1959 : dans cette société coloniale encore marquée par les préjugés raciaux, Joseph Malula est nommé évêque auxiliaire de Kinshasa ; le jour de son ordination, il revendique « une Église congolaise dans un État congolais indépendant ». Archevêque de Kinshasa en 1964, il devient cardinal en 1969. Auparavant, il a pris une part active au concile Vatican II, plaidant pour que l'Église s'adapte aux réalités africaines : « On a christianisé l'Afrique, écrit-il, il faut à présent africaniser le christianisme. » Non sans difficulté, il réussit à faire admettre au Vatican le « rite zaïrois », une messe où la danse et le chant se mêlent aux exhortations et aux prières. A sa manière, le cardinal Malula combat pour l'authenticité africaine, mais il se heurte rapidement aux mesures brouillonnes et totalitaires du Président.

En 1972, c'est l'affrontement : Mobutu décide de supprimer les prénoms chrétiens, d'abolir les fêtes chrétiennes ; les jeunesses du MPR remplacent les mouvements d'action catholique, des cellules du Parti doivent être implantées dans les séminaires. Le cardinal, qui avait déjà dénoncé les tendances dictatoriales du régime, proteste contre la transformation de l'Université catholique de Lovanium en institution d'État ; il dénonce, dans l'hebdomadaire *Afrique chrétienne*, cette volonté de ressusciter le passé : « Ce n'est pas en ranimant une philosophie discréditée que nous allons gagner la bataille du monde moderne. » « Subversif », « contre-révolutionnaire », les critiques pleuvent contre le cardinal, sa résidence est saisie et il doit se réfugier au Vatican, où il n'est que mollement soutenu dans sa lutte. C'est que le Zaïre représente pour l'Église catholique un enjeu important sur le continent africain : près de la moitié de la population est catholique, et l'essentiel du secteur social, la santé, l'éducation, est tenu par des missionnaires et leurs auxiliaires nationaux.

Le Président tout-puissant et l'évêque sûr de son bon droit doivent apprendre à composer ; lorsque, fin 1972, Mgr Malula rentre à Kinshasa, Mobutu le reçoit avec faste dans un palais épiscopal plus vaste que le précédent. Le cardinal deviendra d'ailleurs propriétaire de bon nombre de maisons et terrains de la capitale.

Malgré leur cohabitation obligée, Mobutu ne cessera de garder rancune au prélat, car celui-ci, avec l'Église zaïroise derrière lui, représente la seule force à la fois temporelle et spirituelle qui ne se pliera jamais complètement au régime.

Encouragées par Mgr Malula, apparaissent des communautés chrétiennes de base où les laïcs apprennent à réfléchir, à travailler ensemble. Très semblables à leurs homologues d'Amérique latine, ces communautés sont des lieux de réflexion et d'action qui échappent à l'emprise du parti unique. De même, les *bakambi*, ces animateurs laïcs que Mgr Malula met en place dans les paroisses, ont pour mission de propager la foi chrétienne, mais, en réalité, ils jouent un rôle social bien plus important, participant eux aussi au contre-pouvoir que représente l'Église. Bien plus tard, au moment de la consultation populaire et de la Conférence nationale, il apparaîtra que ces communautés chrétiennes avaient fini par former les structures de base de la « société civile ».

Face au régime totalitaire, l'Église zaïroise peut à maints égards se comparer à l'Église polonaise : elle est un contre-pouvoir spirituel et une puissance matérielle. Dans les campagnes, il n'y a que l'Église qui assure encore les soins de santé, favorise un certain développement communautaire, anime des coopératives de paysans... Dans leurs lettres pastorales, les évêques dénoncent régulièrement et courageusement les abus du régime, la corruption, la dégradation des valeurs morales. L'un des textes les plus fameux, remis au Président sous la forme d'un mémorandum lors de la consultation populaire de 1990, dénonce « l'inversion de l'échelle des valeurs où la notion du bien et du mal se confond avec la sécurité du Parti-État ». Les évêques soulignent également que « la cause principale, sinon la racine de la paralysie des institutions nationales et de la crise des structures de l'État, réside dans un système politique hybride. Celui-ci puise dans le libéralisme les avantages qu'offre à une minorité la jouissance de la propriété privée, et emprunte par ailleurs au totalitarisme les méthodes de conquête et de maintien au pouvoir ».

Disposant de nombreux relais d'opinion à l'étranger et d'une organisation matérielle bien plus efficace que celle du Parti, l'Église catholique a maintenu sa présence au Zaïre en entretenant avec le régime des rapports de puissance à puissance, au demeurant non dénués d'ambiguïté. Si les évêques zaïrois, Mgr Malula en tête, ne craignent pas de défier le régime, de dénoncer son absence de sens social et de multiplier les lettres pastorales et prises de position très critiques, l'attitude du Vatican, en revanche, est plus équivoque. En 1980 et 1985, le pape Jean-Paul II se rendra en visite officielle au Zaïre. A chaque fois, les bousculades, la brutalité du service d'ordre feront des victimes dans la foule. Sœur Anuarite, une jeune religieuse qui fut violée par les rebelles, sera béatifiée, mais Rome refusera néanmoins cette gloire à l'épouse du Président, la très pieuse Antoinette.

Malgré ses conflits avec le cardinal Malula, homme dont l'envergure intellectuelle et spirituelle le dépassait de loin, Mobutu réussit à se faire admettre en haut lieu et a été plusieurs fois reçu en audience par Jean-Paul II. A toutes fins utiles, il a noué des amitiés dans les milieux catholiques conservateurs : en octobre 1989 encore, il a visité la communauté intégriste du Barroux, dans le Vaucluse, et aurait souhaité inviter ses représentants au Zaïre.

Après la mort de Mgr Malula dans des circonstances controversées (voir chapitre 3), l'ambiguïté de la position du Vatican s'est traduite par la nomination de son successeur, Mgr Frédéric Etsou, originaire de l'Équateur et proche du régime. La population, quant à elle, s'était plutôt attendue à la nomination au cardinalat de Mgr Laurent Monsengwo, évêque de Kisangani, auteur de plusieurs prises de position très remarquées. Cette nomination était politiquement importante, car il était prévu que la présidence des travaux de la Conférence nationale serait, comme en d'autres pays d'Afrique, confiée à un prélat.

Ces rapports ambigus avec l'Église catholique, faits de heurts et de réconciliations, ont favorisé le développement des autres religions : l'Église du Christ au Zaïre regroupe soixante-deux Églises protestantes ; depuis 1972, les religions islamique, israélite et grecque orthodoxe ont également été reconnues.

L'ascension des kimbanguistes

Les kimbanguistes, héritiers du prophète non violent Simon Kimbangu, sont aujourd'hui plusieurs millions. Dans les années 30, Kimbangu prêcha le refus total de l'ordre colonial et la désobéissance civile avant d'être emprisonné à vie. Assez curieusement, alors que leur religion fut au départ marquée par une contestation radicale de l'ordre établi, ses disciples n'ont jamais pris une attitude en pointe par rapport au régime Mobutu. Celui-ci, il est vrai, avait pris soin de les reconnaître dès 1971 et de les ménager afin d'affaiblir indirectement l'Église catholique.

Les kimbanguistes forment aujourd'hui une communauté fortement hiérarchisée et exigent de leurs adhérents d'importantes contributions financières, ce qui leur permet, sans rien attendre de l'État, d'édifier à leurs frais écoles, dispensaires, hôpitaux, centres sociaux.

A côté des Églises reconnues, parfois contestataires, sont apparues, au cours de ces dernières années, de nombreuses sectes d'inspiration évangélique, soutenues par les Américains et encouragées par le régime.

En 1991, une religiosité sans précédent s'est emparée du Zaïre : en ouvrant les travaux de la Conférence nationale, le Premier ministre a prononcé cinq fois le nom de Dieu en l'espace de quelques minutes, demandant à l'« Éternel » de guider les travaux. Alors que le Zaïre est un État laïc, une prière devait ouvrir chacune des séances plénières ! Kinshasa était alors littéralement envahie par les groupes religieux : les uns se rassemblaient devant les domiciles des personnalités politiques, les autres organisaient des séances de prières et de contritions, tandis que des prédicateurs américains, assistés de traducteurs locaux, rassemblaient de grandes foules à tous les coins de la cité. On vit même un journaliste connu et respecté se dire visité par Dieu, qui lui aurait remis un message à transmettre au Président ! Le message divin demandait la démission de Mobutu. Ce dernier reçut fort poliment le commentateur inspiré, prit connaissance du message, mais ne démissionna pas. Il est vrai que bon nombre de prédicateurs avaient été recrutés directement par le régime avec mission de détourner les esprits vers des préoccupations plus spirituelles et de prêcher le pardon. Jamais il ne fut d'ailleurs autant question de pardon et de réconciliation qu'au moment de cette Conférence nationale où chacun s'attendait à un « grand déballage »...

Quant au Président lui-même, qui sut si bien utiliser l'Église catholique, manipuler les kimbanguistes et les protestants, commanditer les prêcheurs et séduire les sorciers, il vivait entouré de marabouts sénégalais et gambiens...

Le Séguéla des tropiques

Lorsqu'il capte l'air du temps, Mobutu ne se contente pas du recours à l'« authenticité ». Bien avant les autres, avec un flair incontestable, il s'empare de thèmes porteurs et invente des formules qui font mouche. Ainsi, en 1973, il lance une formule qui lui sera retournée plus tard : « Face à l'ouragan de l'Histoire, qu'il soit mûr ou pas mûr, le fruit tombe quand même »...

Désireux de damer le pion à la négritude de Senghor, il est l'un des tout premiers à lancer, au nom de l'authenticité, des thèmes de réflexion « culturels ». Il défend les parcs nationaux, les richesses naturelles de son pays (alors même que son clan trafique allègrement l'ivoire et que son propre fils Manda organisera plus tard un négoce d'okapis). Il réclame à la

Belgique la restitution des biens nationaux, les chefs-d'œuvre de l'art zaïrois qui dorment au musée de Tervueren, dont quelques pièces seront effectivement rapatriées.

Mobutu, qui fait de la politique internationale son domaine réservé, exprime l'agacement qu'éprouvent les Africains face aux querelles qui paralysent l'OUA. Constatant que l'organisation s'enlise face au problème du Moyen-Orient et à la question du Sahara occidental, il se veut le porte-parole des États négro-africains et lance l'idée d'une Ligue des États noirs destinée à rassembler les pays africains sur la base d'une africanité authentique.

Plus tard, alors que sa fortune personnelle, placée à l'étranger, atteindra pratiquement le montant de la dette de son pays, il prendra la tête d'une croisade contre la politique d'austérité imposée par le FMI, qui oblige les pays africains à devenir exportateurs nets de capitaux. « Qui doit à qui ? » s'exclame avec aplomb le milliardaire.

Bretteur, polémiste, Mobutu engage le fer avec les journalistes occidentaux, leur envoie des formules chocs. C'est ainsi qu'il me traite personnellement de « pasionaria », ajoutant à la télévision que cette journaliste « l'enquiquine ». Il fait mouche, met les rieurs de son côté... Que dire de ces multiples slogans — « Retroussons nos manches », « Servir et non se servir » — censés mobiliser le peuple alors que la classe dirigeante fait exactement le contraire ? Le mandat qui devait s'achever en décembre 1991 portait lui aussi un nom inspiré : « le septennat du social » !

Pour se hisser et se maintenir au pouvoir, Mobutu a tout essayé. Il a usé et abusé de la violence, s'est servi de la magie du verbe, d'un sens aigu de la langue, prononçant des discours aussi savoureux en lingala qu'en français. Il a aussi pratiqué, jusqu'au bout, l'art de la ruse et de la séduction. « Ce n'est pas un léopard, c'est un serpent », disent de lui ses proches. Un serpent qui maîtrise parfaitement les jeux de cour, qui sait comment manipuler ses courtisans, organiser leurs conflits, puis trancher.

Pour s'assurer l'allégeance de ses barons, Mobutu a évidemment utilisé les privilèges matériels. « C'est moi qui les ai faits, qui leur ai tout donné », devait-il s'exclamer non sans amertume. De fait, c'est lui qui a veillé à la distribution des fonctions, des postes de ministre, mais aussi de P.-D.G. dans les entreprises d'État. Celui qui avait reçu la possibilité de s'enrichir et d'aider les siens devait aussi se montrer reconnaissant.

Au cours des années 80, pour contrer la fronde des parlementaires qui, bien qu'appartenant au parti unique, ont tendance à prendre leur rôle au sérieux, Mobutu les coiffe d'un Comité central. Ses membres figurent immédiatement parmi les principaux privilégiés du Parti-État. Leur « kit » de notable du MPR comprend d'office une rémunération mensuelle de 6 000 dollars. Ils sont logés, nourris, deux voitures sont mises à leur disposition, et ils envoient bien souvent au village un tracteur ou un camion...

La Prima Curia

Pour mieux s'assurer de la fidélité de son clan, Mobutu a même créé en 1985 un groupe particulier, la *Prima Curia*, dont l'existence a été révélée par le quotidien *Umoja* dans son numéro du 3 décembre 1990. Inspirée par les rites francs-maçons, la Prima Curia est une société secrète dont les membres ont conclu un pacte qu'ils ont scellé de leur sang. Pacte de fidélité au « maître inspirateur »...

Les membres de la Prima Curia, tous recrutés au sein de la classe dirigeante, avaient accepté de suivre une sorte d'initiation inspirée de pratiques indiennes. Les élus, selon *Umoja*, portaient le nom de « Carus Frater », ou C.F., ou « Frater 2 Palmes », ou F2P. Ils communiquaient entre eux suivant un langage codé et avaient fait vœu « de fidélité permanente, d'obéissance aveugle, de solidarité perpétuelle et d'amitié sans réserve au maître inspirateur de la Prima Curia ».

Leur serment se terminait par une promesse solennelle : « Je suis prêt au sacrifice suprême pour la réussite de la Prima Curia. »

Ce pacte, s'il a réellement existé, était cependant fragile ; ce n'était qu'un instrument de pouvoir parmi d'autres. A l'heure du multipartisme, la plupart des « chers frères » abandonnèrent le Grand Maître et s'égaillèrent dans la jungle des nouveaux partis politiques.

La présidence, un gouvernement parallèle

Lorsqu'une demande de visa est présentée dans une ambassade étrangère, accompagnée d'une lettre marquée du sceau de la présidence, nul ne s'aviserait de refuser la requête, même si le fonctionnaire craint qu'il ne s'agisse d'un nouveau coup de Manda, le fils de Mobutu, à la tête d'un trafic de passeports et de visas. Lorsqu'un avion d'Air Zaïre — la seule compagnie qui ne vole pas, dit-on à Kinshasa — est réquisitionné par la présidence et que le vol régulier est annulé, nul ne s'aviserait de protester. Lorsque le gouverneur d'une province, le Kivu, par exemple, est avisé que le chef de l'État se trouve dans sa région, pour s'y reposer ou y mener quelque action diplomatique, et que lui-même est prié d'amener une mallette contenant de l'argent frais, jamais il n'oserait refuser. Même si ladite mallette contient le budget des routes qu'il fallait réparer d'urgence. Lorsque le P.-D.G. d'une entreprise d'État se voit sommé de remettre une certaine somme en dollars pour financer un voyage de la présidence, il maquille ses comptes sans mot dire.

Nul au Zaïre ne s'avisera jamais de discuter les ordres de la présidence. Car c'est à la présidence que le gouverneur, le P.-D.G., le ministre doivent leur poste, et l'ambassadeur ne tient guère à être rappelé.

A un rythme qui peut être bisannuel, les Premiers ministres se succèdent au Zaïre, les gouvernements changent. Les élus apprennent leur nomination par la radio, ou par simple coup de téléphone, les mal-aimés ont quelques heures pour faire leurs bagages. Ce que la présidence a fait, elle peut toujours le défaire. De toute manière, les ministres, même les mieux intentionnés, sont sans illusions : avec Mobutu à la présidence, ils ne détiennent qu'une apparence de pouvoir. Leurs budgets sont généralement ridicules, leur marge de manœuvre quasi nulle. Tout ce qu'on leur demande, c'est d'obéir au chef et de ne pas décevoir leur famille, leur clan. Ils tentent donc de s'enrichir en un minimum de temps, car l'accès direct au pactole ne dure jamais longtemps. Manipulant quelques centaines de personnes qui composent sa nomenklatura, Mobutu pratique avec art le jeu de la chaise musicale : il nomme, révoque, punit les récalcitrants...

Si les ministres sont fragiles et transitoires, les conseillers du Président, eux, sont autrement plus puissants. Chargés de la sécurité, de l'information, des finances, ils sont proches du chef de l'État et font partie du cercle où tout se décide.

Paradoxalement, la troisième République, à la veille de la Conférence nationale, avait augmenté encore le poids de la présidence : Mobutu avait retiré du gouvernement les meilleurs, les plus fidèles de ses ministres, pour les accueillir dans son cabinet restreint. Tel fut le cas pour Nimy, par exemple, vice-Premier ministre qui fut ensuite chargé de la sécurité, ou pour Ngbanda Nzambo, son neveu, l'homme fort des services secrets, qui acquit rang de diplomate à la présidence*.

Pour Mobutu, les gouvernements qui se sont succédé, y compris sous la troisième République, n'ont jamais été que des exécutants. Il fut un temps où les ministres ne s'appelaient d'ailleurs que « commissaires d'État ». En fait, des commis de luxe...

Si les gouvernements successifs n'étaient que des rouages d'exécution, le MPR, longtemps considéré comme le déposi-

---

* Soupçonné de trafic de chanvre, le « diplomate » avait naguère été invité à quitter la Belgique.

taire d'un dogme intangible, n'était lui aussi qu'un escabeau du pouvoir : le 24 avril 1990, il fut balayé sans regret lorsque Mobutu compris que cette structure trop lourde représentait un danger pour son pouvoir personnel. En quelques heures (voir chapitre 11), il prit la décision de faire basculer l'échafaudage qui l'avait maintenu au pouvoir...

Deux clans rivaux

Parmi ses conseillers particuliers, deux grands clans se sont longtemps disputé les faveurs du Président. Tout d'abord, celui dit des métis, dirigé par Seti Yale, qui fut longtemps le tout-puissant responsable de la Sécurité nationale et géra les biens de Mobutu, sans oublier d'en mettre une partie à son nom. A ce clan des métis appartiennent notamment l'ancien Premier ministre Kengo wa Dondo, l'homme d'affaires richissime Bemba Saolona, originaire de l'Équateur, dont le père était un commerçant portugais. Enrichis grâce au système mobutiste, les métis furent longtemps considérés comme les « durs » du régime, les inconditionnels. Et pour cause : leur situation personnelle ne s'appuyait guère sur une région ou un clan, elle relevait entièrement de la faveur du prince. Ce n'est que sous la troisième République, lorsque le vent commença à tourner, que les métis se détachèrent de leur seigneur et maître et créèrent une nouvelle formation d'opposition, l'UDI (l'Union des démocrates indépendants), que le peuple surnomma bientôt l'« Union des dinosaures ou des détourneurs impunis ».

Parallèlement aux métis, le Président accorda longtemps ses faveurs à des Rwandais, souvent d'origine tutsi, comme Bisengimana Rwema. Ces préférences s'expliquaient, comme dans le cas des métis, par le fait que, ne disposant pas de base populaire, ces « individus à nationalité douteuse », comme devait les appeler plus tard un mémorandum des Affaires étrangères, ne pouvaient se poser en successeurs potentiels du

Guide. Les Rwandais, s'ils n'omettaient pas de s'enrichir grâce au système, veillaient aussi aux intérêts de leur groupe : ils achetaient d'immenses domaines au Kivu, dans les régions voisines du Rwanda, où venaient s'installer des compatriotes à l'étroit dans le « pays des mille collines » surpeuplé.

A côté du clan des métis, et en concurrence avec lui, a prospéré le clan dirigé par Nkema Liloo, conseiller très écouté de Mobutu. A la fois attachant et d'une intelligence redoutable, Nkema a traversé des périodes de disgrâce et de promotion coïncidant chaque fois avec des temps de durcissement ou d'ouverture. Le clan de Nkema, profondément africain, est celui de la réconciliation avec les opposants. C'est Nkema qui, au fil des années, a noué les fils compliqués permettant de « ramener au bercail, au sein de la famille du MPR, les enfants égarés », selon une expression favorite du Président. C'est ce clan qui a poussé à la grande consultation populaire de 1990, révélatrice de l'ampleur du mécontentement et qui incita le Président à modifier les règles du jeu. C'est lui qui a prôné la démocratisation au risque de se faire tancer par la famille du Président, craignant évidemment pour ses privilèges.

A la présidence, à côté ou au-dessus des clans politiques ou ethniques, on retrouve la famille élargie. Aux nombreux descendants directs s'ajoute la cohorte des cousins et parents éloignés, qui, sans jouer aucun rôle politique, n'en émargent pas moins joyeusement à la cassette du Chef de l'État.

A la présidence appartiennent aussi les agents de sécurité, gardes du corps et conseillers étrangers qui ont toujours entouré Mobutu.

Avec ses clans, ses privilèges, ses intrigues, la présidence coûte cher au Zaïre : elle absorbe de 15 à 18 % du budget de l'État, du moins d'après les données officielles. En réalité, elle pèse beaucoup plus lourd : en trois mois, ce « budget officiel » est consommé, après quoi d'autres sources de financement doivent être trouvées jusqu'à la fin de l'année.

Lorsque le budget est épuisé interviennent les P.-D.G., les

banquiers, tous ceux qui, de près ou de loin, ont accès aux devises étrangères et sont obligés d'en céder une partie à la présidence.

Si la présidence coûte cher, c'est qu'elle est nombreuse. C'est aussi parce que ses activités sont multiples. La cassette présidentielle désamorce une grève en « calmant » les dirigeants syndicaux*. Elle apaise la douleur des parents dont les enfants ont été massacrés à Lubumbashi et qui touchent le prix de leur silence. Elle soutient des conférences de presse à grand spectacle, des « coups » comme la proclamation à Kinshasa de la découverte d'un remède contre le sida. Elle finance les médiations diplomatiques de Mobutu. La cassette présidentielle, c'est aussi le dernier recours dans les cas où la justice est directement rendue...

Les réseaux de Mobutu

Au fil du temps, Mobutu s'est doté d'un important réseau d'amis à l'étranger (voir aussi chapitre 10). Hommes d'affaires, mandataires politiques, fonctionnaires internationaux, combien sont-ils à avoir été reçus par le Président et « gagnés » à sa cause ? C'est que l'homme est séduisant, il a l'art de convaincre ses interlocuteurs de sa bonne foi ; il sait aussi se montrer généreux à l'égard des hommes ou des causes qu'ils défendent. Des journaux belges ont été renfloués grâce à Mobutu, des mouvements de libération africains n'ont pas été reçus en vain. A l'étranger, le système Mobutu repose surtout sur un efficace réseau d'informateurs et sur des amis haut placés. Certains d'entre eux figuraient sur les listes de paiement régulier du Conseil national de sécurité, qui tient le Président au courant de l'état de son pays et du monde. Grâce à ses informateurs, Mobutu était averti aussi bien des délibérations

---

* Elle permit l'organisation du match de boxe historique Mohammed Ali/Foreman.

du gouvernement belge à propos du Zaïre que des réticences du Fonds monétaire international à son endroit.

Même à l'égard de fonctionnaires coriaces qui menaçaient de suspendre les crédits au Zaïre, la présidence a tenté d'utiliser ses méthodes éprouvées : envoi d'un « médiateur », proposition d'une « rencontre personnelle », d'un « arrangement à l'amiable »...

Ce réseau de renseignements a maintes fois prouvé son efficacité : lorsque Erwin Blumenthal, le très austère gouverneur de la Bundesbank, fut envoyé au Zaïre pour y contrôler le fonctionnement de la Banque nationale dans les années 1978-1979, il commit un rapport extrêmement critique pour « la présidence ». Ce document fut remis au FMI, mais, avant même que le conseil d'administration du Fonds eût pu en prendre connaissance, il se retrouva entre les mains de Mobutu, qui put organiser sa défense et prendre les devants : un fonctionnaire avait vendu le document aux Zaïrois...

Plus récemment, la présidence a prouvé son savoir-faire lorsqu'il s'est agi d'effacer les traces du massacre des étudiants à Lubumbashi en achetant le silence des témoins et en provoquant l'enlisement de l'enquête menée par la commission des droits de l'homme des Nations unies. Sur place, les familles ont été achetées. Quant aux témoins directs qui avaient réussi à s'enfuir en Europe, ils furent, dans un premier temps, approchés par des émissaires qui leur proposèrent une villa pour leur famille, une fonction importante, ou tout simplement de l'argent. Les récalcitrants qui persistaient à avoir de la mémoire et à refuser de se rétracter reçurent alors des menaces, les visant directement ainsi que leur famille, et on leur fit savoir que des commandos avaient été envoyés à cette fin en Europe.

Quant à la très respectable commission des droits de l'homme de l'ONU, elle aurait été victime elle aussi de tentatives de manipulation. Le rapporteur spécial chargé de l'enquête sur Lubumbashi, le Kényan Amos Wacko, qui ne fit qu'un très bref séjour sur le campus, a été nommé procureur général, c'est-à-dire ministre dans son propre pays. Une fois cette fonction acceptée, il lui devint impossible de se rendre en Belgique pour procéder à l'audition des témoins...

Dans le système Mobutu, tout s'achète : les consciences, les intelligences, les opposants, le silence des victimes. Tout n'est qu'intrigue, manœuvre, mensonge. Il y a, comme naguère en Roumanie, la garde de fer de la Securitate, ceux qui ont juré fidélité au Guide, quoi qu'il advienne. Il y a les conseillers prêts à faire défection, les fidèles, les familiers, la noria des opposants courtisés, réprimés, promus. Il y a les pouvoirs apparents et les pouvoirs occultes. Le système Mobutu, c'est aussi une perversion des esprits : la certitude que l'argent peut tout, que le mensonge est une pratique admise, que la fin justifie tous les moyens.

Il est difficile de mesurer le degré de dégradation mentale qu'a représenté le mobutisme : tous les partis politiques ont été infiltrés, mais les familles ont également été divisées, de même que les clans, les régions. La pratique du mensonge, la vénalité, le goût du pouvoir ont engendré, à tous les niveaux, des milliers de « petits Mobutu ». Ils ont partagé les avantages du système, reproduit le comportement du chef, et s'en inspireront longtemps encore après la disparition du Guide...

La centralisation et l'unité du pays

« La paix ne se mange pas ! » criaient les foules lorsque, au printemps 1990, Mobutu entreprit sa tournée de consultations populaires afin de prendre la température de l'opinion. Il fut servi : chaque fois que ses griots et ses animateurs clamaient, comme d'habitude, que le mobutisme avait apporté au pays vingt-cinq années de paix, d'unité, la foule récusait l'argument et criait sa faim, ses frustrations.

Cependant, lorsque viendra l'heure des bilans, l'unité du pays, si elle se maintient au-delà du changement de pouvoir, sera peut-être à porter au crédit du mobutisme. Centralisé à outrance, autoritaire, traversé par le réseau des informateurs et des allégeances parallèles, le mobutisme n'en a pas moins tenté de cimenter ce sous-continent, de l'unifier en une seule entité nationale. Il est vrai que si, jusqu'au fin fond de la brousse, les villageois connaissent le nom de Mobutu, ils ont appris dans le même temps qu'ils étaient zaïrois, qu'ils appartiennent à une seule nation.

La centralisation, déjà prônée par le Mouvement national congolais de Lumumba, a été l'instrument de cette unité. Instrument utile, sans doute, sur le plan politique, mais extrêmement nuisible sur le plan économique. En réalité, la centralisation a consisté à extraire au profit du pouvoir central les ressources de toutes les régions. Cette mise en coupe réglée des provinces a été réalisée par l'intermédiaire des gouverneurs, directement nommés par le Président et responsables devant lui. Ces gouverneurs ne pouvaient en aucun cas être des ressortissants de la province où ils étaient nommés. Le principe de leur mutation régulière visait à empêcher la résurgence des idées sécessionnistes et à réaliser un vaste brassage de populations afin de créer un sentiment d'appartenance nationale. En réalité, les gouverneurs et leurs adjoints ont toujours été perçus comme des relais du pouvoir central, et donc des complices de l'oppression, avec pour principale mission d'étouffer les revendications de leurs administrés...

Si elle peut se justifier théoriquement, cette politique de nominations « tournantes » s'est trouvée en réalité complètement faussée : la plupart des postes de responsabilité étaient occupés par des ressortissants de la province de l'Équateur proches de Mobutu. Le sentiment de la population est moins d'avoir subi un « brassage » nationaliste que d'avoir, dans toutes les régions, été mise à sac par le clan Mobutu.

Le mémorandum rédigé par des fonctionnaires du ministère des Affaires étrangères est très clair sur ce point. Il établit que sur 148 membres du Comité central, 28 étaient des ressortissants de l'Équateur ; que sur 37 officiers généraux, la « région bénie » en compte 18 ; que 18 postes diplomatiques sur 53 sont dirigés par des gens de l'Équateur. Quant aux services spéciaux et de sécurité qui contrôlent le pays, aucun risque n'a été pris : Goga, Ngbanda, Baramoto, Mayele, Nkema, tous sont originaires de l'Équateur.

En réalité, les solidarités claniques, régionales, n'ont jamais été éclipsées, nulle part, par personne. Elles ont transcendé les impératifs du Parti-État, comme elles ont bien souvent brisé les solidarités idéologiques des partis d'opposition. Au-delà des clivages politiques, ces liens ethniques ont aussi permis que se poursuive le dialogue entre le pouvoir et l'opposition, chacun disposant de relais familiaux qui servaient de contacts.

L'un des grands défis de la troisième République sera de trancher entre la centralisation et le fédéralisme. En 1991, alors que la pyramide du pouvoir absolu avait déjà basculé, que pratiquement tous les partis d'opposition plaidaient en faveur d'un fédéralisme plus ou moins poussé, les seules solidarités agissantes demeuraient les solidarités ethniques, bien plus solides que la superposition des étiquettes politiques.

Que subsistera-t-il du système Mobutu après la disparition de son promoteur ? Tout l'édifice n'est-il pas menacé d'effondrement du jour où le ciment de la violence, de la corruption et du totalitarisme aura disparu ? A l'instar des pays d'Europe de l'Est que seul le communisme avait soudés, le Zaïre ne risque-t-il pas lui aussi d'imploser ?

Il est significatif, en tout cas, de constater qu'avec l'avènement de la troisième République tout ce qui rappelait le système a été rejeté en bloc : au lieu d'entonner l'hymne national mobutiste, *La Zaïroise*, l'opposition chantait *Debout Congolais !* Il n'était plus question du Zaïre, mais du Congo ; le Shaba s'effaçait devant le Katanga et les prénoms chrétiens étaient repris comme un défi.

CHAPITRE 7

La Roue de la fortune

Une paisible famille de gorilles illustre le verso du billet de 50 000 zaïres, fraîchement imprimé à la veille de la Conférence nationale. La moue boudeuse du Président s'affiche sur le recto. Les Zaïrois, qui tournent et retournent ce billet valant à l'époque moins de 3 dollars, murmurent : « Quel est le point commun entre le recto et le verso ? Il s'agit de deux espèces en voie de disparition... »

Et pourtant ! Pour essayer de rétablir la situation, le Président n'avait pas lésiné sur la quantité de papier-monnaie. Les billets de 50 000 zaïres avaient été imprimés à Munich et livrés par vol spécial. Sur les 400 milliards de zaïres ainsi fabriqués d'urgence, 200 furent déposés à la Banque nationale et enregistrés ; les autres, par caisses entières, furent acheminés à bord du bateau présidentiel ou à Gbadolite, sa résidence. C'était le grand jeu...

En ville, des rangées de femmes changeaient les billets tout neufs à un cours qui variait d'heure en heure. Militaires, dignitaires du régime, mais aussi participants à la Conférence, tentaient de troquer la manne politique contre des devises qui se faisaient de plus en plus rares.

Pour tenter de conquérir les membres de la société civile venus de province, de s'assurer la fidélité de partis dits « alimentaires », créés de toutes pièces en vue de se faire acheter, pour récompenser le dernier carré des fidèles, le

Président n'avait pas chicané sur les moyens. Il avait distribué les billets tout neufs par valises entières. Lors des séances d'ouverture de la Conférence nationale, les contestataires de l'opposition hurlaient à l'adresse de leurs contradicteurs « Quinze millions ! » ou « Pajero ! ». Car le Président avait aussi fait distribuer des jeeps Pajero. Lors de la réunion plénière, l'esplanade du palais du Peuple était envahie par une longue file de Mercedes rutilantes. Quelques mois avant la rencontre, le pouvoir avait même tenté de détourner l'attention du petit peuple afin qu'il s'intéressât moins à la politique qu'à un argent soudain devenu accessible : alors que les partis réclamaient une Conférence nationale, des élections, qu'ils se battaient pour le pouvoir, les vannes monétaires s'étaient miraculeusement ouvertes. Un certain Michel Bindo avait lancé, à la télévision et à la radio, un jeu miracle. Dans la Cité, il n'était plus question que de *Bindo Promotion* ou d'autres jeux d'argent similaires : *le Panier de la ménagère, SGI, Masamuna Promotion...* Tous les enfants connaissent le principe de Bindo, c'est le jeu de l'avion : chacun mise, recrute dix adeptes, puis, lorsque vient son tour, ramasse dix fois ce qu'il a joué. Et ainsi de suite. Jusqu'à l'heure où il ne reste que les dindons de la farce...

Dans un premier temps, ce fut l'euphorie à Kinshasa ! Depuis le Bas-Zaïre, le Bandundu, l'Équateur, les deux Kasaïs, on se précipitait dans la capitale pour tenter sa chance. Les commerçantes du marché placèrent leur recette, des creuseurs d'or réalisèrent rapidement leurs pépites, des étudiants jouèrent leur bourse, on vendit des parcelles, des maisons pour jouer le plus d'argent possible. Au début, le miracle se réalisa : l'argent était disponible, il était distribué, la tension sociale baissait. Les travailleurs passaient plus de temps devant les guichets de Bindo qu'aux bureaux et dans les usines, il n'était plus question de politique. Bindo, espérait-on du côté du pouvoir, allait peut-être tenir le peuple en haleine jusqu'au 5 décembre, fin du mandat présidentiel de Mobutu, et lui permettre de se proposer pour un nouveau bail.

Hélas, ces brillants calculs furent anéantis par les mauvais joueurs : avertis de l'aubaine, les protégés du régime, les généraux de Mobutu, les Bolozi, Baramoto et autres grosses fortunes, misèrent à leur tour. Par millions. Un patron de presse joua 170 millions de zaïres, un musicien 30, un général 300 millions. Le petit peuple, qui n'avait à sa disposition que des salaires mensuels de 100 à 200 000 zaïres (l'équivalent de 4 à 8 dollars à l'époque), ne pouvait plus suivre. Bindo et consorts non plus. Les liquidités vinrent à manquer, les remboursements s'arrêtèrent. La plupart des joueurs ne retrouvèrent jamais leur mise.

Pour calmer la colère des milliers de victimes, Bindo et ses acolytes furent emprisonnés, leurs biens saisis et vendus afin de rembourser les victimes. Mais la plupart des joueurs ne récupérèrent jamais leur argent. Ils devaient s'en souvenir à l'automne : « Nous récupérons ce que Bindo nous a pris », déclarèrent les pillards chargés de marchandises. La politique reprit alors ses droits et, plus fort que jamais, les Kinois floués réclamèrent « le changement ». Pour une fois, l'argent, pourtant largement distribué, n'avait pas rempli son rôle, il n'avait pas obtenu le silence des mécontents : ces derniers étaient devenus trop nombreux.

Des billets par caisses entières

Au moment de la Conférence nationale, comme durant un quart de siècle de règne mobutiste, l'argent a été le moteur du système. Le quotidien zaïrois *Elima* écrit (9 avril 1991) que « des esprits malintentionnés rapportent que certains dirigeants de partis embarquaient subrepticement de nuit à bord du yacht présidentiel, avec juste un porte-documents ou une petite enveloppe format A4 sous l'aisselle, et en ressortaient, ployant littéralement sous le poids de cartons pleins de billets tout neufs ».

Renforcement de la nomenklatura, ralliement des opposants,

consolidation des fidélités, séduction de ses compatriotes et des étrangers : Mobutu s'est toujours servi de l'argent pour soudoyer les consciences, brouiller les cartes politiques, assurer la pérennité de son règne. Lorsque l'argent venait à manquer, il en faisait fabriquer. Tellement vite, parfois, qu'il est arrivé que les numéros manquent sur les billets distribués aux chefs coutumiers... Si, durant si longtemps, hors du système Mobutu, il n'y eut point de salut, c'est qu'en dehors de ce système il n'y avait pas d'argent.

La présidence, au sommet de la pyramide du pouvoir, était la seule source de revenus, la seule réelle possibilité d'enrichissement, puisque les salaires nominaux étaient misérables et que toute affaire commerciale ou industrielle devait, pour subsister, s'assurer la complicité du pouvoir.

La richesse personnelle de Mobutu fait rêver, mais plus encore l'usage qu'il en fait. Car l'argent, pour ce monarque dispendieux, est plus un moyen qu'une fin en soi. Un moyen d'assurer son pouvoir et sa renommée. Alors que dans les grandes villes sa popularité était déjà en baisse et qu'il avait commencé ses navigations solitaires sur le fleuve, il aimait, pour s'assurer l'attachement des populations riveraines, s'arrêter et distribuer des groupes électrogènes dans les villages. Lorsque les pêcheurs ou les paysans l'acclamaient (en se demandant où ils trouveraient le carburant pour alimenter ces groupes), le Président, naïvement, faisait remarquer aux journalistes étrangers : « Vous voyez, chez moi, je suis aussi populaire que Mitterrand. »

Les groupes électrogènes, les camions ou les jeeps distribués aux hommes politiques ne sont rien : de simples bricoles destinées à entretenir l'amitié. Mobutu offre aussi des villas, au pays ou à l'étranger, à ses proches, à ses ministres, aux opposants dont il veut saluer le ralliement. Amer, il releva, au moment de la Conférence nationale, que la plupart des tribuns de l'opposition se réunissaient dans des maisons qu'il leur avait un jour offertes...

Mobutu est aussi l'homme des cadeaux imprévus : un Belge

fut un jour arrêté parce qu'il détenait une boule de Cesium 137 qui émettait de dangereuses radiations. « C'est Mobutu qui me l'a offerte », expliqua-t-il aux policiers incrédules.

Un électricien de Savigny, en Suisse, a accroché le portrait du président zaïrois à la place d'honneur de son salon. L'homme a aujourd'hui monté sa petite entreprise, il est prospère et reconnaissant : Mobutu est son sauveur. Un jour qu'il travaillait dans la villa que Mobutu possède à Savigny, il osa s'adresser à l'hôte illustre et lui dire qu'avec un modeste prêt il pourrait lancer sa petite affaire. Sans hésiter, le Président lui ramena un verre rempli... de diamants. L'avenir de l'électricien, devenu millionnaire, était assuré.

Les diamants... Lorsque son voisin Bokassa fut traîné devant les tribunaux, Mobutu ne rata aucune séance. Planté devant son téléviseur, il soupira lorsqu'il fut question de Valéry Giscard d'Estaing. « Moi, quand j'offre des diamants, personne n'en parle, je ne fais pas tant d'histoires ! »

Effectivement, avec les cadeaux qu'il offre, en nature ou en liquide, Mobutu ne fait guère d'histoires. Pas de traces, pas de reçus. Rien d'autre que la légende orale. Sa cour se charge de la tisser sur le mode des contes des mille et une nuits. Qui donc tient la comptabilité de ces sommes considérables passées entre les mains du chef ?

Malgré les apparences, Mobutu n'a jamais oublié ses origines modestes de fils de cuisinier. Lorsque, en 1957, le journaliste stagiaire gagnait moins de 100 dollars par mois, il se considérait comme fortuné. D'après le biographe de ses jeunes années[8], Mobutu ne possédait encore, à la fin de 1959, que 6 dollars à son nom alors qu'il a déjà trois enfants. Des fonds importants lui passent entre les mains sous la première République, mais il les utilise par priorité à consolider son armée. Mobutu est alors attentif aux soldes de ses soldats. Il veille à réconforter une armée minée par les rébellions, démoralisée par le manque de moyens. Il demande de l'argent aux Américains et s'assure ainsi de la fidélité des troupes. Par la suite, si les simples soldats ne touchent plus qu'une solde misérable, souvent confisquée par leurs supérieurs, les officiers proches de la présidence, et *a fortiori* les unités spéciales, seront toujours récompensées de leur loyalisme. Mobutu n'hésitera jamais à payer royalement les mercenaires qui l'aident à conforter son pouvoir. Il y a d'ailleurs intérêt : c'est une histoire de soldes non payées qui déclencha la révolte des « affreux » du côté de Kisangani...

Au-delà de l'armée qui garantit son maintien au sommet, Mobutu a voulu créer une classe politique à sa dévotion, dépendante de lui sur le plan matériel. A ses fidèles du parti unique, il déclare : « Enrichissez-vous, et si vous volez, ne volez pas trop en même temps. Vous pourriez être arrêtés. Volez intelligemment, un peu à la fois... »

D'où vient l'argent ?

En 1973, pourtant, lorsqu'il « zaïrianise », il ne suit pas ses propres conseils et fait main basse sur les entreprises belges installées dans le pays. Deux ans plus tard, compte tenu de la débâcle économique, il « rétrocède » : les étrangers peuvent revenir, mais à condition d'être flanqués d'un associé zaïrois... C'est alors que Mobutu et les siens se constituent de colossales fortunes : en plus de l'empire agricole de Celza (voir chapitre 5), Mobutu devient le principal actionnaire de la Banque de Kinshasa et acquiert des intérêts indirects dans les filiales zaïroises de Bell ITT, Fiat, Gulf, Pan Am, Renault, Peugeot, Volkswagen et Unilever. Son vieil ami Tempelsman l'introduit aussi dans le monde du diamant. En 1978, cinquante sociétés zaïroises contrôlées par les barons du régime avaient exporté la bagatelle de 300 millions de dollars ; les plus grandes de ces sociétés étaient placées sous le contrôle de Mobutu ou de ses proches.

Cependant, la fortune de Mobutu ne provient pas uniquement du hold-up qu'a représenté la « zaïrianisation ». D'après certaines sources, il aurait également réussi à faire main basse sur la fortune de Tshombé, ou plutôt du Katanga. Lors de la sécession katangaise, en effet, les ressources minières avaient été directement perçues par la province sécessionniste et un franc katangais avait été créé, qui trouvait sa contrepartie en devises dans les banques belges et suisses. A la fin de la sécession, le franc congolais revint en usage sur tout le territoire de la République, mais le trésor de Tshombé resta en Europe. Mobutu l'aurait récupéré, au moins partiellement, avec la complicité de ses banquiers favoris...

Après la « zaïrianisation » apparaît une nouvelle classe sociale, une bourgeoisie prédatrice qui ne doit sa fortune qu'à la faveur du Prince : ce qu'il a fait, il pourra toujours le défaire. A l'instar de Léopold II, qui s'était taillé le Domaine de la Couronne, à l'instar des chefs coutumiers, qui peuvent concéder des terres à ceux qui le leur demandent, Mobutu distribue alors les immenses richesses de son pays. Plantations de café à Nendaka, qui fut longtemps le fidèle patron de la Sûreté, à Moleka, son compatriote de l'Équateur, à Bemba, le talentueux métis qui servira de prête-nom au Président lorsqu'une compagnie privée, « Scibe Zaïre », entrera en concurrence avec les lignes officielles. Dans son fief de Gemena, sur l'équateur, Bemba a le monopole d'achat du café : ses camions sillonnent les villages, achetant au prix qu'il veut les récoltes des paysans. En contrepartie, il leur fournit des produits de première nécessité.

Au fil des années, la pyramide s'élargit : l'oncle Litho, à la tête de la Société générale d'alimentation, devient de plus en plus riche ; les enfants du Président, surtout son fils Manda, créent leurs propres sociétés, dont Mandova, qui commerce beaucoup avec l'Afrique du Sud, de même que Seti, Bemba et tous les métis qui bravent avec allégresse les sanctions onusiennes... Quel que soit leur rang, tous les dignitaires du régime sont récompensés. Vers la fin des années 80, il n'était pas excessif de considérer que le tiers du revenu national se trouvait aux mains du Président et de sa proche famille !

L'argent permet aussi de coopter. A ce jeu, les enfants

prodigues sont les favoris. Bien des jeunes gens ambitieux tentent d'émerger via un détour par l'exil. Depuis l'Europe, ils lancent des déclarations fracassantes contre le régime, la presse belge leur servant de caisse de résonance privilégiée. Les plus brillants, les plus en voix se font remarquer par l'ambassade, approcher par des émissaires. Il ne leur reste plus qu'à négocier les conditions de leur retour : une maison, ou de préférence une fonction ; un portefeuille ministériel pour les plus brillants, un poste dans une entreprise d'État, une recommandation dans une organisation internationale pour les amateurs de stabilité.

L'un d'entre eux, qui devint ministre, se souvient de son retour au pays : « A peine étais-je arrivé à l'hôtel qu'un militaire vint me trouver dans ma chambre. Cela pouvait tout signifier : une interpellation, une arrestation, un interrogatoire musclé, ou des faveurs. En fait, le militaire était chargé de me remettre, de la part de la présidence, une mallette contenant de l'argent, beaucoup d'argent. Mais je me suis méfié, parce qu'on m'avait dit que des caméras cachées filmaient la scène et qu'ensuite nous serions compromis. »

Pour tout citoyen, qu'il soit opposant ou non, et aussi pour certains étrangers, une audience présidentielle est toujours une aubaine. Qu'il bénéficie à une « *mamma moziki 100 kilos* », ces femmes qui font la loi sur les marchés de Kinshasa, à un notable de village ou à un ancien opposant sur le point d'accepter un poste de ministre, un entretien avec le Président n'est jamais vain. Il se termine toujours par le geste attendu : le président hèle l'un de ses collaborateurs qui se précipite pour sortir l'argent. Toujours des billets, des devises de toute provenance. Les chèques n'existent pas à la cour. Ce qui compte, c'est l'argent visible, palpable. De grosses mallettes circulent ainsi à la présidence, gonflées de billets. Il arrive que l'heureux élu trouve une voiture neuve à sa disposition, ou un billet d'avion pour l'Europe. Bien des opposants qui avaient souffert dans les geôles du régime se sont ainsi vu offrir un voyage en Belgique ou ailleurs, et un traitement dans les meilleures cliniques. S'ils avaient le malheur d'y succomber, c'est la présidence qui payait le rapatriement de la dépouille.

Lorsque sera proclamée la troisième République, Mobutu veillera aux intérêts de son clan : une ordonnance précisera que tous les membres de l'ex-parti unique seront autorisés à garder leur maison et leurs biens...

Si ses proches et ses familiers se lancent dans les affaires, Mobutu, lui, a des besoins beaucoup plus importants — souveraineté oblige — et doit inventer sans cesse de nouveaux moyens d'alimenter sa fortune. « J'ai tant fait pour ce peuple que j'en suis ému, je ne lui dois rien, c'est lui qui me doit », déclare volontiers le monarque. La manière la plus simple d'apurer cette dette est évidemment la dotation présidentielle ; chaque année, durant un quart de siècle, le Parlement, composé de députés du parti unique, l'a votée sans broncher (voir chapitre 5), attribuant au Président 15 à 18 % du budget de l'État. Effaré, M. Lihau, l'un des dirigeants de l'opposition, constatait en 1991 que « la présidence absorbait au minimum 400 millions de dollars par an, du moins pour ce qui en est officiellement connu » ! Lorsque les fonds « officiels » sont épuisés, interviennent les P.-D.G., les banquiers, tous ceux qui, de près ou de loin, ont accès aux devises étrangères et sont priés d'en céder une partie à la présidence qui les a nommés.

Le Zaïre, heureusement pour Mobutu, est un pays riche. Il lui aura fallu vingt-six ans pour le piller. Les entreprises d'État, avant leur privatisation, ont longtemps été l'un des instruments de ce racket. A la tête de la Gécamines, qui produit le cuivre, de la Miba, qui produit le diamant industriel, de la Régie des eaux, de la Société nationale d'électricité, le Président n'a placé que des hommes à lui. Des hommes qui font partie de son conseil privé, à qui il a tout offert et qui ne peuvent rien lui refuser.

Lorsqu'il doit voyager à l'étranger, Mobutu fait téléphoner au P.-D.G. d'une entreprise d'État pour qu'on lui apporte de l'argent. En liquide : l'homme se méfie des chèques. De grosses mallettes arrivent alors, gonflées de billets.

Parfois, ce sont les salaires des travailleurs qui disparaissent ainsi à la présidence, ou un budget prévu pour des biens d'équipement, ou le bénéfice tiré d'une hausse des cours des matières premières. Les experts de la Banque mondiale régulièrement envoyés au chevet du Zaïre sont abasourdis par de telles pratiques. Ils ne se sont pas encore remis de la découverte, en 1978, d'une fuite de 400 millions de dollars : le cours du cuivre avait monté, et tout le bénéfice avait été englouti dans le gouffre de la présidence ! L'intègre Erwin Blumenthal, après son passage à la Banque du Zaïre, rédigea un rapport qui fit grand bruit à l'époque. Il y décrit avec effarement des méthodes qui, au Zaïre, n'étonnent pas grand monde : « En 1979, le Président, qui séjournait à Gbadolite, demande au gouverneur Bofassa de revenir immédiatement de Rome où il séjournait. Le Président lui ordonne par téléphone de venir à Gbadolite par avion et de lui apporter 50 000 dollars en espèces... » Blumenthal poursuit : « M. Mobutu lui-même, quand il devait voyager, convoquait le gouverneur de la Banque centrale qui lui apportait d'importantes sommes en espèces. Je me rappelle qu'une fois, avant un voyage aux États-Unis, le gouverneur lui avait amené une somme de 500 000 dollars, en espèces sonnantes et trébuchantes. De plus, au cours de certains voyages, le gouverneur rapportait des montants supplémentaires plus ou moins équivalents. » Rien d'étonnant à ce que le poste de gouverneur de la Banque nationale ait toujours été éminemment stratégique : après le départ d'Erwin Blumenthal, qui goûta en Allemagne une retraite bien méritée, un fonctionnaire turc fut nommé. Pas pour longtemps : menacé d'empoisonnement, il préféra quitter le pays. Seuls des Zaïrois, hommes de confiance du Président, acceptèrent par la suite d'occuper cette fonction à hauts revenus et à hauts risques. De même, le rapport Blumenthal établit que la contrepartie en devises d'une part importante des ventes de cuivre, de cobalt et de nickel zaïrois ne regagne pas le Zaïre, loin s'en faut : elle est dirigée vers la Suisse, sur des comptes privés...

Simple, discret, le troc est pratique courante. En 1978, déjà, la Banque mondiale avait relevé que 10 % de la production de cuivre étaient livrés directement à la France, à l'Italie et à la Chine, en échange de matériel militaire. Le cobalt a également servi à financer des équipements militaires, ainsi que des autobus que la présidence acheta en 1987 pour désamorcer la colère des étudiants.

Aux nombreux prélèvements à la source s'ajoutent évidemment la multitude des dessous de table perçus sur tous les contrats. Si dans les années 70 tant de projets mirifiques virent le jour au Zaïre (Cité de la Radio, Centre commercial international...), ce n'est pas uniquement parce que le Président voyait grand et calculait mal ses ressources, c'est aussi parce que sur ces immenses contrats ses conseillers et lui-même percevaient d'importants pourcentages.

Le grand dépensier

Cinq, six, sept milliards de dollars, l'équivalent de la dette extérieure du pays... Au moment de la Conférence nationale, les esprits s'échauffaient à Kinshasa, les spéculations à propos de la fortune du Président allaient bon train, chacun épiloguant sur une estimation de la Banque mondiale établissant que les avoirs détenus par des citoyens zaïrois à l'étranger s'élevaient à plus de 10 milliards de dollars, alors que la dette du pays, elle, atteignait 9 milliards de dollars...

Il est certain que des sommes faramineuses sont passées entre les mains de Mobutu. Ses proches et lui-même ont sans doute brassé des milliards, mais que reste-t-il de ces fortunes ? Le kleptocrate a beaucoup gaspillé, beaucoup distribué. L'argent, pour lui, a surtout été un moyen, un jouet.

Les diamantaires anversois se souviennent de la famille Mobutu avec émotion : « Lorsqu'une de ses filles s'est mariée, en 1990, il a acheté tout le stock de bijoux en une fois ; la dernière commande s'élevait à 2 millions de dollars. »

En 1991 encore, lorsqu'elles débarquaient à Anvers, ses femmes achetaient des bijoux créés à leur intention, des imitations de Van Cleef de préférence, et sortaient les millions de leurs sacs à main, quand elles n'abandonnaient pas quelques pierres sur le comptoir. En 1983, la secrétaire particulière de Mobutu fut arrêtée en Belgique, à l'aéroport de Zaventem, avec dans son sac à main un petit viatique : des diamants pour une valeur de 4 millions de dollars. L'imprudente aurait mieux fait de respecter la tradition et de glisser le paquet dans la valise diplomatique !

A chaque fois qu'ils se rendaient aux États-Unis, Mobutu et sa suite se comportaient « comme des enfants dans un magasin de sucreries », rapportent les journalistes locaux. Les Zaïrois avaient envie d'acheter tout ce qu'on leur présentait, louaient des suites dans les palaces de Disneyland, commandaient des avions privés, des équipements électroniques.

En 1987, alors qu'il se rendait au Québec pour participer au sommet de la francophonie, Mobutu s'arrêta dans le Maine pour y dîner avec son vieil ami du temps de la CIA, George Bush. Les deux jours de pension à l'hôtel Bayview se soldèrent par une note de 60 000 dollars[9].

Mobutu, ses proches, ceux qui singent la cour ou vivent à ses crochets, ne sont pas des riches honteux. Leur argent, ils aiment à le montrer : ils paient comptant, sortent de gros billets de préférence au compte juste, et, dans les magasins bruxellois ou parisiens, négligent de ramasser la monnaie.

Au fil des années, Mobutu a pris l'habitude de vivre comme un vieux chef africain, entourée de sa cour. L'un de ses conseillers le déplore : « On fait appel à lui pour tout, on lui demande de régler les plus petits problèmes. Autrefois, l'oncle Litho s'occupait de l'intendance ; aujourd'hui c'est le Président lui-même qui doit veiller que sa cour ne manque de rien. »

Sa cour ? Selon certaines estimations, il s'agit d'un millier de personnes qui vivent autour de lui en permanence —

parents, conseillers, amis, parasites familiers des cours africaines qui s'incrustent aussi longtemps qu'il reste quelque chose à grappiller. La parentèle et les profiteurs patentés sont dépensiers : on estime que chacun d'entre eux coûte à la présidence environ 1 000 dollars par jour. Mille bénéficiaires, 1 000 dollars. Le compte est clair : la présidence absorbe 1 million de dollars par jour.

A un tel rythme, si elles ne sont pas constamment renouvelées, les réserves s'épuisent vite. Car à ces faux frais quotidiens s'ajoutent toutes les autres dépenses : voyages, médiations, dépenses politiques, sans oublier les budgets de la Sécurité, la rétribution des milliers d'informateurs réguliers ou occasionnels, les salaires des unités d'élite chargées d'assurer la sécurité du Chef. A n'importe quel prix...

Alors qu'il se trouvait sur son bateau, au moment de la Conférence nationale, Mobutu dut affronter le mécontentement de l'un de ses conseillers qui lui reprochait sa mesquinerie. L'homme, qui avait rendu de signalés services, réclamait un modeste salaire de 100 000 dollars et le Président renâclait : « Où vais-je trouver une telle somme ? »

C'est que la fortune de Mobutu, si elle est sans doute considérable, n'est pas facile à réaliser. Elle consiste pour l'essentiel en participations dans des sociétés zaïroises ou étrangères (sud-africaines notamment), et, de manière spectaculaire, en placements immobiliers.

A son ami Mervyn Dymally, le parlementaire américain président du Black Caucus, qui l'interrogeait un jour sur ses maisons, ses châteaux, Mobutu répondit dans les mêmes termes qu'aux journalistes : « Auparavant, lorsque je voyageais en Europe, je me contentais des hôtels. Mes amis européens me disaient alors combien il était difficile d'assurer ma sécurité dans de telles conditions. Ils me persuadèrent d'acheter quelques maisons, soulignant que, finalement, cela ne me reviendrait pas beaucoup plus cher. » Même s'il y séjourne rarement ou se contente d'y envoyer ses proches, Mobutu s'est donc offert quelques résidences en Europe. En Belgique, parmi ses propriétés connues, figurent, dans un rayon de 10 kilomètres, à cheval sur les communes résidentielles d'Uccle et de Rhode-Saint-Genèse, un château avec parc et écuries, un domaine, quelques villas, des appartements, soit plus de dix propriétés luxueuses réservées en permanence à son clan. En France, même s'il possède avenue Foch un appartement de 800 mètres carrés, le Président préfère malgré tout résider à l'hôtel Crillon. Avenue Foch, nous dit-on, la zélée parentèle aurait commis quelques dégâts et l'appartement ne serait plus en état. De même, le Président ne passe pas beaucoup de temps dans sa luxueuse villa suisse de Savigny, dont l'entretien est assuré par une équipe de vingt-cinq personnes dirigée par un couple belge qui fut naguère recommandé à Mobutu par son « cher cousin » le roi Baudouin. La législation suisse sur la résidence l'oblige cependant à passer au moins une nuit par an dans l'une des trente-deux pièces de la demeure, mais, le reste du temps, le Président préfère l'hospitalité de son ami le financier suisse Nessim Gaon, qui le loge au Noga Hilton à Genève, à moins qu'il ne séjourne dans la clinique de Val-Mont, au-dessus de Montreux, un établissement spécialisé dans les traitements régénérateurs qui rendent leur énergie aux grands de ce monde. Si Mobutu dédaigne sa villa de Savigny, c'est qu'elle appartenait à sa défunte épouse Antoinette et est aujourd'hui le fief de ses enfants du premier lit, avec lesquels ses relations ne sont pas toujours au beau fixe. En 1991, la résidence abritait aussi l'un des tueurs de Lubumbashi qui y jouissait du calme et de l'impunité de la campagne suisse.

Lorsqu'il navigue entre la France et la Suisse, Mobutu préfère sa résidence du Cap-Saint-Martin. Là, au moins, protégé par de hautes murailles, sirotant son champagne rosé au bord de sa piscine, il se sent en lieu sûr et se moque volontiers des services de sécurité français, qui trouvent sa présence un peu encombrante et ne sympathisent guère avec sa garde personnelle.

En Espagne aussi, Mobutu possède quelques biens : un

palais du XVIᵉ siècle à Valence, des villas à Torremolinos, sur la Costa del Sol. Au Portugal, terre de prédilection de son ami Seti, métis d'origine portugaise, Mobutu a fait quelques investissements dans l'Algarve. Pour plus de sécurité, il a nommé Mbia, l'un de ses fidèles de la Sécurité, au poste d'ambassadeur, afin qu'il veille sur ses propriétés.

Au fil des années, Mobutu s'est également laissé séduire par l'Afrique : il a investi en Côte-d'Ivoire, il s'est acheté une propriété à Dakar, dans le quartier des Almadies, et possède un palais au Maroc. Afin de s'assurer les grâces de son hôte Hassan II, qui avait d'ailleurs joué les bons offices au cours de l'avant-dernière querelle avec la Belgique, en 1988-1989, Mobutu avait d'ailleurs consenti un don de 30 millions de francs belges pour l'immense mosquée en construction à Casablanca.

A Kinshasa, la rumeur publique a parfois présenté le Maroc comme un havre éventuel en cas de départ précipité du président. Seule objection : le roi Hassan II, malgré toute son amitié pour Mobutu, accepterait-il d'héberger également un clan aussi nombreux et remuant ? Radio-Trottoir la bien informée, l'imaginative, faisait également état de retraites peu probables en Corée du Sud, et surtout d'investissements considérables au Brésil. Mobutu, désireux sans doute de n'être pas dépaysé, aurait tenté d'acheter dans la région de Rio Grande do Sul un territoire immense, aussi vaste qu'une province et... riche en diamants.

De nature à enflammer les imaginations, la fortune de Mobutu est placée en grande partie dans des propriétés immobilières, au pays et à l'étranger. D'où son caractère spectaculaire, mais également sa fragilité. Au pays, en effet, il ne fait aucun doue que les résidences présidentielles construites ou aménagées à grands frais dans toutes les provinces seront pillées dès la fin du règne par les populations locales ; à l'étranger, les châteaux, les résidences immenses, dont les coûts d'entretien sont astronomiques, dont certaines même sont hypothéquées, sont littéralement invendables. Sauf aux promoteurs ou aux spéculateurs qui attendent l'heure de la curée et rachèteront pour une bouchée de pain les mirifiques domaines...

Si on en arrive un jour à l'heure des comptes, ceux de Mobutu réserveront peut-être des surprises : nombre d'indices laissent à penser que sa fortune est moins considérable que ne l'estiment ses compatriotes. Importante, certes, mais difficile à réaliser, et surtout mal placée, mal gérée, confiée à des mains inexpertes ou malhonnêtes. « Il a aussi mal géré sa fortune personnelle que son pays, disent ses détracteurs. Il a laissé ses proches le dépouiller. D'autant plus facilement qu'il dépensait sans jamais rien calculer, rien contrôler. » L'arithmétique était peu compatible avec sa dignité, sinon avec ses capacités. Il préférait abandonner l'intendance à des hommes en qui, à tort ou à raison, il avait placé sa confiance. Seti Yale, par exemple.

Ce dernier, gérant des deniers de Mobutu, veilla aussi à ses propres intérêts, montant sa propre compagnie d'aviation privée, la Sicotra. Deux petits-porteurs Twin Otters et un Boeing 707 font partie de cette flotte, qui comprend aussi des avions d'affaires Falcon. Ces derniers sont immatriculés et peints aux couleurs suisses, mais constamment affrétés au Zaïre. Des années durant, les appareils de Seti s'envolaient chaque jour pour l'Afrique du Sud. A l'aller, ils transportaient quelques richesses du Zaïre, des diamants, du café, de l'or, voire du cobalt, et rapportaient au retour de la viande fraîche revendue à prix d'or à Kinshasa. Les activités de la Sicotra, qui emploie quatre cents agents, vont de l'exploitation agricole au transport aérien en passant par le transport fluvial et le commerce de détail. Seti, l'homme de confiance, savait compter : tous ses déplacements étaient soigneusement facturés au compte de la présidence. Il n'y a pas de petits profits ! Les pillards de septembre 1991 ne s'y sont pas trompés : ils ont dévasté les ateliers de la Sicotra, à N'Dolo, sabotant les petits avions avec lesquels, disaient-ils, les privilégiés auraient pu tenter de prendre le large. Seti n'est pas ruiné pour autant :

l'essentiel de sa fortune a été placé dans l'industrie touristique portugaise.

Au moment de la Conférence nationale, alors que les fidèles de Seti balançaient encore entre le Président qu'il avait servi pendant si longtemps et ceux de son clan passés à l'opposition, ses amis Kengo et Tambwe Mwamba — qui avait longtemps dirigé le fructueux Office des douanes — fondaient l'Union des démocrates indépendants. Ces hommes, parmi les plus grosses fortunes du Zaïre, envisageaient de rapatrier la moitié de leurs biens à l'étranger tout en soulignant, non sans ironie, qu'il fallait que soit préalablement rétabli un climat de confiance...

A cette époque, il était permis de penser que les proches de Mobutu, les barons du régime, étaient devenus aussi riches que lui-même, sinon plus. Certes, il lui avait été attribué plus d'argent, mais il avait dû faire face à beaucoup plus d'obligations et n'avait jamais appris à compter...

Du reste, tous les vieux chefs de sa génération ont fini de la même manière. Que reste-t-il du milliard de francs belges que Nendaka fêta un jour avec éclat ? Des sommes folles accumulées par Bomboko ? L'argent gagné ou volé avec tant de facilité n'a pas été thésaurisé, les investissements réalisés au pays ont été minces ou d'une rentabilité fugace. Au cours des trente premières années d'indépendance, c'est une véritable économie de cueillette qui a été pratiquée au Zaïre...

De cueillette et de pure ostentation. Lukusa, P.-D.G. célèbre, aimait choisir des Mercedes assorties à ses costumes. Kengo wa Dondo, qui appliqua longtemps — au détriment des budgets sociaux — une politique d'austérité louée par le FMI, se fit construire sur la colline de Binza, où tous les officiels ont planté leurs opulentes villas, une demeure semblable à la Maison-Blanche. Choqué par les critiques, l'ancien Premier ministre répliqua vertement que sa villa n'était rien à côté de celle de Beyeye Djema, l'un des plus proches conseillers du Président.

Malheureux Beyeye ! Cet homme affable, qui fut longtemps

précepteur des enfants de Mobutu avant de diriger l'Office zaïrois de contrôle, poste travaillant en étroite liaison avec le ministère des Finances et les Douanes, fut, au début de 1991, victime d'une mésaventure illustrant les difficultés d'un régime en déclin, où tous les coups étaient permis. Alors qu'il venait de débarquer dans un hôtel genevois, il s'aperçut qu'on lui avait dérobé son passeport et tous ses documents d'identité. Doté de ces pièces d'identification, le voleur s'était rendu à l'aéroport de Cointrin, où il s'était fait remettre le colis que Beyeye était censé convoyer : quatre-vingts kilos d'or, pour une valeur de 1 million de dollars ! Dénonçant le guet-apens, affirmant que cet or avait été placé à son insu sur le vol de la Swissair — car le gouverneur de la Banque du Zaïre de l'époque, le bien nommé Pay Pay, voulait le couler aux yeux du Président —, Beyeye prévint la police suisse. A toutes fins utiles, il avertit sa banque à Bruxelles, la Belgolaise, évidemment.

Le voleur, lui, n'avait pas perdu son temps : il avait pris le premier vol pour Bruxelles, avait réussi à vendre l'or volé, puis s'était rendu à la banque où il fut identifié par les caméras de l'établissement. Il n'obtint pas accès au coffre de Beyeye. Heureusement pour ce dernier : le coffre, en sus de quelques bijoux, contenait la modeste somme de 3 milliards de francs belges...

Si la première génération de notables réussit à s'enrichir grâce à la « zaïrianisation » et à la mise en coupe réglée des richesses du pays, la seconde génération dut faire preuve de plus d'imagination. Ces enfants issus de la caste privilégiée avaient pris l'habitude de l'argent abondant et facile, mais, pour entretenir le flux, ils durent recourir aux escroqueries. L'affaire Beyeye n'est que l'une d'entre elles : « son voleur » était en réalité l'ami et le complice de l'un des fils du Président ; il n'avait eu accès à la combine que grâce à des informations fournies en haut lieu.

Disposant de passeports diplomatiques, de complicités dans les ambassades, la nouvelle génération zaïroise applique avec frénésie les principes de base du régime, et surtout le fameux slogan inversé du MPR : se servir et non servir. C'est ainsi que les valises diplomatiques défraient régulièrement la chronique : elles transportent de l'or, des diamants, mais aussi de la drogue. A Bruxelles, un Bureau des escroqueries zaïroises a été créé spécialement à cet effet, qui travaille en étroite collaboration avec le SNDIFF (le Service national des documents d'identité faux et falsifiés). L'une des principales activités de ce service consiste à détecter les faux passeports, les documents falsifiés qui se vendent à prix d'or partout en Europe. A Kinshasa même, il est très facile de se procurer ces faux papiers : il suffit de les acheter au marché, où se trouvent également de fausses cartes d'étudiant, ou encore, vendues plus cher, de fausses cartes des services de sécurité...

En général, cependant, les « gosses de riches » envoyés en Europe se comportent plutôt bien. Habillés avec recherche, hautains, ils fréquentent les boîtes de luxe et regardent avec commisération leurs compatriotes plus modestes ou les étudiants belges désargentés. Ils étudient ou, à défaut, tentent vainement d'acheter leurs diplômes, et se lancent parfois dans les affaires.

Le véritable danger ne vient pas d'eux, car cette jeunesse dorée est très peu politisée. Beaucoup plus redoutable est le dernier carré de l'entourage de Mobutu : ces hommes sans autre qualification ou titre de gloire que la confiance relative du Président n'ont pas de position de repli et sont prêts à tout pour protéger leurs privilèges et leurs revenus. Jusqu'au bout, Mobutu sera partagé entre le désir de sauver sa propre situation et l'obligation morale où il se sent de protéger cet entourage et de le soustraire à la vindicte de la population...

Une large redistribution

S'il est difficile d'évaluer la fortune de Mobutu et de son clan, il serait tout aussi périlleux de la juger à l'aune de la morale européenne. Car le système a véritablement fonctionné par capillarité. D'immenses réseaux ont été irrigués au gré de circuits peu mesurables. La pyramide de l'argent avait des bases très larges et il n'est pas exagéré de dire que plusieurs millions de Zaïrois — cinq au minimum — ont, à un moment ou à un autre, bénéficié de la redistribution. C'est aussi la raison pour laquelle le mobutisme sera très difficile à extirper...

Ce système ne fut assurément pas fonctionnel en termes de développement. Mais il le fut en termes de pouvoir : après tout, ce n'est pas pour rien que le règne de Mobutu a duré si longtemps et que le maréchal-président s'est révélé si difficile à déloger du sommet de sa pyramide... Si les révoltes furent sporadiques, c'est sans doute parce que l'opposition était mal organisée. N'est-ce pas aussi parce que, dans ce vaste *Bindo* de la politique et des clans, chacun espérait secrètement pouvoir récupérer un jour sa mise ?

CHAPITRE 8

Un État contre le développement

« Sire, on vous l'a cochonné ! » clamait le général Janssens en 1960 devant la statue de Léopold II. Il ne faisait qu'anticiper. Trente et un an après l'indépendance, vingt-six ans après la prise de pouvoir de Mobutu, l'expression est sur toutes les lèvres : le pays est « par terre ».

Lors de la proclamation de l'indépendance, le Congo belge était considéré comme une colonie modèle. Bien sûr, il y avait le « portefeuille », c'est-à-dire les avoirs des sociétés congolaises détenus par la Belgique ; il y avait une dette publique de 3 milliards de francs belges ; et le revenu moyen des Congolais était encore très bas. Trente ans plus tard, cependant, c'est avec nostalgie que les plus âgés des Zaïrois se souviennent des routes, des écoles, des liaisons fluviales, du réseau de soins de santé mis en place par les Belges. Ils se rappellent un temps où ils mangeaient trois fois par jour, où la maladie du sommeil semblait vaincue et où la malaria régressait. Parfois, leur nostalgie est telle qu'ils en oublient les frustrations, les humiliations de l'ère coloniale ; ils ne veulent alors se souvenir que d'un pays où chacun trouvait sa place, en haut ou au bas de l'échelle. Un pays où régnait l'ordre, à défaut d'une certaine justice...

Mobutu, lui, a laissé le Zaïre dans un état de sinistre total. Quelle est donc cette paix tant vantée qui a détruit les routes, mis les bâtiments publics hors d'usage, transformé les hôpitaux en mouroirs et les écoles en taudis ? Après un quart de siècle de paix mobutiste, le Zaïre s'est réveillé comme au lendemain d'une guerre : vidé, épuisé. Dans ce sous-continent, plus rien ne fonctionne : ni les liaisons téléphoniques (les fils sont parfois volés et revendus, la redevance au satellite américain n'est plus payée), ni les transports en commun, ni les lignes aériennes régulières. A Kinshasa, immense métropole de quatre millions d'habitants, les gens marchent. Avant l'aube, des cohortes se mettent en route. Cheminant dans la poussière. Les femmes vont chercher des fagots de bois de chauffage dont elles feront commerce, les hommes essaient de gagner leur lieu de travail pour un salaire qui ne couvrirait même pas le prix de leur transport en autobus. Sur les marchés, c'est le commerce de l'infiniment petit : on vend des pattes de poulet, des gésiers, des poissons minuscules qui feront la soupe de ce qu'on appelle ici le « gong unique », ce repas dont on se passe un jour sur deux... Les bananes sont vendues à la pièce, les cigarettes à l'unité, les antibiotiques, qui chauffent au soleil, sont détaillés gélule par gélule. On vend aussi, pour les amateurs, de fausses cartes de police qui ouvriront bien des portes.

Les gens de la brousse se sont détournés de la ville, devenue inaccessible. Ils se sont repliés sur leurs villages, leurs cultures traditionnelles, ils échangent leurs marchandises, redécouvrent le troc. Seuls les commerçants ambulants passent parfois et proposent des produits de base à des prix prohibitifs. Le prix d'un verre de sel ou d'un savon dépasse celui d'une journée de travail... L'État, aux yeux des paysans, n'est plus qu'une entité lointaine qui envoie des cohortes de voleurs, de soldats sans solde, d'agronomes plus prodigues d'amendes que de conseils, de commissaires de zone qui tenteront de rafler les rares avoirs des gens de la terre...

Tous les chiffres l'attestent : la paix mobutiste a été pour le Zaïre un désastre total ; à tous égards, la situation est pire qu'au moment de l'indépendance.

Le degré zéro de l'économie

Cruel, le rapport du Pnud sur le développement humain place le Zaïre en queue du peloton des pays les plus pauvres[10]. Les données statistiques du Pnud sont récoltées auprès des diverses agences des Nations unies et soigneusement recoupées. Bien souvent, pour le Zaïre, les chiffres manquent : le pays se trouve en deçà des statistiques...

Il est en tout cas l'un des rares pays dont le produit national brut enregistre une croissance négative : –2,1 % par habitant en 1990, alors que la croissance démographique est de 3,3 %. Le PNB du Zaïre, de 170 dollars par habitant, est inférieur à celui de l'Inde (340), de Haïti (380). Il est le même que celui du Bangladesh, mais dépasse tout de même celui de l'Éthiopie (120).

Comparés aux dépenses d'ordre militaire, les budgets sociaux sont particulièrement significatifs : les dépenses publiques pour l'enseignement représentent 0,4 % du PNB, contre 2,4 % en 1960 ; les dépenses de santé en représentent 0,8 %. Ces chiffres sont parmi les plus bas au monde. Le Pnud évalue les dépenses militaires à 250 fois les sommes consacrées à la santé et à l'enseignement ; il constate que ces mêmes dépenses militaires représentent 3,7 fois le montant de toute l'aide au développement que reçoit le Zaïre. L'assistance internationale, avant la suspension de nombreux crédits, était devenue la principale source de devises du pays, mais 18 % seulement des sommes reçues étaient affectées aux secteurs sociaux.

Quant à la mortalité infantile, elle est de 132 pour mille. Selon le Pnud, un enfant sur cinq meurt avant l'âge de cinq ans. Que les Zaïrois comptent parmi les plus pauvres d'Afrique est d'autant plus scandaleux qu'au moment de l'indépendance leur pays n'était pas dépourvu d'infrastructures sociales et, surtout, qu'il s'agit d'un pays fabuleusement riche. Bien géré, le Zaïre aurait pu rivaliser avec l'Afrique du Sud !

Il est le premier producteur mondial de cobalt et de

diamants industriels, le sixième producteur de cuivre. Il possède d'importantes mines d'or, des ressources en zinc, manganèse, cadmium et uranium. Café, coton, huile de palme jadis, le Zaïre possède des cultures d'exportation, mais surtout un secteur vivrier important, présent jusque dans les villes où l'argent manque. A Kinshasa, les femmes cultivent le manioc sur les bas-côtés des avenues coloniales, il y a des haricots dans les parcelles, de la volaille au fond des cours. La campagne a envahi la ville et permet à ses habitants de subsister.

La faillite de l'État postcolonial

Le Zaïre d'aujourd'hui se caractérise par une faillite totale de l'État postcolonial. Partout où l'État, en échange de ses ponctions, devait fournir des services ou un minimum d'infrastructures, il n'y a plus rien. L'État, en contrepartie d'une certaine unité, n'a été qu'un instrument de pillage, d'appropriation de la richesse nationale.

Cette faillite n'a peut-être pas été accidentelle : c'est en profitant des carences de l'État, dans ces zones immenses et incertaines où son autorité ne s'exerce plus, que de nouvelles affaires se créent, que des fortunes peuvent encore s'édifier. L'initiative privée a pris racine partout où l'État s'est retiré. Des privilégiés, des P.-D. G. d'entreprises publiques, des anciens ministres, dont le capital de base avait été accumulé grâce aux commissions et au détournement de fonds d'État, ont pu se lancer dans les affaires et s'y tailler de jolis succès.

Au-dessus du petit peuple qui se débat, la classe dominante s'est débrouillée pour vivre malgré tout, et plutôt bien. Pas de téléphone ? Peu importe : quelques « super-riches » se sont offert un téléphone satellitaire qui les met en communication avec le reste du monde. D'autres privilégiés — quelque deux mille cinq cents abonnés à Kinshasa — se sont dotés d'un « telecel », un appareil cellulaire portable. Jamais ils ne quittent ni ne coupent le précieux « bip » qui les met en rapport avec tous ceux qui comptent. Aux autres, ils n'ont rien à dire.

La poste ne fonctionne pas, le courrier est incertain, les fonctionnaires multiplient les grèves ? Quelle importance ? Des sociétés de courrier privées réalisent de plantureux bénéfices, des motards apportent les plis urgents à toute heure du jour, dans toute la ville.

La compagnie Air Zaïre, trop souvent réquisitionnée pour les *minitrips* du Président et de ses proches, est en faillite ? Tant mieux. Ainsi, elle sera plus rapidement privatisée. Elle pourra être rachetée par le patron de Scibe Zaïre, le diligent Bemba, qui dirige déjà une flotte d'avions privés.

Les carences de l'État font l'affaire des privilégiés. Dans le domaine de la santé, par exemple. Les pauvres n'ont pas le choix, mais plus personne de sensé ne voudrait se faire soigner aujourd'hui dans les hôpitaux de Kinshasa, où les malades doivent apporter leurs draps, leurs médicaments, leur nourriture, mais aussi les gants stériles du chirurgien. C'est pour cette raison que les tenants du régime se rendent si régulièrement à l'étranger : en Afrique du Sud, en Belgique et même en Suisse, ils reçoivent des soins médicaux appropriés. Frais de mission et soins à l'étranger comptent pour 25 à 30 millions de dollars, chaque année, dans le budget de l'État. Pourquoi, pour qui les tenants du régime construiraient-ils de nouveaux hôpitaux alors qu'il est tellement plus agréable de se faire soigner en Europe ? Il se trouve même des gosses de riches qui viennent toutes les trois semaines à Bruxelles faire resserrer l'appareil destiné à corriger leur dentition...

L'incurie, le désengagement de l'État obligent les citoyens à trouver d'autres solutions : les dispensaires privés se sont multipliés, et jamais on n'a vu à Kinshasa autant d'écoles privées ou de cours par correspondance.

D'après la Banque mondiale, si le Zaïre est l'un des pays les moins bien pourvus en services, c'est aussi l'un des pays d'Afrique où le taux de participation financière de la population est le plus élevé : les parents, malgré leurs bas revenus, assurent eux-mêmes 75 % des frais d'éducation de leurs enfants[11]. En 1991, la crise était telle que les parents ont dû demander aux autorités de reporter la date de la rentrée scolaire : ils n'avaient pas les moyens d'en assurer les frais.

Dans le domaine de l'approvisionnement aussi, la pénurie pour tous engendre des superprofits pour quelques-uns. C'est par avion que les légumes du Kivu sont acheminés quotidiennement vers Kinshasa, et vendus fort cher. A court terme, une telle opération est plus rentable que de réparer les routes, ce qui intensifierait les échanges et ferait baisser les prix. Profiter de la pénurie rapporte plus qu'organiser l'abondance. Tout ce qui est rare est cher, tout ce qui est cher rapporte. Ceux qui ont pillé l'État zaïrois sont les mêmes qui tirent profit de ses carences.

« Les dépenses gouvernementales au Zaïre se caractérisent avant tout par le déclin des dépenses de développement, par l'absence d'investissement, dans les ressources humaines en particulier. La Défense, la Sécurité, les Affaires étrangères, les fonctions administratives et politiques absorbaient en 1987-1989 quelque 62 % du budget hors dette, alors que les dépenses en matière d'éducation et de santé n'absorbaient que 22 % des ressources, tandis que l'infrastructure ne représentait que 8 % des dépenses[12]. »

En réalité, l'État a complètement abandonné au secteur privé, aux individus et à l'aide étrangère les secteurs de l'éducation, de la santé, bref, tout ce qui concerne le développement humain. Aux yeux de la Banque mondiale et des principaux donateurs, un désintérêt aussi manifeste est devenu insupportable, non seulement pour des raisons « humanitaires », mais aussi parce que le « développement » est censé entraîner une certaine insertion des populations dans les circuits économiques mondiaux. Vers la fin de l'ère Mobutu, des millions de Zaïrois se trouvent en plein « décrochage » par rapport à l'économie dite moderne...

Si le Zaïre de Mobutu a atteint le degré zéro de l'économie, il a mis trente ans pour y parvenir, car ses ressources étaient considérables. Cette mise en coupe réglée du pays a été une entreprise de longue haleine, et le régime a longtemps pu compter sur le soutien de ses amis étrangers pour la mener à bien.

La diversification des dépendances

Dans un premier temps, Mobutu le publiciste a réussi à tromper son monde. Lorsqu'il prend le pouvoir, en 1965, les Belges, naïvement, croient encore qu'il prépare le terrain en vue d'un retour définitif de Tshombé aux affaires. Ils ont tôt fait de déchanter : le général, au lieu de s'entourer de politiciens traditionnels, choisit de jeunes universitaires nationalistes et s'en prend rapidement aux privilèges de l'Union minière. Dénonçant les derniers accords passés avec Tshombé, il s'en prend aux milieux financiers belges et se bat pour que l'État puisse reprendre le contrôle de ses ressources minières. Promulguée le 7 juin 1966, la loi Bakajika rend à la République du Congo la disposition de tous ses droits fonciers, forestiers et miniers. Le régime exige aussi la création à la place de l'Union minière, d'une société de droit congolais et le transfert à Léopoldville du siège de ses activités[13]. Une nouvelle société minière apparaît, la Gécamines (Société générale congolaise des minerais), appelée à exploiter les gisements du Katanga, à traiter les minerais et à les vendre. La part de l'État congolais y est de 60 %.

Cette volonté de prendre le contrôle des ressources minières est saluée par les milieux nationalistes congolais. Elle est également approuvée par les Américains, qui, partout en Afrique, sont en concurrence avec les anciennes puissances coloniales.

Il faudra quelques années pour que le malentendu se dissipe : si Mobutu entend prendre ses distances vis-à-vis des « milieux financiers belges », c'est surtout pour diversifier les dépendances de son économie et substituer aux Belges d'autres partenaires, Américains, Japonais, Italiens... Si le Congo veut contrôler la rente minière, c'est parce que le nouveau régime a besoin d'une assise financière importante pour se consolider. Le contrôle des ressources d'exportation bénéficie à l'État, mais surtout à ceux qui l'ont accaparé. Le revenu national n'est pas redistribué au profit de l'ensemble de la population, il sert à conforter le pouvoir et ses alliés.

Cependant, si l'État congolais obtient alors ce qu'il considère comme l'essentiel, c'est-à-dire le contrôle des ressources de son sous-sol, la portée de sa victoire reste limitée. Les Belges restent en place malgré l'apparition d'autres partenaires : la Société de développement industriel et minière du Zaïre (Sodemiza), un consortium où les capitaux japonais sont majoritaires, et la société minière de Tenke-Fugurume, où se retrouvent des capitaux sud-africains, américains, anglais et français, qui reçoit les concessions minières les plus riches du Katanga et qui est censée concurrencer un jour l'Union minière.

Quant à cette dernière, sa « défaite » est toute relative : une nouvelle société belge, la Société générale des minerais, agit désormais au titre d'agent de vente des produits miniers congolais. Elle ira jusqu'à percevoir 6 % du chiffre d'affaires de ce qui deviendra la Gécamines...

Qu'il s'agisse du transport (via l'Agence maritime internationale), de la transformation (dans les raffineries de Hoboken Overpelt) ou de la commercialisation des minerais, les milieux financiers belges ont réussi à préserver l'essentiel, c'est-à-dire leurs bénéfices en aval. Faut-il rappeler que c'est en amont, au stade de l'exploitation, que se prennent les risques : c'est là qu'il faut s'équiper en matériel coûteux, là qu'il faut recruter des hommes pour arracher ses trésors à la terre, là que doivent être consentis les investissements les plus importants. En amont, les Zaïrois seront laissés seuls...

Précieuse Belgolaise !

Par la suite, désireux de briser le monopole de la vente des produits Gécamines par la SGM, le Zaïre créera sa propre société de commercialisation, la Sozacom. Le produit des transactions effectuées par cette dernière transitera toujours par la banque belge Belgolaise, qui percevra au passage une commission pouvant aller jusqu'à 2 % des montants en jeu. La Belgolaise, moyennant commissions, assurera les préfinancements des ventes de la Sozacom, ce qui contribuera à l'endettement de la société zaïroise. Le FMI mettra le holà à cette pratique et la Sozacom sera finalement dissoute.

Ce rôle particulier de la Belgolaise, filiale de la Société générale de Belgique, a été mis en évidence par la « commission de clarification » zaïroise qui se rendit à Bruxelles en 1988 lors de la grande brouille entre les deux pays. Démontrant que la Belgique avait retiré plus d'argent du Zaïre qu'elle ne lui en avait jamais apporté, les membres de la délégation rappelèrent que « les exportations de la Gécamines, de la Miba (diamants), de Sominki et Kilo Moto (or), du thé et du café zaïrois, drainaient annuellement vers la Belgique 2 milliards de dollars, à raison de 1,2 milliard pour la seule Gécamines ». En outre, souligna la commission, « les fonds destinés au fonctionnement de nos 55 ambassades à travers le monde transitent par la même banque belge, de même que les traitements de tous les expatriés travaillant dans les entreprises d'État[14] ». Parallèlement à ces mouvements de capitaux en provenance du Zaïre, tous les transferts de fonds multilatéraux (crédits de la Banque mondiale, du FMI, de la Banque africaine de développement) transitaient par la même banque bruxelloise. De tels avantages n'étaient pas sans réciprocité : la nomenklatura zaïroise s'était habituée à considérer la Belgolaise comme sa banque attitrée. Les dirigeants y déposaient leurs capitaux et, en contrepartie, se voyaient consentir de multiples facilités de crédit, depuis les avances sur recettes et les prêts individuels, jusqu'au financement du barrage de Mobayi, à 10 kilomètres de Gbadolite. Malgré les objections de la Banque mondiale, qui doutait de la viabilité technique et financière du projet et ne le considérait pas comme un investissement prioritaire, Mobayi fut cependant réalisé dans les années 80 grâce à un montage élaboré avec l'aide de la Société générale de Belgique. Celle-ci obtint de l'État belge un modeste prêt d'1 million de dollars pris sur le budget de la coopération au développement, et la Banque africaine de financement fut associée au projet, financé en bonne partie par la société belge. Tractebel, Safricas, plusieurs sociétés belges associées à la Générale, furent chargées de réaliser le barrage.

La décennie des éléphants blancs

Durant les dix premières années du régime, la rente minière est considérable : elle représente 80 % des exportations du pays ; en 1970, les contributions de la seule Gécamines représentent la moitié du budget de l'État. Une telle concentration des ressources découle directement des structures économiques léguées par la colonisation, et le régime Mobutu ne fera rien pour les modifier, bien au contraire. Tous les projets du régime sont axés sur l'accroissement des exportations minières. Désireux d'élargir le groupe des bénéficiaires du régime, Mobutu veille cependant à partager cette rente minière avec les intellectuels. Il nomme un grand nombre de nationaux à des postes bien rémunérés ; de 1969 à 1977, on assiste à un décuplement du nombre d'universitaires zaïrois travaillant à la Gécamines, alors que la main-d'œuvre ouvrière n'augmente que de 30 % durant cette même période et que le personnel expatrié ne diminue pas[15].

La concentration des ressources et de la prise de décision, l'absence de contre-pouvoirs, la volonté de consolider l'autorité centrale conduisent tout naturellement à une politique de projets de prestige. Ces derniers se décident au niveau du bureau de la présidence, dont le directeur est Bisengimana Rwema. Cet homme est à la fois très puissant, car ses responsabilités sont considérables, et très vulnérable : d'origine rwandaise, il ne peut se permettre de tenir tête au Président. Il se contente discrètement d'assurer sa propre fortune.

Bisengimana et son équipe d'universitaires zaïrois ne sont cependant pas seuls : à leurs côtés, on retrouve un bureau d'études italien, la Sicai (Societa Italo Congolesa Attivitate Industriali), qui représente les plus importantes sociétés italiennes. La Sicai consent à sous-traiter certaines études de rentabilité aux anciens conseillers de la présidence, les Belges de l'Institut de recherches économiques et sociales de l'Université Lovanium (Ires). Ires et Sicai joueront un rôle important dans la décision de construire le barrage d'Inga et la sidérurgie de Maluku. Jusqu'en 1974, le régime bénéficie d'une rente minière en expansion. Négligeant le secteur agricole, les petites et moyennes entreprises ou les investissements sociaux, il donne toute priorité aux grands projets industriels.

Il est vrai que la tentation est forte : les projets de prestige, à technologie lourde, très dépendants du capital étranger, consolident l'autorité d'un régime très courtisé. Ils renforcent également la clientèle de ce régime. Cette dernière, sans devoir prendre de risques personnels ni faire preuve de capacités particulières, peut encaisser tranquillement les commissions prévues sur les gros contrats, qui sont estimées à 10 % en moyenne.

Cette bourgeoisie nationale est cependant fragile : elle dépend du pouvoir politique, qui peut nommer ou renvoyer les responsables des entreprises d'État et elle est issue de la zaïrianisation, cette appropriation des entreprises étrangères (voir chapitre 5). Cette précarité incite évidemment les responsables à tenter de s'enrichir rapidement et à placer, autant que faire se peut, leurs capitaux à l'étranger.

A l'époque, en plus des tentations « naturelles » ou politiques, les sollicitations étrangères sont pressantes : durant les premières années du régime Mobutu, les revenus tirés du cuivre augmentent et semblent éternels. En outre, les capitaux étrangers, alimentés par les pétrodollars, cherchent à se placer. Plus ambitieux que partout ailleurs en Afrique, les grands projets zaïrois attirent les capitaux, les sociétés d'études, les intermédiaires en tout genre...

A court terme, chacun y trouvera son compte : le régime et ses clients, les prêteurs étrangers, les groupes industriels chargés de la réalisation du barrage d'Inga, de la sidérurgie de Maluku, de la cimenterie nationale... Ce n'est que bien plus tard que l'on admettra qu'il ne s'agissait pas là de « transferts » technologiques, mais plutôt de racket...

Le Zaïre est un cimetière d'éléphants blancs : de ces projets mégalomaniaques, réalisés grâce à la collusion entre le régime et ses « amis » étrangers, ne subsistent que des squelettes. Jean-Claude Willame a excellemment retracé la chronique de cette « prédation industrielle » que fut l'« épopée d'Inga[16] ».

Inga, c'est avant tout un rêve industriel qui a pris corps vers la fin de l'époque coloniale. Les Belges avaient déjà songé à construire un barrage sur ce site exceptionnel, et quelques projets avaient été ébauchés. Le fleuve, à Inga, offre un spectacle extraordinaire. Cette immense étendue d'eau, qui a drainé toute la cuvette centrale, resserre soudain son énergie avant les rapides, puis se déverse avec une puissance incroyable vers l'Atlantique. Sur 12 kilomètres, la dénivellation est de 100 mètres et le débit de cette montagne d'eau atteint 42 000 mètres cubes par seconde, soit 1 million de mégawatts : la moitié de tout le potentiel africain ! A l'embouchure du fleuve, les eaux de l'Océan, sur plusieurs dizaines de kilomètres, sont rougies par les terres arrachées au cœur de l'Afrique. Devant la puissance de ce fleuve qui est la matrice du pays, comment ne pas rêver, comment ne pas songer à exploiter l'énergie hydroélectrique que représente le deuxième cours d'eau du monde, immédiatement après l'Amazone ?

Il était logique que le régime Mobutu songe lui aussi à

domestiquer le fleuve et reprenne l'idée du barrage. Très tôt, les projets se succèdent sur le bureau de la présidence : Inga permettrait le développement d'industries de base dans le Bas-Zaïre — usines de transformation d'aluminium, d'engrais, développement d'un nouveau pôle minier à Tenke Fungurume, au Shaba, et, bien sûr, usine sidérurgique. C'est le temps où les mieux intentionnés, les plus tiers-mondistes des experts parlent d'« import-substitution » : il faut donner aux pays en développement les moyens de réduire leur dépendance par rapport aux importations étrangères, de développer leur propre industrie.

Inga, l'interrupteur du Shaba

Hélas, le parc industriel qui aurait dû être construit autour d'Inga ne voit pas le jour. Il apparaît bien vite que le barrage a coûté beaucoup plus cher que prévu et a été surdimensionné. Inga produit sans doute un tiers de l'énergie hydroélectrique du monde, mais ne trouve pas d'acquéreur à la mesure de ses capacités. Les dérapages d'Inga I n'empêchent pas la réalisation de la deuxième phase du projet, qui constitua en son temps une prouesse technique et une première mondiale : la création d'une ligne à haute tension reliant Inga, dans le Bas-Zaïre, à la province du Shaba, 1 800 kilomètres plus loin. Fascinés par le gigantisme du projet — c'est la plus longue ligne à haute tension du monde —, tous les grands constructeurs occidentaux se mettent sur les rangs.

Parmi les soumissionnaires, on retrouve tous les grands noms : deux consortiums américains, dirigés l'un par General Electric Company (General Electric, Sadelmi, Alsthom et Dravo), l'autre par Acec-Westinghouse (Acec-Westinghouse Canada, Spie-Batignolles, Thermatome), ainsi que deux groupes créés pour la circonstance : Zaitra (Brown Boveri, AEG Telefunken, Balfon, SAE, Siemens) et Constructeurs Inga

Shaba (CIS), comprenant Morrisson Knudsen, International Engineering, Fishback et Moore.

L'ambassadeur américain en personne, Sheldon Vance, s'intéresse au projet et organise une rencontre entre le Président et la firme Morrisson Knudsen, qui décroche finalement le contrat avec un devis de 224 millions de dollars. Soutenues par l'Eximbank, qui apporte sa garantie, la plupart des grandes banques américaines, dont la Manufacturer Hanover Trust, soutiennent le projet, que le Zaïre s'engage à financer en monnaie locale à raison de 10 %.

Les objections des sceptiques, qui se demandent si la production de cuivre du Shaba justifiera jamais un projet d'une telle ampleur et s'il n'aurait pas mieux valu installer plusieurs petites centrales à travers le pays, sont rapidement balayées. On fait taire les mauvais esprits qui soulignent qu'aucune station de conversion n'est prévue entre Inga et Kolwezi, alors que la ligne passe au-dessus de trois agglomérations importantes, Kikwit, Kamina et Kananga.

En fait, l'idée d'assurer depuis le Bas-Zaïre l'approvisionnement énergétique du Shaba est éminemment politique : Inga, c'est l'interrupteur qui pourrait, le cas échéant, paralyser la province nourricière, toujours susceptible de rébellion et de dissidence...

Les travaux durèrent sept ans de plus que prévu, coûtèrent la bagatelle de 850 millions de dollars ; les seuls salaires des travailleurs expatriés se montèrent à 200 millions de dollars (374 Américains et 326 Brésiliens travaillèrent à Inga ; quant aux Zaïrois, ils ne furent employés qu'à titre de manœuvres).

Lorsque Inga II est terminé, on découvre que les utilisateurs prévus ne se trouvent pas au bout de la ligne. La Gécamines est déjà entrée en récession, les Japonais de la Sodemiza ont disparu, de même que les Américains de Tenke Fungurume. Inga II ne pourra être utilisée qu'au quart de ses capacités, tandis que les villages situés sous la plus prestigieuse ligne à haute tension du monde s'éclairent toujours à la lampe à pétrole. Une zone franche est créée autour d'Inga, où les industriels auraient dû payer l'électricité à un coût inférieur à son prix de revient, mais ils ne se sont pas bousculés...

En attendant que le Zaïre puisse utiliser l'énergie d'Inga, il ne lui reste plus qu'à payer l'ardoise. Elle est lourde : de 1983 à 1985, le seul coût d'entretien de la ligne était évalué à 15 millions de dollars, et le remboursement d'Inga I et II représente plus d'un quart de la dette extérieure zaïroise. Seul le peuple, qui à l'époque n'avait pas été consulté, devra continuer à payer. A l'heure actuelle, le seul débouché pour l'électricité d'Inga est l'Afrique du Sud. Un contrat signé avec la société d'État sud-africaine Escom permettrait à Pretoria d'importer du Zaïre 10 % de ses besoins en électricité.

Liée à Inga, la sidérurgie de Maluku représente une autre aberration industrielle. Maluku, à 80 kilomètres de Kinshasa, n'est plus aujourd'hui qu'une forêt de pylônes où le vent venu du fleuve bruit doucement. Les maisons naguère construites par les Italiens sont désormais occupées par la garde civile qui surveille nonchalamment les installations désertes. Maluku, c'est le rêve d'une aciérie électrique « clés en main » qui était censée produire 250 000 tonnes d'acier, alors que le marché du Zaïre, dans le meilleur des cas, ne pouvait en absorber que 60 000. En outre, les installations de la Sosider, autre société italienne, n'étaient pas prévues pour la fabrication des tôles et profilés qui auraient pu être utilisés dans le pays. D'année en année, la production, faute de débouchés, se réduisit et Maluku s'est rendormie. Au bord du fleuve, comme ils le font depuis toujours, les pêcheurs continuent de tailler à la main leurs longues pirogues de bois.

Sur les marchés de Kinshasa, qui sait encore que c'est la société française Thomson-CSF qui incita le régime à construire la Cité de la Voix du Zaïre, et à la doter d'un équipement exceptionnel, dont treize stations terriennes de télécommunications par satellite ? Tout ce que le peuple a retenu, c'est que Thomson est devenu synonyme de mauvaise qualité. C'est ainsi que l'on appelle d'ailleurs les poissons vendus au rabais :

des « poissons thomson », dont naguère les chats n'auraient pas voulu, mais qui font désormais l'ordinaire des familles.

La Voix du Zaïre, implantée à la fin des années giscardiennes, était un projet de prestige destiné à porter à travers tout le pays le message du Guide. Hélas, un an après sa mise en route, la station de communication ne fonctionnait plus qu'à 20 % de sa capacité, et la plupart de ses équipements étaient soit en panne (les ascenseurs, par exemple), soit inutilisés. Quant aux stations terriennes de télécommunications, bon nombre d'entre elles ne fonctionnent que par intermittence, faute de carburant. Faut-il préciser que les petites radios libres ou régionales sont, elles, interdites ?

Un autre grand projet français de l'époque s'est révélé tout aussi désastreux : le Centre de commerce international du Zaïre (CCIZ). Cette immense tour de vingt-deux étages, prévue pour devenir un carrefour international de contacts, d'informations et de documentation, a été rapidement mise en liquidation : ses équipements (téléphone, informatique, circuit intérieur de télévision) n'ont jamais fonctionné, la climatisation s'est révélée défaillante et... il n'était pas prévu de pouvoir ouvrir les fenêtres du bâtiment.

Quant à la cimenterie nationale qui était censée fournir un jour le ciment nécessaire à la construction d'Inga, elle ne fut terminée qu'après le barrage et fonctionne à 40 % de sa capacité.

A Kisangani, qu'aucune route convenable ne relie au reste du pays, des oiseaux ont fait leur nid sur un aéroport de classe internationale faisant double emploi avec l'aéroport existant et où ne se posent plus qu'un ou deux appareils par jour.

Faut-il évoquer aussi le combinat agro-industriel de Gemena, dans la région du Président, confié à l'un de ses amis, le citoyen Moleka ? Composé d'une huilerie et d'une savonnerie, il ne fonctionne qu'à un tiers de sa capacité.

Faut-il rappeler les aventures du domaine présidentiel de la N'Sele, qualifié lui aussi de « complexe agro-industriel » ?

Créé en 1966 aux portes de Kinshasa, il s'est d'abord voué aux cultures vivrières et à la production animale. Ensuite, des Chinois vinrent y faire pousser des agrumes et construisirent un pavillon vert et rouge, témoignage de l'amitié entre les peuples. Après les Chinois débarquèrent les Israéliens, qui s'occupèrent eux aussi de faire pousser des agrumes, en collaboration avec un groupe belge. L'usine de concentré de tomates a été abandonnée, de même que l'usine de concentré d'ananas ; la ferblanterie qui devait fabriquer les boîtes de conserve a cessé ses activités, faute de matières premières. Après le départ des Israéliens, le domaine a été « offert » au syndicat unique pour que celui-ci puisse approvisionner Kinshasa en produits de première nécessité, et ses poulets se retrouvent effectivement sur les marchés de la capitale, où ils sont meilleurs mais coûtent plus cher que les bas morceaux importés d'Europe.

A quoi sert-il de rappeler le pont mixte rail-route de Matadi, les avions de combat (Mirage) achetés pour la défense nationale et qui, faute de voler, ont été « cannibalisés », réduits en pièces détachées, d'évoquer l'achat en 1973 de six navires de haute mer dont trois ont été revendus depuis lors ?...

Du barrage et de la ligne à haute tension d'Inga jusqu'aux avions d'Air Zaïre, toutes ces dépenses de prestige ont été décidées par vanité, pour céder aux « conseils » intéressés des amis étrangers, pour toucher dessous-de-table et commissions, pour répondre à des impératifs politiques plus qu'économiques. Les spécialistes estiment que plus de 50 % de la dette extérieure du Zaïre, qui, avec les intérêts cumulés, dépasse actuellement les 9 milliards de dollars, sont dus au poids de ces « éléphants blancs », cependant que 20 % de la même dette sont liés à des projets ayant eu un « impact douteux » en matière de développement.

Cette dette sera-t-elle jamais remboursée ?

Les spécialistes financiers en doutent, et l'idée d'un moratoire général fait son chemin. D'un point de vue politique et moral, Jean-Claude Willame pose également la question : ne s'agit-il pas, à bien des égards, d'une « dette odieuse » ? Et de rappeler un principe de droit international qui fut défini dans les années 20, selon lequel « si un pouvoir despotique contracte une dette non pas pour les besoins et les intérêts de l'État, mais pour fortifier son régime despotique, pour réprimer la population qui le combat, cette dette est odieuse pour la population de l'État entier. Cette dette n'est pas obligatoire pour la nation : c'est une dette de régime, dette personnelle du pouvoir qui l'a contractée, par conséquent elle tombe avec la chute de ce pouvoir[17]. »

Le léopard danse avec les loups

Odieuse ou non, cette dette est cependant utilisée, dès 1976, comme un moyen de pression pour obliger un régime que les Occidentaux avaient tant courtisé à s'amender, à devenir plus rigoureux dans sa gestion.

C'est que, dès la fin d'Inga I, les créditeurs du Zaïre ont éprouvé leurs premiers frissons, se demandant si leurs prêts seraient jamais remboursés. La chute des cours du cuivre, la guerre d'Angola qui rendait impossible l'évacuation de la production du Shaba par le chemin de fer de Benguela, renforcèrent leurs craintes. Après les deux invasions du Shaba, le régime leur parut politiquement vacillant. Il était donc temps de surveiller les mises d'un peu plus près, de restreindre les dépenses de prestige, le budget de la présidence, les activités de la Banque nationale du Zaïre.

Dès ce moment, Mobutu changea son fusil d'épaule : privé de légitimité économique (ses matières premières devenaient moins stratégiques, il passait désormais pour un client douteux...), il joua sur la légitimité politique : plus que jamais, il utilisa la situation géopolitique de son pays, présenté comme l'allié de l'Occident en Afrique centrale, pour défendre son régime et obtenir des conditions de faveur concernant le rééchelonnement de sa dette.

Depuis 1978, le léopard danse avec les loups : les créanciers, qui sont en même temps ses alliés politiques, le pressent de rembourser les intérêts qui leur sont dus, mais les gouvernements se sont longtemps montrés sensibles aux arguments selon lesquels la survie du régime pouvait être mise en péril par un excès de rigueur.

Au lendemain de la deuxième guerre du Shaba, en 1978, où il ne dut son salut qu'à l'intervention étrangère, l'orgueilleux Mobutu doit se soumettre aux ukases des Occidentaux : il est contraint d'accepter que l'économie du Zaïre soit pratiquement mise sous tutelle. Un plan de redressement est concocté par des experts belges, et, pour ménager la susceptibilité du Guide, on le baptise « plan Mobutu ». Des expatriés prendront les commandes de tous les postes clés : aux Douanes, à l'Office national des transports (Onatra), à la Gécamines, tandis que M. Blumenthal sera, en 1978 et 1979, nommé directeur intérimaire à la Banque du Zaïre. Il dénonce « la corruption de l'équipe au pouvoir » comme l'un des obstacles les plus importants au développement du Zaïre, tente de freiner les exportations frauduleuses de café vers l'Ouganda, qui font perdre chaque année 300 millions de dollars à l'État, s'oppose aux ponctions de la présidence. Dans son rapport, il reconnaît avoir découvert et fait annuler une série de comptes spéciaux au nom de la présidence, et avoir veillé personnellement à faire transférer ces comptes dans la comptabilité régulière de la Banque. Presque naïvement, il conclut : « Naturellement, rien ne prouve que nous ayons découvert tous les comptes spéciaux, mais, à l'époque, j'étais très satisfait d'avoir récupéré près de 5 millions de dollars pour la Banque, ignorant alors qu'une telle somme n'était qu'une bagatelle pour le président d'un si grand pays[18]. » C'est que le « plan Mobutu », s'il prévoyait la réorganisation de la Banque du Zaïre et du département des Finances, était intransigeant sur un point essentiel : il était hors de question de toucher à la « dotation présidentielle », qui, selon les chiffres officiels, représentait entre 12 et 18 % du budget réel entre 1972 et 1978.

A l'instar de Blumenthal, la plupart des experts étrangers abandonnent assez rapidement le Zaïre après avoir constaté leur impuissance.

Le dernier à quitter le pays sera le Belge Robert Crem, qui fut le P.-D.G. de la Gécamines jusqu'en 1984. Curieux personnage que ce technicien de haut vol, placé à la tête de la société sous la pression du FMI et de la Banque mondiale. Crem avait un objectif simple : gérer la Gécamines comme n'importe quelle société privée, et veiller à sa rentabilité. Il tente de mettre fin aux ponctions fiscales, parafiscales et autres qui accablent la société, ainsi qu'aux « ventes non compensées », expression qui désigne pudiquement les ventes de cuivre ou de cobalt dont le produit ne revient pas dans les caisses de la société. En 1982, une « vente non compensée » — c'est-à-dire, en termes clairs, un détournement — figura dans le bilan, pour un montant de 300 millions de dollars, sous l'étrange rubrique « redressement exceptionnel déficitaire ». Crem n'affronte pas seulement les prédateurs zaïrois, qui reconnaissent finalement : « Il est plus nationaliste que nous » ; il licencie des techniciens étrangers coûteux et superflus, diminue les interventions des bureaux d'études étrangers et tente de revoir les liens entre son entreprise et la Société générale des minerais en Belgique, chargée du traitement à façon du cuivre zaïrois. Il découvre que les milieux financiers belges ont toujours bloqué les velléités zaïroises de raffiner le cuivre sur place, et surtout que l'usine Métallurgie Hoboken Overpelt (MHO), l'un des joyaux de l'industrie flamande, pratique, pour le raffinage du cuivre zaïrois, un prix supérieur de 30 % à la moyenne ! (Depuis lors, ce prix a été revu à la baisse et MHO a diversifié ses sources d'approvisionnement). Crem constate aussi que la banque belge Belgolaise et la SGM retirent des avantages substantiels des préfinancements de ventes et d'avances effectués pour le compte de la Sozacom[19].

Mais, lorsqu'il voulut mettre fin à cette collusion d'intérêts zaïrois et étrangers (belges, en l'occurrence) qui étranglaient sa société, Crem dut déclarer forfait et démissionna au profit... d'un digne représentant de la Société générale de Belgique, lui-même remplacé par la suite par un P.-D.G. zaïrois.

L'agonie de « la poule aux œufs de cuivre »

La Banque mondiale elle-même ne parvient pas à mettre un frein aux ponctions pratiquées sur la Gécamines. Tandis que les investisseurs, naguère si empressés, refusaient de soutenir l'outil de production zaïrois, on assista à une véritable décapitalisation.

Il faut reconnaître que tout le monde s'y était mis : la présidence, bien sûr, habituée à utiliser l'avion de la société, à puiser dans les caisses, mais aussi les cadres de l'entreprise. Longtemps, en sus d'un salaire planureux, le P.-D.G. de la Gécamines touchait 30 000 dollars par mois au titre des frais de représentation, et lorsqu'ils voyageaient à l'étranger les cadres de la société recevaient des indemnités variant de 500 à 1 000 dollars par jour. Les ouvriers, toujours considérés comme les mieux payés du Zaïre, recevaient quant à eux un salaire journalier équivalant au prix d'une dizaine de bananes...

Autre cause des difficultés de la Gécamines : le fait que l'État, depuis toujours, s'est déchargé sur l'entreprise de ses responsabilités sociales. La société a maintenu une certaine tradition « paternaliste » héritée de l'époque coloniale et a tenu jusqu'au bout à assurer les soins médicaux dispensés à ses travailleurs ; elle a même veillé à leur alimentation, soutenant plusieurs projets agricoles dans la région.

L'hallali a sonné en 1991 : faute d'entretien, la mine de Kamoto, qui assurait le tiers de la production, s'était effondrée l'année précédente ; au lieu des 450 000 tonnes extraites dans les années 70, le Zaïre n'en produisait plus que 250 000. Aux prélèvements intempestifs s'ajoutait le vieillissement des installations, plus aucun investissement productif n'ayant été consenti.

En mai 1991, la société dut annoncer la suspension de 45 % de ses livraisons pour l'année en cours. Le cuivre du Zaïre était devenu le plus cher du monde : alors que le prix mondial est de 104 cents la livre, le prix de revient du cuivre zaïrois était de 118 cents !... Les grèves du personnel et les difficultés d'évacuation aggravaient encore le problème. Seule la remise en état du chemin de fer de Benguela pourrait réduire le coût de l'évacuation du cuivre zaïrois, actuellement obligé de transiter par l'Afrique du Sud ou de remonter une « voie nationale » de plus en plus vétuste vers le port de Matadi, qui oblige à de coûteux transbordements du rail vers le fleuve. Durant la période de transition, il a même été question de revendre la Gécamines à la société sud-africaine Premier.

L'agonie de la « poule aux œufs de cuivre » n'est cependant pas due uniquement à la cupidité des dirigeants du pays : le drame du Zaïre, c'est que priorité a du être donnée, tout au long des années 80, au remboursement des créanciers, en particulier les banques privées, dont les exigences l'emportèrent sur les investissements productifs. En outre, vu le manque de crédibilité du régime, décrété en faillite virtuelle depuis une dizaine d'années, aucun plan de relance économique à long terme n'a pu être souscrit. Enfin et surtout, les matières premières du Zaïre, considérées comme stratégiques durant la Deuxième Guerre mondiale et aux premiers temps du régime (le cobalt, l'uranium, le vanadium étaient utilisés pour les avions à réaction et la fabrication des bombes atomiques), devinrent soudain marginales. Des produits de substitution, comme les fibres optiques, ont remplacé avantageusement le cuivre ; d'autres exploitants développèrent leur production : loin du Zaïre incertain, le Chili sut ainsi saisir sa chance... Juste retour des choses : au début des années 70, le Zaïre avait été incité à augmenter sa production afin de concurrencer et affaiblir d'autant le Chili d'Allende !

La révolte du « bon élève »

Échaudés, craignant de ne pas récupérer leur mise, les créanciers du Zaïre, dans les années 80, ont adopté un profil bas. Depuis la « zaïrianisation » de 1973, et surtout depuis les deux guerres du Shaba, le pays est considéré comme « à hauts risques ». Prudence donc : plus d'investissements de prestige, plus de prêts inconsidérés. Chacun se retranche désormais derrière le « gendarme » qu'est le FMI et les organisations multilatérales qui assurent 40 % des crédits.

Mobutu le reconnaît avec amertume : « On ne se bouscule plus au grand rendez-vous du donner et du recevoir. » Plus tard, il ajoutera : « Comment expliquer qu'au moment de la conclusion des accords de financement nous soyons face à face entre gouvernements, mais qu'au moment du remboursement nos pays se retrouvent en face d'organismes financiers internationaux agissant pour le compte des pays créanciers ? »

Il n'a pas tort : bien des crédits consentis au Zaïre par des banques privées avaient été garantis au préalable par les pouvoirs publics, et, lors de la conclusion des contrats, les gouvernements occidentaux ne se sont pas privés de plaider en faveur de leurs sociétés, utilisant des arguments personnels ou politiques. A l'heure des remboursements, les grands sentiments sont oubliés : les prêteurs se retranchent derrière les « huissiers » et se rassemblent au club de Londres pour les privés, au club de Paris pour les créanciers publics.

S'il veut obtenir de l'argent frais, quelques crédits pour maintenir en état l'outil de production de la Gécamines, le Zaïre doit désormais marcher droit. C'est-à-dire être en situation de rembourser sa dette, donc contraint d'intensifier ses exportations et de limiter le déficit de ses finances publiques.

Dès 1982, le Zaïre est l'un des pionniers des plans d'ajustement structurel mis en place par le FMI. Le régime autoritaire — sourd aux demandes de démocratisation présentées par l'UDPS — peut se permettre des plans d'austérité draconiens : toute opposition est impitoyablement muselée. L'ajustement, selon les ukases des créanciers, c'est d'abord le remboursement ! Comme, par définition, la dotation présidentielle est incompressible, les budgets sociaux, déjà si maigres, seront réduits à l'extrême.

Retranchés à l'hôtel Intercontinental, où ils touchent des indemnités de 500 dollars par jour en moyenne, les experts internationaux félicitent le Zaïre pour ses performances : de 1982 à 1985, les dépenses consacrées au remboursement de la dette atteignent 58 % des dépenses courantes. Pour satisfaire les créanciers, ceux là mêmes qui ont avancé l'argent d'Inga, de Maluku, qui ont payé sans rechigner dessous-de-table et commissions, on licencie allègrement dans la fonction publique : le nombre de fonctionnaires passe de 444 000 à 289 000. Les enseignants passent de 285 000 à 126 000, et le budget de l'éducation subit des coupes drastiques. Dans les villages, les parents, qui accordent beaucoup d'importance à la scolarisation de leurs enfants, supplient les instituteurs de rester. Ils les logent, les nourrissent, leur apportent des légumes, de la volaille. Mais bon nombre d'enseignants se reconvertissent et deviendront... creuseurs de diamants ou chercheurs d'or. Michel Camdessus, à l'époque directeur général du FMI, note froidement que « la répartition de la charge de l'austérité sur la population est de la compétence des États eux-mêmes ». Il constate aussi que, « malheureusement, les dépenses militaires sont souvent les moins affectées par l'austérité générale ».

Malgré l'énorme ponction financière que représente le remboursement de la dette, on assiste cependant à une timide reprise. Un observateur note que celle-ci, au début des années 80, était peut-être due au fait que le Président résidait beaucoup à l'étranger et que les ponctions se faisaient moins nombreuses... Toutefois, « suggérée » par les docteurs du FMI, la libéralisation des importations menace un secteur agricole qui avait commencé à se relever[20]. C'est au cours des années 80 que l'on voit apparaître sur les marchés du maïs de

Zambie, des abats de volaille congelée venus d'Europe, apportés par le Belge William Damseaux, de la friperie, du blé américain « offert » à ce pays riche au titre de l'aide alimentaire (loi PL 480) dont le Zaïre devient le deuxième bénéficiaire africain après l'Égypte. Au Zaïre comme ailleurs, ce blé d'outre-Atlantique modifiera les habitudes alimentaires de la population citadine, qui abandonnera le manioc des campagnes pour acheter les petits pains cuits à Kinshasa par un Grec grâce à la farine importée.

En 1986, le bel édifice financier vacille : le volume des exportations a diminué, le fonctionnement de la Gécamines absorbe 45 % des importations en devises, le paiement de la dette consomme pratiquement le reste. Vaille que vaille, la présidence et ses alliés essaient de soustraire du cobalt, du cuivre, du diamant à la vigilance des censeurs. Ceux-ci constatent, en 1987 encore, que 400 millions de dollars, résultat de la hausse des cours du cuivre, se sont « volatilisés ». A l'échelle du pays, l'économie s'effondre. Les investissements étrangers se tarissent et le Zaïre découvre que de 1983 à 1987 il a sorti 2 milliards de dollars vers l'Occident pour n'en recevoir que 1,1...

Le plus légalement du monde cette fois, obéissant aux injonctions du FMI, le Zaïre est devenu exportateur net de capitaux : rien qu'en 1986, 830 millions de dollars ont été transférés vers l'Occident. Le peuple, qui n'a jamais rien eu à dire, se tait, mais des tracts de l'opposition circulent. Surtout, les milieux d'affaires zaïrois, les clients du régime, grognent de plus en plus fort. Ils se montrent sourds aux conseils de la Banque mondiale, qui leur suggère de montrer l'exemple et de rapatrier leurs propres capitaux.

Cette fois, le Président, à l'instar d'Alan Garcia au Pérou, monte en première ligne. « Trop, c'est trop ! », « Qui doit à qui ? » — les formules chocs pleuvent et le Zaïre, prenant la tête de la croisade africaine contre l'« ajustement structurel », décide que le remboursement de la dette ne pourra absorber à l'avenir plus de 10 % de ses recettes d'exportation, et 20 % du budget de l'État.

En 1987, cette fronde se révèle payante, le Zaïre obtient un accord de rééchelonnement spectaculaire : l'étalement sur quatorze ans des prochaines échéances, pour un montant de 884 millions de dollars. Cet accord fait du bruit dans le Landerneau financier, car, à la même époque, d'autres pays africains, aussi étranglés que le Zaïre, ne bénéficient pas de la même mansuétude, la Tanzanie par exemple. Il est vrai que Mobutu touche là les dividendes de sa politique angolaise : la base militaire de Kamina, au Shaba, est devenue le principal point d'approvisionnement des rebelles de l'Unita (voir chapitre 9).

La crise belgo-zaïroise

Ce huitième accord sera l'avant-dernier du genre : l'année suivante, le Zaïre s'engage dans une crise interminable avec la Belgique. Masqué par des considérations politiques et psychologiques, le véritable enjeu de cette crise est d'obtenir de son premier fournisseur et quatrième créancier (après la France, les États-Unis et la RFA) de meilleures conditions de rééchelonnement, voire d'annulation de la dette.

Mobutu joue le grand jeu : à l'occasion d'une visite officielle au Zaïre du Premier ministre belge, en novembre 1988, il organise une conférence de presse au cours de laquelle il pose toutes les données de la crise. Au premier plan, les prétextes psychologiques : il prétend avoir été insulté par des quotidiens belges qui ont mis en cause ses origines. Viennent ensuite les souvenirs : l'ancienne recrue se souvient des coups de chicotte qu'il a reçus ; celui qui est aussi ministre chargé des Anciens Combattants affirme que la Belgique n'a pas payé les pensions dues aux valeureux retraités de la Force publique (en réalité, ces modestes allocations ont été retenues par l'administration zaïroise). Mobutu juge « trop cérébral » le règlement de la dette que M. Martens apporte dans ses bagages. Et pour cause : alors que le Canada et la France ont « spontanément, sans que je leur demande rien... », gommé toute l'ardoise de la dette d'État à État, la Belgique, qui a des créances beaucoup plus importantes, n'efface qu'un tiers de la dette publique. Même timorée, cette mesure sera d'ailleurs mal accueillie par l'opinion belge, où la presse pose d'embarrassantes questions sur la fortune du Président et la finalité réelle de l'aide. Désormais, chaque interpellation parlementaire, chaque article de presse apporte de l'eau au moulin de la querelle. Mobutu se lance dans une véritable gesticulation politique en prenant soin, chaque fois, de préciser qu'il s'agit là « d'une question de dignité, d'honneur. Surtout pas d'un problème d'argent »...

Une « mission de clarification »

Pour les besoins de la cause, il ouvre le contentieux colonial, n'hésite pas à mettre en cause le roi des Belges, réveille le nationalisme de ses compatriotes et envoie à Bruxelles une « mission de clarification ». Trois hérauts du mobutisme, les avocats Nimy et Kamanda et le professeur Mpinga, sont envoyés dans la capitale belge, où ils exigent et obtiennent que leur soit consacrée une émission télévisée spéciale. Ils auraient souhaité croiser le fer avec des responsables politiques belges, mais ils se retrouvent face à une brochette de journalistes. De part et d'autre de la table, on n'a pas peur des mots.

Les sept cent mille téléspectateurs belges qui assistèrent en direct à cette empoignade s'en souviennent encore. Des milliers de Zaïrois aussi. Car le Président, satisfait des performances de son équipe (il s'était déplacé dans sa résidence de Nice pour en capter la transmission en direct), obligea la télévision zaïroise à diffuser l'émission tous les soirs durant une semaine d'affilée !

Les péripéties du débat sont diversement appréciées en Belgique et au Zaïre.

En Belgique, l'opinion retient que la coopération au développement n'est pas aussi altruiste qu'on veut le lui faire croire, que l'essentiel des sommes « données » au Zaïre ne quitte pas le territoire belge, où il demeure sous forme de salaires ou d'achats de matériel ; elle est impressionnée par le brio des trois Zaïrois qui proclament solennellement « la fin des relations privilégiées entre les deux pays ».

Au Zaïre, les effets de ce débat sont inattendus : pour la première fois, la population, soumise au langage totalitaire, à une télévision à la solde du pouvoir, entend des journalistes étrangers s'exclamer brutalement : « Nous aimons votre pays, mais nous détestons votre président », ou vouloir défendre « les intérêts du Zaïre du bas, celui des petites gens, face aux grands cris de ceux d'en haut ».

De part et d'autre, les chiffres pleuvent, les arguments ne volent pas très haut, mais, pour l'opinion zaïroise médusée, c'est la première fois qu'elle est conviée à une contestation aussi radicale du régime et de ses excès. Chacun, au Zaïre, s'aperçoit que les critiques qu'il formule par-devers soi sont exprimées haut et clair, par des étrangers de surcroît !

Peu après, les étudiants de Kinshasa impriment fiévreusement un petit journal d'opposition qui s'appellera *La Voix des sans-voix* et qui affirme vouloir prendre le relais de tous ceux qui n'avaient pas été conviés au débat télévisé...

Cette crise avec la Belgique dure neuf mois et mobilise l'opinion belge autant que zaïroise. Elle se termine grâce à l'arbitrage boudeur du roi du Maroc, qui rend ainsi un signalé service à son ami Mobutu et à son homologue le roi des Belges. Elle se solde à court terme par une victoire zaïroise sur le plan de la dette. La Belgique, lors des accords de Rabat, se montre à la fois généreuse et calculatrice. Généreuse : la dette publique est annulée, ainsi qu'un tiers de la dette commerciale. Calculatrice et prudente : une clause de l'accord stipule que son entrée en vigueur dépendra d'un agrément plus général que le Zaïre doit conclure avec le FMI. Tout reste donc conditionnel...

Le 26 juin 1989, le club de Paris, qui rassemble les créanciers du Zaïre, conclut cependant lui aussi un accord de rééchelonnement de la dette zaïroise, malgré les réticences, voire l'« écœurement », de certains partenaires qui estiment que le régime zaïrois est « inamendable ».

Il est vrai que quatre jours plus tôt, le 22 juin, Mobutu avait réussi à amener à Gbadolite le président angolais Dos Santos et son vieil adversaire Jonas Savimbi, qui s'étaient serré la main sous les caméras opportunément convoquées. La reconnaissance américaine n'allait pas tarder à se manifester...

L'accord paraphé avec le plus influent de ses créanciers aurait pu faire date dans l'histoire du Zaïre, mais les blessures ouvertes par cette longue crise se révéleront inguérissables. En Belgique, la coupe a débordé et l'opinion publique, flamande surtout, le monde politique, le Palais lui-même ne supportent plus l'arrogance de Mobutu, contre lequel les critiques se multiplient. N'a-t-il pas osé, au début de la crise, faire état de lettres que lui aurait envoyées le roi Baudouin, plaidant pour que le contrat d'Inga II soit octroyé à la société belge Acec ? Découvrir la Couronne, voilà qui se pardonne difficilement en Belgique...

Le monde change

L'accord avec le FMI n'a été rendu possible que parce que le Zaïre avait réussi à régler les arriérés de sa dette, la Belgolaise lui ayant consenti une avance sur les recettes escomptées du cuivre. Cet accord sera néanmoins le dernier du genre, car les temps ont bien changé.

Les Cubains s'apprêtent à quitter l'Angola, la Namibie devient indépendante, l'Afrique et surtout le Zaïre perdent leur rôle stratégique, la fin de la guerre froide ouvre à l'Est de nouvelles perspectives. Lorsqu'il s'agit de juger les performances du Zaïre, d'autres critères entrent désormais en ligne de compte : la priorité accordée au développement, le respect des droits de l'homme. La Belgique, au cours de la longue crise avec son ancien « enfant unique », a mesuré la relativité des relations économiques entre les deux pays, le Zaïre ne représentant plus que 0,8 % des importations de l'Union économique belgo-luxembourgeoise et 0,3 % de ses exportations. Chili, Pérou, États-Unis, Australie pour le cuivre, Pérou, Indonésie, Nouvelle-Calédonie et Nouvelle-Guinée pour le cobalt : d'autres fournisseurs ont été trouvés, plus discrets, plus fiables. Le « lobby zaïrois » en Belgique a perdu de son influence, et, aux yeux de l'opinion, les critères relevant du respect de droits de l'homme apparaissent de plus en plus déterminants.

Deux mois après la signature du nouveau pacte de coopération entre les deux pays, en mai 1990, tout est remis en question : la Belgique, après le massacre de Lubumbashi, affirme que le Zaïre n'a pas respecté la clause de respect des droits de l'homme figurant en préambule des accords. Bruxelles exige une enquête internationale et, en attendant, suspend les travaux de la commission mixte chargée de définir les futures relations économiques et de coopération entre les deux pays. Tout accord est suspendu.

Furieux, Mobutu décide le renvoi des coopérants belges, et, à la surprise générale, au lieu de temporiser ou de négocier, Bruxelles obtempère. Enseignants, médecins, militaires, tous plient bagages, au grand dam de la population, qui n'a pas oublié l'une des questions posées durant la crise avec l'ancienne métropole : « S'il est vrai que des accords léonins ont été conclus avec la Belgique, s'il est exact que le Zaïre a été trompé, qui donc a signé de tels accords, et qui donc s'en est accommodé durant si longtemps ? » Paradoxalement, l'opposition zaïroise et de larges secteurs de la population interprètent ce retrait des coopérants belges comme un désaveu du régime, et, par la suite, multiplieront les adresses au gouvernement belge, lui demandant de ne pas reprendre l'aide aussi longtemps que celle-ci signifiera un soutien à Mobutu.

Pour la première fois depuis son accession au pouvoir, Mobutu n'arrive plus à impressionner les Belges, dont le ministre des Affaires étrangères, Eyskens, prend la tête d'une croisade pour la démocratisation du Zaïre.

Cette rupture de la coopération avec la Belgique aura pour le Zaïre des conséquences en chaîne : non seulement, en termes d'aide au développement, les quelque 100 millions de dollars de l'assistance belge représentent pour lui la coopération bilatérale la plus importante, mais l'exemple de Bruxelles va inciter les autres partenaires du Zaïre à faire montre d'une sévérité inaccoutumée.

La punition

Le contexte international a évolué. Le régime zaïrois, malgré la proclamation de la troisième République, ne s'est pas amendé sur le plan économique, le « tuteur » belge a perdu patience et lâché Mobutu. A partir de 1990, l'ancien bon élève, l'ancien allié stratégique n'aura plus droit à aucun traitement de faveur : les robinets de devises se ferment les uns après les autres. Solidaires de la Belgique, les autres pays créanciers forment une chaîne qui étrangle le régime zaïrois. Les États-Unis, sous la pression du Congrès, mettent fin à leur assistance militaire, puis suspendent le versement de leurs 13 millions de dollars d'aide économique. Toutes les institutions internationales suivent l'exemple du FMI, qui coupe les crédits en attendant que soient réglés les arriérés de la dette. Banque mondiale, Banque africaine de développement, Communauté économique européenne, coopérations bilatérales : tous les donateurs gèlent leur contribution en attendant des temps meilleurs, ne finançant plus que les programmes en cours ou l'aide d'urgence. Tous espèrent qu'un gouvernement zaïrois « responsable », c'est-à-dire indépendant de Mobutu, arrivera à renouer avec le FMI, promu curateur d'un État en faillite. Les pressions économiques vont ainsi de pair avec les pressions politiques.

Longtemps indifférente aux frasques du grand léopard, la communauté internationale exige soudain qu'un gouvernement responsable puisse lui résister, modifie les priorités budgétaires en diminuant les dépenses non productives, empêche Mobutu de faire main basse sur les recettes de la Gécamines ou sur les maigres fonds de la Banque nationale.

Soucieux d'amadouer les grands argentiers internationaux, Mobutu nomme alors successivement deux Premiers ministres supposés être des économistes : le modeste Lunda Bululu, qui demandera pardon à son peuple pour avoir échoué, et l'arrogant Mulumba Lukoji, qui rappellera partout ses fonctions de consultant au Pnud, le programme des Nations unies pour le développement. Le peuple ne tardera pas à l'appeler « Monsieur j'estime » ou « Mulumba Lukoso », ce qui signifie « gourmand d'argent »...

Car l'argent, s'il en « bouffa » peut-être moins que ne le crut l'opinion, le Premier ministre en fabriqua et en distribua par tonnes...

Hallali pour un régime, apogée d'un système

Sur le plan économique, la « période de transition » coïncidant avec la Conférence nationale a marqué l'apogée du système Mobutu. Au lieu de soutenir les efforts de rigueur de ses Premiers ministres technocrates, le Président choisit la fuite en avant. Fidèle à ses habitudes, il tente d'acheter en son entier le grand jeu démocratique qui s'est engagé (voir chapitre 11). Pour financer les partis dits « alimentaires », payer les opposants rentrés au pays, stimuler les dissidents des grandes formations, organiser la Conférence nationale et distribuer les *per diem*, le régime fabrique de l'argent : fin

1991, les autorités, selon l'hebdomadaire de Kinshasa *Le Potentiel,* avaient « produit » 31 000 milliards de zaïres !...

Si le dollar valait 2 zaïres lorsque Mobutu prit le pouvoir, s'il s'échangeait à 530 zaïres lorsque Kengo wa Dondo était Premier ministre, jusqu'en 1990, il en valait 20 000 lors des émeutes de septembre 1991 et 40 000 deux mois plus tard : l'inflation avait atteint 3 000 % par an.

Et pour cause : les recettes douanières avaient chuté de 38 %, les contributions de 40 %, la production de cuivre n'atteignait plus que 250 000 tonnes, les contributions extérieures s'étaient asséchées. En temps normal, le Zaïre a besoin de 70 à 80 millions de dollars par mois pour assurer ses besoins alimentaires (12 millions), régler sa facture pétrolière (15 millions), les importations nécessaires au fonctionnement de la Gécamines ; il n'en disposait plus que de la moitié. Désespérément, le régime essayait de trouver de l'argent frais : le gouverneur de la Banque du Zaïre fut envoyé à Taiwan pour en rapporter 20 millions de dollars, les Sud-Africains accordèrent eux aussi 20 millions de dollars, dont 11 seulement aboutirent dans le système bancaire ; l'émir Jaber du Koweït, reconnaissant pour le soutien apporté par le Zaïre dans la guerre contre l'Irak, libéra 9 millions de dollars... qui furent versés sur un compte privé. Vu l'assèchement du flux de devises, ne restait plus que le recours à la planche à billets. Durant l'été 1991, 400 milliards de zaïres, soit 30 tonnes de papier, furent apportés d'Allemagne ; une moitié fut livrée à la Banque nationale, une autre aboutit, par caisses entières, sur le bateau présidentiel.

Après les émeutes de septembre au cours desquelles même le papier qui servait à imprimer la monnaie avait été volé, un avion d'Air Zaïre fut dépêché à Munich pour en rapporter 15 tonnes de billets de banque fraîchement imprimés. Ce chargement de billets prit d'ailleurs la place d'une aide d'urgence en médicaments que la Communauté européenne se proposait d'expédier au Zaïre...

Avant de remettre à l'opposition la gestion d'un pays ruiné, le régime avait veillé à piller systématiquement, à décapitaliser tout l'appareil économique. Sous la sobre rubrique « sans imputation », les prélèvements se succédaient à la Banque nationale : 1,2 million de dollars le 28 juillet, 7 millions fin août... Durant l'été, prétendant appliquer les directives du FMI, le Premier ministre avait décrété la privatisation de la plupart des entreprises publiques. En réalité, c'est un bradage complet du patrimoine de l'État qui fut organisé : bateaux, avions, barges fluviales vendus. Office des Postes proposé à l'encan (la vente ne se fera pas, à cause des lois postales universelles...), banques cédées aux acquéreurs étrangers. C'est ainsi que la banque Duménil-Leblé se vit proposer 31,3 % des actions de la deuxième banque du Zaïre, l'Union zaïroise des banques. Le prix offert était dérisoire : 1 million de francs belges, soit 35 000 dollars, la différence avec le prix réel devant être versée sur un compte privé. Le Saoudien Khashoggi fut également sollicité. C'est le gendre de Mobutu qui supervisa la négociation de l'accord, lequel échoua finalement à la toute dernière minute.

Ce n'était pas de privatisations qu'il s'agissait, mais de « soldes nationaux », le pouvoir se chargeant lui-même, avant de passer la main, de liquider tous les avoirs de l'État et de les confisquer au seul bénéfice de Mobutu et de ses alliés.

D'une certaine manière, il s'agissait là d'une réédition de la « zaïrianisation » de 1973, cette fois au détriment de l'État.

A l'automne 1991, sans plus y mettre de formes, Mobutu, selon certaines sources, faisait directement envoyer sur ses comptes bruxellois les fonds de la Banque nationale du Zaïre.

La démocratisation du pillage

Lorsque, en septembre et octobre 1991, les soldats mutinés se lancèrent à l'assaut des entrepôts et des chambres froides, ils ne faisaient que prolonger à leur manière le pillage entrepris au cours des mois précédents par la classe politique. La population paracheva le travail en détruisant la moitié des capacités de production des grandes villes comme Kinshasa ou Kisangani. En quelques semaines de troubles, le pays avait perdu 75 % de ses capacités de production : un quart pour la Gécamines, 50 % par suite des pillages et des destructions.

Le peuple, quant à lui, espérait toujours que la Conférence nationale donnerait naissance à une « commission des biens mal acquis » qui « découvrirait enfin la nudité de la tortue »... Espérance bien utopique, car nul, au sein de la classe politique zaïroise, ne souhaitait un tel déballage, et on y songeait moins encore à l'étranger. Comme le déclarait Mobutu lui-même, « pour corrompre, il a fallu être deux ». Personne, en vérité, n'a intérêt à ce que soient démontés les mécanismes qui font que, par exemple, les mêmes sociétés qui réalisent les « études de faisabilité » de grands projets concluent presque invariablement à l'opportunité de leur mise en œuvre et proposent de se charger ensuite de leur réalisation. Nul n'a intérêt à démontrer trop clairement comment les prêts d'État à État qui alourdissent la dette du Zaïre furent en fait des aides indirectes au secteur privé de pays comme la Belgique, la France, les États-Unis, l'Italie... Durant la période de transition, nul au Zaïre, pas même au sein des grands partis d'opposition, n'a pris la peine d'analyser les mécanismes qui avaient conduit à la faillite économique. Tous se sont concentrés sur la nécessité de chasser Mobutu du pouvoir et ont tenté de convaincre les alliés du dictateur que celui-ci avait fait son temps. Tous, plaidant pour la suspension de l'aide étrangère, ont choisi de laisser pourrir l'économie du pays, croyant ainsi obliger Mobutu à s'en aller plus vite...

En quête, à leur tour, de légitimation extérieure, les grands partis d'opposition se gardent bien de remettre en cause la légitimité de la dette, l'obligation de la rembourser et le préalable posé à toute assistance économique tel qu'il a été clairement formulé par la Belgique : la mise en place d'une politique budgétaire basée sur les recommandations du FMI. Non seulement la nécessité d'une politique d'austérité n'est mise en cause par personne, mais nul ne se pose la question de savoir qui doit en faire les frais. On sent se dessiner, comme en 1960, lors de la première indépendance du Zaïre, la tentation de libérer la politique tout en maintenant l'économie sous tutelle. L'idée de confier à la gestion étrangère des pans entiers de l'économie zaïroise fait ainsi son chemin, y compris dans l'esprit des Zaïrois eux-mêmes, alors que les économistes « officiels » n'ont que mépris et ignorance pour la seule économie qui assure le miracle de la survie, cette économie dite informelle qui est celle de la moitié de la population.

NOTES DE LA DEUXIÈME PARTIE

1. *Mobutu, dignité pour l'Afrique,* entretiens avec Jean-Louis Remilleux, éditions Albin Michel, page 25.
2. Cléophas Kamitatu, « La grande mystification du Congo Kinshasa, les crimes de Mobutu », Cahiers libres 207-208, Maspero, page 37.
3. *Dignité pour l'Afrique, op. cit.,* page 45.
4. Crawford Young and Thomas Turner, *The Rise and Decline of the Zaïrian State,* The University of Wisconsin press, 1985, page 179.
5. Buana Kabue, *Citoyen président, lettre ouverte au président Mobutu Sese Seko... et aux autres,* éditions l'Harmattan, Courrier d'Afrique, page 42.
6. *Op. cit.,* page 96.
7. Jean-Louis Remilleux, *op. cit.,* page 34.
8. Francis Monheim, *Mobutu, l'homme seul,* Éditions Actuelles, 1983, pages 36 et 49.
9. Steve Askin, *National Catholic Reporter,* juillet 1988.
10. Rapport du Pnud sur le développement humain, 1991.
11. Rapport de la Banque mondiale sur le Zaïre, premier semestre 1991, page 10.
12. *Idem,* page V.
13. Jean-Claude Willame, « Éléments pour une lecture du contentieux belgo-zaïrois », *Les Cahiers du CEDAF,* décembre 1988.
14. Mémoire de la délégation zaïroise de haut niveau à la partie belge, 10 décembre 1988.
15. Jean-Philippe Peemans, *Les nouvelles donnes de la dépendance éco-*

nomique du Zaïre : 1965-1980*, dans Pile et Face, la Coopération belgo-zaïroise, Éditions Vie ouvrière, page 22.

16. Jean-Claude Willame, *Zaïre, l'épopée d'Inga, Chronique d'une préda-tion industrielle*, l'Harmattan, Villes et entreprises, 1986.
17. *Op. cit.*, page 223.
18. *Rapport Blumenthal*, publié dans la Revue nouvelle, Bruxelles, 1988.
19. Jean-Claude Willame, « La politique africaine de la Belgique à l'épreuve : les relations belgo-zaïroises (1978-1984) », *Les Cahiers du CEDAF*, août 1985, page 53.
20. Jean-Philippe Peemans, *Le Zaïre sous le régime Mobutu, Les grandes étapes de l'évolution économique et sociale*, juin 1988.

Lire aussi Edi Angulu, *Adieu Mobutu*, DS éditions SA, 30, rue Jean-Jacques-Rousseau, 1201 Genève.

Troisième partie

LES CONTREFORTS
DE LA PYRAMIDE

CHAPITRE 9

Le Zaïre vu d'en bas

Comprendre, se débrouiller, coopérer, chercher des haricots pour les enfants, appliquer l'article 15 : les expressions ne manquent pas pour désigner les mille et une manières dont ceux qui détiennent une parcelle de pouvoir l'utilisent pour améliorer leur ordinaire, compenser un salaire dérisoire. Orfèvre en la matière, Mobutu lui-même le reconnaît : « Le Zaïre est un pays où tout se vend, où tout s'achète. »

Tout se paie en effet : un diplôme, un formulaire administratif, l'accès dans un ministère ou un hôpital, une communication téléphonique internationale, la « compréhension » d'un policier qui découvre le vice caché du véhicule ou le cachet manquant sur les papiers d'assurance, la nomination à un emploi fixe... Même les badges permettant d'accéder à la Conférence nationale ont été imités, trafiqués : il est vrai qu'ils donnaient droit à un *per diem* équivalant à plusieurs fois le salaire d'un fonctionnaire...

Cette institutionnalisation du *matabiche* (corruption) fut aussi pour le régime un moyen d'élargir sa base sociale : l'extrême concentration du pouvoir au sommet aurait été depuis longtemps balayée sans cette forme de redistribution parallèle. Moralement, la corruption ainsi institutionnalisée est révoltante. Économiquement, elle défie les statistiques. Elle n'en a pas moins longtemps représenté un gage de stabilité. C'est par elle que les simples citoyens, à leur niveau, ont pu grignoter le gâteau du pouvoir.

L'État, profitant de la rente minière, a abandonné ou confié à la libre entreprise des pans entiers de l'économie. Les campagnes ont été négligées, le commerce laissé à l'initiative privée. Du coup, les intermédiaires se sont multipliés. A Kinshasa, les complexités et les risques de tout parcours administratif sont tels que chacun dispose de son « protocole », son factotum, qui fera les démarches, prendra les contacts nécessaires. Le cas échéant, il fera aussi la queue devant la pompe à essence si le carburant vient à se faire rare.

Les commerçants, passage obligé pour l'écoulement de la production agricole, jouent un rôle déterminant dans les campagnes. S'ils ont pu s'enrichir au détriment des paysans, c'est parce que l'État, jusqu'à la libéralisation de 1983, avait bloqué les prix des produits agricoles et n'intervenait pas dans celui des produits manufacturés vendus en brousse. Quelle que soit leur importance, ces commerçants ont élargi la base sociale du régime. Les plus prospères, après la « zaïrianisation », pouvaient se permettre de circuler dans les provinces de l'Équateur ou du Kivu, productrices de café, et de fixer eux-mêmes les prix d'achat. S'il le fallait, ils se faisaient accompagner par des militaires pour calmer les paysans frustrés.

Plus de routes...

A la différence d'autres pays africains, le régime zaïrois n'a pas renoncé à tirer systématiquement profit des exportations agricoles. Les paysans ont tout simplement été oubliés, pour le plus grand bénéfice de la caste des commerçants.

Les paysans de l'intérieur sont d'autant plus démunis qu'ils n'ont aucun moyen d'écouler leur production : le réseau de routes praticables s'est fortement dégradé depuis l'indépendance, et les gens ne peuvent circuler d'une région à l'autre.

L'exemple le plus flagrant, déjà cité, est celui du Kivu : dans certaines régions, les enfants souffrent de malnutrition, alors que sur les collines, à quelques dizaines de kilomètres de là, les légumes pourrissent dans les champs faute de pouvoir être transportés. Si les commerçants parviennent jusque-là, ils peuvent être assurés de gagner leur vie !

Les anciens coloniaux aiment rappeler que, « de leur temps », l'administration imposait que chaque village entretienne un cantonnier par kilomètre, chargé de maintenir la route en état en toute saison. Les privilégiés allaient par la route de Kinshasa jusqu'à Luanda pour s'y baigner dans l'Atlantique...

A l'heure actuelle, il n'est même plus besoin de sortir de Kinshasa pour risquer d'être embourbé ! Pour gagner Kisangani par la route, trois semaines s'imposent dans le meilleur des cas. Le pays, vaste comme l'Europe occidentale, ne compte que 146 000 kilomètres de routes, dont 2 % sont asphaltées. A superficie égale, le budget d'entretien des routes du Nigeria était, en 1979, cent cinquante fois supérieur à celui du Zaïre !... Manque de fonds ? Indifférence ? Incurie administrative de ce que l'on appelle l'« Office des trous » et non plus l'Office des routes ? Sans doute, mais pas exclusivement. Garantie de profits pour certains, l'absence de réseau routier est aussi un gage de stabilité pour le régime : à supposer que des rebelles se manifestent une fois de plus au Shaba, comment feraient-ils pour gagner Kinshasa ?

Au début des années 80, l'État, affaibli, soumis aux injonctions du FMI, qui combat vigoureusement toute intervention publique dans l'économie, encourage l'entreprise privée dans l'agriculture. Les barons du régime, brimés dans leurs activités spéculatives à cause du contrôle internationale, retournent à la terre : en 1980, déjà, on recense 530 petites et moyennes entreprises agricoles et 40 entreprises dotées d'un capital confortable[1].

Un embryon de capitalisme agraire naît alors : des planteurs de café, des éleveurs remplacent les petits paysans du Kivu et de l'Équateur. En 1988, cependant, les exportations agricoles ne représentent plus que 10 % des recettes du pays contre 41 % en 1958. Aux alentours de Kinshasa, sur le plateau des Bateke, des dizaines de citadins s'achètent des fermes dont la superficie va de 500 à 3 000 hectares. Les petits paysans sont évincés de leurs terres traditionnelles et embauchés comme ouvriers agricoles auprès des grands propriétaires. Mais ce phénomène de latifundia suscite moins d'oppositions qu'en Amérique latine, car ceux qui reviennent ainsi à la terre sont généralement originaires de la région et embauchent les gens de leur tribu.

En 1982, l'État ouvre une vanne importante qui contribuera au relâchement de la pression dans les campagnes, donnera une autre raison de vivre aux milliers de fonctionnaires qui ont perdu leur emploi, et transformera les provinces du Zaïre en Far West africain : il libéralise l'extraction et la commercialisation de l'or et des pierres précieuses.

Le Far West de l'Afrique

Pour atteindre en camion Kamituga, à moins de 200 kilomètres de Bukavu, il faut compter deux ou trois jours. Les camions, durant la saison des pluies, traversent de véritables murs de boue, plongent dans les ornières, attendent parfois plusieurs jours qu'un bulldozer vienne les dépanner. Pour la plus grande joie des villageois qui, tout au long de la route, proposent de la *chikwangue*, des bananes-plantain, des brochettes et même de la bière. Parfois, les riverains agrandissent eux-mêmes les trous où s'enfonceront les camions : les opérations de désembourbage leur vaudront quelque récompense...

Cette piste boueuse est cependant l'une des artères les plus fréquentées de la région : chargés de bière, d'appareils radio, de pagnes, et aussi de femmes venues du Burundi ou du Rwanda, les camions descendent de Bukavu vers Kamituga.

La société à capitaux belges Sominki, qui exploite les gisements d'or depuis 1920, n'est plus le pôle d'attraction de la
région. C'est à l'extérieur de la ville que tout se passe. Là,
depuis 1983, chacun tente sa chance. Menées par leurs
instituteurs, des classes entières d'écoliers, des hommes seuls,
des familles au grand complet s'attaquent à la colline, comme
des fourmis. Les hommes creusent d'invraisemblables labyrinthes dans la terre rouge, les enfants, au bord de la rivière,
tamisent la boue, scrutent l'eau brune avec avidité, font des
compartiments pour arrêter les pierres. Les femmes accroupies
au-dessus de leurs foyers proposent des haricots, de la bouillie
que les creuseurs avaleront rapidement. Contre le *fufu* de
manioc, on échange de la poudre d'or. Ici comme à Kilo
Moto, ou à Wanga, dans le Haut-Zaïre, sévit la fièvre de l'or.
Les ouvriers ont déserté la Sominki qui les logeait et assurait
leurs soins médicaux. Ils estiment qu'ils gagneront plus en
travaillant à leur compte. De fait, au fond des tamis apparaissent des paillettes brillantes, parfois même des pépites.

Les creuseurs gagnent plus que s'ils travaillaient dans la
mine, mais ils dépensent plus aussi. Les *ngandas* et les
superngandas, ces cafés secoués par une musique tonitruante,
ont envahi la petite ville ; les prostituées, venues du Kenya et
parfois d'Europe, provoquent les militaires mais courtisent
aussi les creuseurs, surtout s'ils ont « eu la chance ». En ville,
les intermédiaires proposent aux creuseurs de racheter leurs
pépites. Eux-mêmes se rendront ensuite à Goma, à Bukavu,
ainsi qu'au Rwanda et au Burundi, où se sont multipliés les
comptoirs d'achat d'or et de pierres précieuses.

La libéralisation de l'extraction des matières précieuses,
décidée en octobre 1982, était destinée à enrayer les fraudes
et à attirer des devises au pays. Populaire, car chacun avait le
sentiment de pouvoir tenter sa chance, cette mesure contribua
également à atténuer l'impact des licenciements massifs inter-
venus dans la fonction publique. Par milliers, enseignants et
fonctionnaires abandonnèrent leurs classes et leurs bureaux
pour devenir *mobeti libanga*, littéralement « casseurs de pierres »,

« débrouillards ». A terme, cependant, les avantages de cette libéralisation sont moins évidents. A Mbuji Mayi, dans le Kasaï, la ville du diamant, comme à Kamituga ou Kilo Moto, les villes de l'or, incidents et accidents sont quotidiens. Les accrochages sont fréquents entre les militaires, désireux de prélever leur part, et les creuseurs, décidés à défendre leur pactole. Certains heurts ont parfois fait des dizaines de morts. Quant aux accidents, ils sont inévitables : livrés à eux-mêmes, les creuseurs taraudent la terre, s'enfoncent dans des labyrinthes à peine étançonnés, et les éboulements sont si nombreux qu'on ne les mentionne même plus.

Comme dans le Far West d'autrefois, les creuseurs, dont les gains sont rapides et la vie fragile, privilégient la consommation immédiate ; l'argent gagné trop vite est aussitôt dépensé : la bière, les femmes... Des éleveurs amènent parfois vers les villes minières des troupeaux entiers qui y seront dépecés en quelques heures. Saisis par la fièvre de l'or et du diamant, pressés de saisir la chance, bon nombre de creuseurs ne retourneront jamais au village où ils ont laissé femme et enfants.

Dans ces régions minières, hormis quelques articles de consommation comme les transistors, ou quelques tôles ondulées sur les cases, les villages ont bien peu bénéficié de la libéralisation. La plupart des hommes jeunes ont délaissé l'agriculture, laissant aux femmes le soin d'entretenir les cultures vivrières ou de se faire embaucher dans les plantations industrielles. A Wamba, dans le Haut-Zaïre, les productions de café et de coton se sont effondrées, des villages entiers sont désertés. Les plus lucides se demandent où passent les bénéfices de l'or.

Africains de l'Ouest qui s'en viennent proposer aux villageois des articles de pacotille — évoquant furieusement le commerce de traite d'autrefois —, prostituées, intermédiaires en tout genre, la libéralisation de l'or et des diamants a évidemment attiré vers le Zaïre des foules d'aventuriers étrangers. Les plus visibles, les plus contestés et les plus menacés lors des explosions sociales sont les Libanais. Bon nombre d'entre eux ont ouvert des comptoirs d'achat de diamants, entrant ainsi en concurrence avec les nationaux. Ils sont accusés de sortir en fraude les pierres précieuses et de ne pas payer les taxes d'exploitation, mais on leur reproche surtout de fausser les règles du marché.

Arrivés au Zaïre pour fuir la guerre civile dans leur pays, les Libanais, souvent de confession chiite, ont généralement fait alliance avec les militaires de rang moyen, cherchant leur protection. Certains d'entre eux ont monté des réseaux très efficaces de blanchiment de l'argent. L'argent sale, venu du Liban ou d'ailleurs — argent de la drogue, des trafics d'armes du Moyen-Orient —, arrive dans les comptoirs d'achat du Zaïre sous forme de devises. Bien nantis, les Libanais peuvent se permettre de rémunérer les creuseurs et les intermédiaires à des prix supérieurs à ceux pratiqués par les comptoirs zaïrois. Lorsqu'ils ont acheté les diamants, ils les exportent et les revendent, sur la place d'Anvers notamment, moyennant devises — régulièrement acquises, cette fois...

L'opération est lucrative, mais dangereuse : face au nationalisme zaïrois qui s'exacerbe, les Libanais se retrouvent en première ligne. Lors des émeutes de septembre 1991 qui mirent à sac Kinshasa, les villas des Libanais furent les premières cibles des pillards. Les généraux avec lesquels ils avaient fait alliance conduisaient personnellement les militaires mutinés. Fuyant vers Brazzaville, les Libanais ont emmené avec eux valises et coffres remplis de diamant brut...

Supportant la pyramide, les femmes...

Courbées : les femmes Bashi du Kivu ne se redressent jamais. Toujours elles circulent avec, au front, un bandeau qui soutient une hotte plus haute qu'elles. Dans la hotte, suivant les heures de la journée, il y a des bidons d'eau, des fagots de bois, des légumes, des calebasses de bière de banane.

Et aussi du sable : cela s'appelle le *rallye*, qui approvisionne les villes en sable de construction. Les fardeaux peuvent peser jusqu'à 50 kilos, plus que le poids de ces femmes chétives, toujours accompagnées de leurs enfants en bas âge. Le signe distinctif de la femme Bashi, c'est sa hotte. Même vide, elle la porte encore, comme une marque du destin.

Tout en bas de la pyramide sociale, il y a les femmes. C'est sur elles que reposent toutes les féodalités, anciennes et modernes[2].

Au Kivu, qui n'est qu'un exemple parmi d'autres régions du Zaïre, le pouvoir traditionnel est resté très important. Les paysans ne peuvent cultiver la terre que s'ils s'acquittent, auprès du chef coutumier, d'une contribution en argent, en nature, ou d'une corvée. Ces tributs sont prélevés sur le travail des femmes, chargées de l'agriculture vivrière. Lorsqu'il s'agira d'aller cultiver les champs du Mwami, le chef coutumier, d'y retourner la terre, ce sont les femmes que l'on enverra.

Les hommes, eux, s'occupent des choses sérieuses : gagner de l'argent en espèces. Pour cela, ils travaillent dans les exploitations agricoles, les plantations de thé ou de quinquina, ou deviennent chercheurs d'or. Les salaires étant dérisoires, l'argent ainsi gagné servira, dans le meilleur des cas, à payer les frais scolaires des enfants ou quelques médicaments. Mais, bien souvent, il sera gaspillé par les hommes.

La véritable subsistance des familles repose ainsi sur les femmes. Ce sont elles qui cultivent les pentes des collines, qui transportent leurs légumes vers les routes et les marchés. Non sans se faire ponctionner à toutes les étapes. Sur les routes, les soldats ont dressé des barrages. A chacun d'eux, les femmes doivent abandonner une partie de leurs récoltes. A l'entrée des marchés, elles passent devant plusieurs paniers où elles doivent déposer quelque chose : il y a un panier pour le chef de poste, un panier pour le chef de groupement, un panier pour le commandant. Quelques pommes de terre, un chou, des patates douces : de prélèvement en prélèvement, la hotte s'allège...

Même à domicile, sur leurs collines, les familles, c'est-à-dire les femmes, sont rançonnées : elles reçoivent régulièrement la visite de personnages baptisés du nom générique d'*agronomes*. Du temps de la colonisation, l'agronome, mandaté par l'administration, visitait les village, prodiguait des conseils aux cultivateurs, les « encadrait ». Les conseils ont disparu, mais les amendes, les taxes, régulières ou non, se sont maintenues. Les villages connaissent l'« agronome hygiène », qui vient contrôler la propreté de la cour ou des latrines, l'« agronome agriculture », l'« agronome garde-forêt », auxquels s'ajoutent le chef des soldats, l'agent recenseur, le vétérinaire. Ce dernier, au lieu de vérifier la qualité de la viande, prélève une « taxe autopsie » : quelques kilos de « viande échantillon » par animal[3].

Aux corvées imposées par les autorités coutumières s'ajoutent les travaux obligatoires exigés par les autorités. Durant l'ère mobutiste, le *salongo*, le travail communautaire, était requis, généralement le samedi. Alors que dans les villes les femmes se contentaient de faire négligemment semblant de balayer les trottoirs avec de longs balais de roseaux, dans les campagnes elles devaient, toujours bénévolement, nettoyer les bas-côtés de la route, ou bien, plus souvent, sarcler la cour ou la parcelle du chef.

Même ceux qui prétendent les aider pèsent sur les femmes en leur demandant un surcroît de travail. Les Églises, par exemple. Dans les paroisses ou les communautés de base, les paysans, c'est-à-dire leurs femmes, sont sollicités pour aider les prêtres à cultiver leurs champs. Lorsque, remplis de bonnes intentions, les religieux, les agences de développement, les volontaires nationaux ou étrangers tentent d'améliorer la vie quotidienne dans les villages, ils s'adressent aux hommes, mais ce sont les femmes qui doivent se mettre aux travail. On apprend aux femmes à améliorer l'alimentation de leurs enfants, à perfectionner leurs techniques de cuisson des aliments, à faire fonctionner un moulin. Il semblerait bien plus urgent de faire travailler les hommes, qui passent leurs soirées, sinon leurs journées, en longues palabres, mais ces derniers ne sont intéressés que par un travail rémunéré ; les activités « de subsistance » demeurent l'affaire des femmes.

Les meilleures intentions du monde se traduiront toujours par un supplément de travail pour les femmes. Leur journée commence à l'aube et se termine au milieu de la nuit. Parfois, lorsque les hommes ont quitté le village, les femmes sont tentées de s'embaucher à leur tour dans les plantations. Souvent, elles préfèrent être payées en nature. Au Kivu, par exemple, leur salaire quotidien représente deux verres de sel, ou une demi-bouteille d'huile de palme[4]...

Dans tout le pays, l'obligation de nourrir leur famille et de s'occuper des enfants pèse trop lourd sur le dos des femmes. La santé de leurs enfants s'en ressent. Dans les collines du Kivu, les médecins constatent que le *bwaki*, c'est-à-dire le syndrome de Kwashiorkor, progresse sans arrêt, y compris sur des terres riches. Des statistiques montrent que la taille moyenne de la population a diminué, de même que le poids des enfants à la naissance, qui n'atteint jamais plus les 3 kilos... Pauvres, soumis aux contraintes additionnées du système moderne et de la tradition, les hommes n'en gardent pas moins leur pouvoir au sein de la famille.

Dans les villes, à côté de leur épouse « légitime » chargée de l'éducation des enfants et de toutes les tâches ménagères (l'eau, la cuisine, les cultures vivrières), ceux qui en ont la possibilité s'offrent des soirées arrosées de bière, ou les plaisirs d'un « deuxième bureau » (deuxième foyer). Relativement dégagées du système coutumier, les femmes y ont plus d'autonomie. Elles ont leur petit commerce, elles tiennent des *ngandas*, petits cafés de quartier. Elles parlent haut et fort, des prouesses des hommes notamment ; elles sont sûres d'elles et redoutables lorsqu'elles se fâchent. Dans les derniers temps de la deuxième République, il est arrivé plusieurs fois que les

« mamans » manifestent pour protester contre le coût de la vie.

Le développement sans l'État...

Le sentiment de ne pouvoir compter sur personne, pas même sur leur mari, de devoir malgré tout trouver les moyens de nourrir leurs enfants, de payer leurs frais scolaires, bref, d'être les véritables piliers de la famille, a obligé les femmes du Zaïre à se redresser, à s'organiser.

Depuis toujours, elles avaient l'habitude de s'entr'aider. Loin du monde des hommes, elles avaient créé leurs propres tontines, sortes de mutuelles où chacune versait sa cotisation. Les commerçantes ont toujours été regroupées en organisations ; dans les villages, les interminables corvées de l'eau et du bois de chauffage ont créé des relations sociales, des solidarités.

Depuis quelques années, les initiatives des femmes ont pris un tour nouveau. Elles se sont réunies, ont créé des coopératives, réuni l'argent nécessaire pour acheter un moulin, ouvrir un dispensaire. Dans bien des villages, j'ai pu assister à des réunions où les femmes évaluaient leurs besoins, leurs moyens d'action, formaient des comités. Au Kivu, mais aussi dans le Bas-Zaïre ou ailleurs, cette décision de « passer à l'action » a été encouragée par la présence d'une multitude d'organisations non gouvernementales, nationales ou étrangères, laïques ou religieuses.

C'est au cours des années 80 que l'État en crise a été obligé de se retirer de tout le secteur social et de l'abandonner à l'initiative individuelle ou à l'assistance internationale. Loin des villes, en marge du parti unique, les organisations populaires se sont multipliées, souvent appuyées par l'Église catholique, qui, comme en Amérique latine, encourageait les communautés chrétiennes de base. Universitaires diplômés et sans emploi, travailleurs sociaux, fonctionnaires licenciés, nombreux sont les intellectuels qui ont décidé de regagner le village. D'aucuns, suivant la logique du système, ont essayé d'entrer dans les structures de pouvoir, mais nombre d'autres ont tenté de travailler avec les paysans. Ils ont formé des coopératives, organisé les gens pour qu'ils résistent autant aux abus de l'autorité traditionnelle qu'aux exactions de l'administration. Ils ont lutté contre les amendes indiscriminées, contre les prix arbitraires, ont proposé de décortiquer le riz au village, de vendre directement le café en réduisant le nombre des intermédiaires... Ces tentatives se sont greffées sur la vieille tradition du *likelemba*, le travail en commun, et ont été encouragées par les nouvelles orientations de l'aide internationale.

Ainsi, la Communauté européenne, naguère si attachée aux grands projets mobilisant beaucoup d'argent et peu de fonctionnaires, tente, depuis 1988, d'adopter une autre approche. Le programme Kivu en est la première illustration. Le principe en est simple : regroupés en associations villageoises, les gens apprennent à définir leurs besoins les plus pressants, leurs moyens et leurs capacités d'action. Ici, le besoin le plus urgent sera un pont. Là, les femmes estiment qu'un moulin leur ferait gagner un temps précieux. Ailleurs, le village souhaiterait se doter d'un puits, ou d'une égreneuse. Une école, un petit dispensaire apparaissent souvent comme indispensables. Des organisations non gouvernementales — zaïroises — font alors le relais entre les paysans et l'assistance étrangère.

C'est là que l'aide internationale prend tout son sens : il ne s'agit plus de soulager la balance des paiements, de soutenir le remboursement d'une dette « odieuse » ou de stimuler les exportations des pays riches, mais d'aider les simples citoyens à s'en sortir. De plus en plus nombreuses sont les organisations non gouvernementales, mais aussi les agences comme l'Unicef, voire la Communauté européenne, sinon la Banque mondiale elle-même, à être tentées par ces petits projets.

Les paysans ne demandent pas une aide gratuite : ils

proposent ce qu'ils ont, leur force de travail. Ou, le plus souvent, celle de leurs femmes.

Dans le cas du programme Kivu, une évaluation est alors réalisée, on met en parallèle l'apport des villages et l'aide demandée. Cette dernière interviendra lorsque les intéressés auront fait une partie du chemin. Ainsi, j'ai vu une piste rurale entièrement construite par les villageois au sud de Walungu, pour leur permettre d'évacuer leur production. Les villageois avaient défriché, la CEE avait fourni l'équipement. Plus loin, une adduction d'eau avait été réalisée suivant le même principe : les villageois avaient creusé les rigoles, la CEE avait apporté tuyaux et robinets. Ailleurs, des terrasses avaient été taillées afin de lutter contre l'érosion, des petits dispensaires étaient en construction, toujours suivant le même principe : les uns apportaient le travail, les autres le matériel. Certes, de telles initiatives connaissent encore bien des ratés. Il arrive que le matériel ne suive pas, que les crédits traînent, que l'organisation laisse à désirer. Mais l'essentiel existe : la mobilisation des populations, bien décidées à ne compter que sur leurs propres forces.

Ce dynamisme a des conséquences inattendues : il affaiblit plus encore l'autorité administrative et crée de nouveaux rapports de forces politiques. Voilà quelques années, je félicitais le commissaire de zone de Walungu pour le courage de ses administrés qui venaient de terminer à la main un tronçon de route ; l'homme ferma les yeux et laissa échapper un cri du cœur : « Oui, tout cela est très bien, mais moi, avec ces méthodes-là, je ne touche plus rien... »

Les effets de cette mobilisation populaire devaient apparaître lors de la Conférence nationale. C'est Solidarité paysanne, l'une des plus anciennes organisations non gouvernementales zaïroises, soutenue en Europe par Frères des Hommes et la CEE, qui devait arguer que, face à la classe politique du passé et du futur, il y avait le pays réel, les organisations populaires, les associations professionnelles... Le contrôle de cette société civile par le pouvoir ou par l'opposition a d'ailleurs été l'un des premiers enjeux de la Conférence (voir chapitre 11).

L'économie informelle

L'une des principales difficultés que rencontrent les bureaucrates européens consiste à évaluer et comptabiliser le travail des femmes ou l'économie dite informelle. Et pour cause : il n'est jamais repris dans aucune statistique. Cette activité incessante, nourricière, vitale, n'entre pas dans le calcul du produit national brut.

Au Zaïre comme partout en Afrique, les chiffres mentent. Heureusement, car s'ils disaient vrai il n'y aurait pas de survivants : comment « tenir » avec 170 dollars par an ?

Les femmes du Kivu ramassent des fagots de bois sur les collines et les coltinent jusqu'à la route. A partir de là, une camionnette emmènera le bois de chauffage jusqu'au prochain village ou jusqu'à la ville.

Venus de Gemena, dans la province de l'Équateur, des colporteurs ont rassemblé la friperie apportée par l'aide étrangère. A pied, portant des espèces de palanquins sur lesquels flottent robes et pantalons, ils s'enfoncent dans la brousse.

Dans les villes, les *quado*, les réparateurs de pneus, voisinent avec les *kadhafi*, qui revendent le carburant trafiqué par les militaires. Les pousse-pousseurs forment des associations bruyantes, en rivalité avec les handicapés qui se sont organisés pour transporter des marchandises sur leurs voiturettes.

Dans les cités de Kinshasa, à Kintambo, Kimbaseke, Ngaba, sont apparus des maraîchers, des petits éleveurs. Des bijoutiers façonnent l'or ou le cuivre, des sculpteurs taillent l'ivoire, des artistes subsistent en fabriquant de faux cachets, des enseignes de magasins, des portraits plus vrais que nature. A Kinshasa, mais aussi à Kisangani, à Lubumbashi, dans ces villes où se trouve désormais 40 % de la population zaïroise, règne une activité incessante.

Malgré la pauvreté, les gens ne mendient pas, ou très peu. Ils proposent leurs services, ce qui est tout différent. Ils surveillent ou nettoient les voitures, revendent de vieux livres, des journaux périmés, réparent les montres, les lunettes, cirent les chaussures. Les artisans fabriquent des marmites, des foyers, des cercueils, des meubles en rotin, montent des lampes. Les jeunes confectionnent des jouets en fil de fer, des miniatures d'avion. De petites industries familiales fabriquent du savon à partir de l'huile de palme qui vient directement de la brousse, et les briques jaunes soigneusement taillées seront revendues par les femmes sur le marché.

Au Zaïre plus que partout en Afrique, les simples citoyens déploient une ingéniosité extraordinaire. La « société civile », c'est d'abord cela : des centaines d'organisations qui rassemblent les « petits métiers » et font tourner le pays.

Dans les cités, les soldats, les gendarmes et quelques fonctionnaires tentent de rançonner, de percevoir leur part d'amendes et de taxes, mais ils n'arrivent pas à contrôler ce mouvement de fourmis industrieuses qui transforment, fabriquent, divisent à l'infini, vendent, revendent et trafiquent.

Les salaires, érodés par une inflation démentielle, ne signifient plus rien : ils paient à peine le prix du transport vers le lieu de travail et ne servent plus qu'à assurer un accès éventuel aux soins médicaux payés par l'entreprise.

Avec le crépuscule du régime Mobutu, l'économie « moderne » s'est pratiquement effondrée. La déconfiture des industries extractives, l'arrêt presque total de l'aide étrangère ont asséché les sources de devises, les marchandises importées sont devenues hors de prix. C'est alors que l'économie dite informelle, celle des femmes, des pauvres de la cité, l'économie non comptabilisée, a pris le dessus. Les gens ont appris à se passer des produits importés, savons, produits de beauté et même médicaments, devenus inaccessibles. Les classes moyennes ont repris le chemin de la cité, de ses marchés, où l'on trouve de tout, mais autre chose, autrement...

Dans l'impossibilité de s'approvisionner à l'étranger pour cause de pénurie de devises, de petits industriels locaux commandent du travail à façon dans la cité, où l'on fabrique même des composants d'ordinateurs, des éléments de baleinières...

Après avoir suivi des jours durant les méandres de l'économie informelle, le professeur Leclercq, qui enseigne l'économie du développement à l'université de Louvain, relevait que les passerelles entre l'économie dite moderne et l'autre s'étaient multipliées. Même ce que les Occidentaux appellent la corruption aboutissait finalement à cette économie non comptabilisée.

Pour maintenir leur prestige et faire face à leurs charges familiales, les Zaïrois considérés comme privilégiés ont cependant dû continuer à soutenir leurs parents, à financer leurs activités. Nombre d'entre eux, désireux de préserver leur image sociale et d'honorer leurs obligations, ont même dû se décider à rapatrier des capitaux placés à l'étranger. D'autres, alors que le dollar valait 14 000 ou 20 000 zaïres, considérèrent même que le moment était venu d'investir au pays...

Avec ses quatre millions d'habitants, Kinshasa vit en symbiose avec le Bas-Zaïre et le Bandundu, qui lui livrent des produits vivriers. Les femmes, toujours elles, se débrouillent pour s'approvisionner dans les villages et pour réaliser quelque bénéfice sur les marchés de la ville. Les plus entreprenantes font la traversée de Brazzaville, de l'autre côté du fleuve, d'où elles rapportent une monnaie forte, le CFA.

De la même manière, les femmes du Kivu vivent du commerce avec le Rwanda, le Burundi et l'Ouganda, vers où elles acheminent une bonne partie de la production de café ; les femmes du Shaba commercent avec l'Angola, d'où elles rapportent des cahiers scolaires, subventionnés par Luanda, tandis que de Zambie arrivent des produits manufacturés et même des voitures volées, au volant placé à droite et que chacun appelle ici « *Merci Kaunda* »...

Cette économie dite informelle, encore méconnue des économistes — c'est peut être une chance ! —, est en fait la base de l'économie réelle, celle qui fait vivre une population qui, dans les villes, ne compte guère plus de 30 % de salariés. Elle a cependant ses limites. Elle ne permet guère d'acheter des biens importés, comme des médicaments ou des livres, et elle est vécue comme un pis-aller, une frustration, par tous ceux qui éprouvent d'autres besoins, les intellectuels, les fonctionnaires.

Elle ne permet pas de répondre aux soucis des familles en matière de santé et d'éducation. Chaque année, septembre est un mois difficile : les parents se saignent pour assurer les frais scolaires des enfants, uniformes, cahiers, « encouragements » pour les professeurs. En 1991, on l'a vu, la rentrée a dû être retardée à la demande générale : personne ne pouvait en assurer la dépense.

La santé à la dérive

« Le drame du Zaïre, c'est que les gens ont cru au système de santé que nous leur avons inculqué. Ils fréquentent régulièrement les dispensaires, les citadines accouchent dans les maternités, la consommation de médicaments est importante. Mais cette santé à l'occidentale, les simples citoyens n'ont plus les moyens d'y accéder. »

Désabusé, un médecin européen demeuré à Kinshasa après le départ des coopérants belges se demande à quoi il sert encore. Ses patients n'ont pas les moyens d'acheter les médicaments qu'il leur prescrit, ou alors ils se les procurent à l'unité, dans les petites pharmacies de quartier où ils consultent les guérisseurs... Les Zaïrois prennent cependant la santé au sérieux. Ils ont appliqué à la lettre les prescriptions de l'Organisation mondiale de la santé et divisé le pays en cent cinquante zones de santé dotées d'un certain nombre de dispensaires qui doivent envoyer les cas graves dans les hôpitaux dits de référence.

Ce souci de la santé explique pourquoi tant de Zaïrois, en dépit des salaires de misère, acceptent leur emploi : la plupart des entreprises publiques ou des sociétés privées importantes sont tenues d'assurer les soins de santé de leurs travailleurs et de leur famille. Il s'agit là d'un avantage social considérable et, bien souvent, le coût des soins dépasse celui de la rémunération : une crise de paludisme revient plus cher qu'un mois de salaire... Cette obligation explique aussi pourquoi, dans les villes en tout cas, les dispensaires et cliniques privés se sont multipliés : les employeurs y souscrivent des contrats, leurs agents y seront soignés aux frais de l'entreprise. Faut-il préciser que cette pratique, par laquelle l'État se décharge une fois de plus de ses obligations sur le secteur privé, représente pour ce dernier une charge importante ? Est-il nécessaire de souligner que cette pratique ouvre la voie à de nombreux abus : chacun tente de faire soigner toute sa famille aux frais de l'entreprise, ou, pour le moins, de se procurer par ce biais les médicaments nécessaires...

Dans les hôpitaux qui dépendent de l'État et où s'adressent ceux qui n'ont guère d'employeur pour s'occuper d'eux, la situation est catastrophique. Aucun budget n'est prévu pour l'entretien : même les pots de peinture ou les produits de nettoyage coûtent trop cher. Certes, le personnel balaie les salles, essaie de préserver un minimum d'apparences, mais les malades sont en réalité complètement abandonnés à leur sort.

A l'hôpital Mama Yemo de Kinshasa, qui porte le nom de la mère du Président, les chirurgiens sont parfois obligés de tirer la table d'opération vers la fenêtre et d'opérer à la lumière du jour : les ampoules coûtent trop cher !

A l'occasion d'une longue grève, en 1990, le président de l'ordre des médecins, le docteur Numbi, déclarait : « En acceptant de travailler dans de telles conditions, les médecins deviennent complices. Certains hôpitaux ou services hospitaliers sont devenus de véritables mouroirs d'où, si l'on a la chance de survivre, on sort plus malade qu'avant. »

Les malades et leurs familles doivent tout apporter : médicaments et nourriture. Pour beaucoup, c'est encore trop cher : on découvre, dans des maternités de Kinshasa, des jeunes mères littéralement gardées en otages avec leur bébé, plusieurs semaines après l'accouchement. Il leur est interdit de quitter les lieux aussi longtemps que la famille n'aura pas payé la sage-femme...

Le départ des coopérants belges a eu des conséquences catastrophiques dans le domaine de la santé : les médecins zaïrois n'ont pas toujours eu les moyens ou l'envie de prendre le relais, surtout en brousse, pour des salaires de 75 dollars par mois, et plusieurs grandes endémies ont reparu. La malaria fait des ravages, et la maladie du sommeil, propagée par la mouche tsé-tsé, qui décima des provinces entières durant la période coloniale, a refait son apparition.

A Kinshasa, le Bureau central de la trypanosomiase est toujours ouvert ; mais il n'a plus aucun moyen d'action depuis que la Belgique a bloqué le million de dollars qui assurait son financement. Onze millions de personnes vivent dans des zones à risques ; de 1988 à 1991, trente mille nouveaux cas ont été enregistrés, qui ne seront pas soignés, faute de médicaments. En 1991 seulement, 71 cas avaient été recensés dans la banlieue nord de Kinshasa.

Le fléau du sida

Paludisme, choléra, maladie du sommeil : les Zaïrois ne se font pas prier pour dénoncer tous les fléaux qui menacent leur santé et qu'ils n'ont plus les moyens d'affronter. En revanche, une terrible pudeur recouvre désormais le mal auquel tout le monde pense sans plus en parler : le sida.

Il y a bien longtemps qu'on ne rit plus du « syndrome inventé pour décourager les amoureux » : dans chaque famille citadine, on compte des victimes. Dans les hôpitaux, des salles de plus en plus vastes sont réservées aux malades du sida que, parfois, faute de moyens et d'espoir, leurs familles sont obligées d'abandonner. En province aussi, dans les villes, près des axes routiers, le fléau fait des ravages. D'une certaine manière, l'absence de routes et de moyens de transport préserve encore les campagnes. Mais pour combien de temps ?

C'est en 1983 que furent diagnostiqués les premiers cas de sida à Kinshasa. Un an plus tard apparaissaient le « projet sida » et le Bureau central de coordination de la lutte contre la maladie. Le Zaïre, à la différence d'autres pays d'Afrique qui considéraient ce fléau comme un secret d'État, fut l'un des premiers à briser la consigne de silence. Soutenu par l'aide américaine et par l'Organisation mondiale de la santé, un programme d'information et de prévention a été mis en place, des avertissements sont passés à la télévision, des placards ont été publiés dans les journaux. Les artistes, qui payèrent un lourd tribut à la maladie, ont apporté leur contribution au programme d'information : avant leur mort, Luambo Makiadi, Empompo Loway et d'autres composèrent des chansons didactiques ou des spots télévisés. Alors que dans les pays voisins, comme le Rwanda, cependant beaucoup plus moraliste que le joyeux Zaïre, l'épidémie continue de croître, au Zaïre les spécialistes s'interrogent à propos d'un curieux phénomène : depuis trois ans, la prévalence du sida s'est stabilisée à 8 % de la population adulte de Kinshasa, bien moins qu'à Kigali ou Bujumbura. Cependant, à Kinshasa comme dans toute les capitales des pays de la région, le sida est devenu la première cause de mortalité ; dans la tranche d'âge de vingt à quarante ans, la séroprévalence est de 12,8 %, contre 4 % pour une population vivant en province.

A terme, les conséquences économiques de l'épidémie seront considérables. A l'heure actuelle, déjà, le coût direct d'un malade est évalué à 250 dollars, somme que presque personne ne peut payer, mais la Banque mondiale prévoit que le sida entraînera à terme un manque à gagner de l'ordre de 30 % du produit national brut, la population la plus touchée étant aussi la plus productive. Si le Zaïre devait maintenir à l'avenir le déjà faible niveau de traitement réservé aux malades atteints du sida, il lui faudrait, d'après le programme des Nations unies pour le développement, augmenter de 58 % en trois ans l'actuel budget de la santé.

Malgré l'ampleur de l'épidémie qui fait du Zaïre, après les États-Unis et l'Ouganda, le troisième pays le plus touché au monde, la population, très volontariste, se refuse au pessimisme. Les Zaïrois soulignent que le fléau plafonne ; ils croient fermement qu'ayant été parmi les premières victimes de l'épidémie, c'est chez eux aussi que sera découvert le remède.

Mobutu lui-même, dont de proches parents ont été touchés par le mal, attache beaucoup d'importance à la lutte contre le sida. Il a encouragé chercheurs américains et français et est intervenu personnellement pour financer les travaux d'un compatriote, le professeur Lurhuma. Mais, là encore, le Président n'a pu s'empêcher de rechercher un avantage politique et de « brûler » définitivement Lurhuma au sein de la communauté scientifique. En novembre 1987, la télévision zaïroise annonça qu'une nouvelle allait être annoncée, « de nature à bouleverser l'Afrique et le monde ». A Kinshasa, les spéculations, les rumeurs allaient bon train, d'aucuns imaginaient déjà une démission du Président ! La foule des grands jours se pressait dans la salle de conférence du CCIZ dont les ascenseurs avaient pour la circonstance été remis en marche. Flanqué d'un chercheur égyptien, le professeur Shawfik, qui avait le triomphe discret et préféra observer un prudent silence, le volubile professeur Lurhuma annonça qu'avec son collègue du Caire il venait de mettre au point un traitement appelé MM1 (du nom de Moubarak et Mobutu...) et que les résultats des premiers tests permettaient d'espérer qu'un remède relativement peu coûteux allait bientôt pouvoir être mis sur le marché.

La nouvelle laissa sceptique la communauté scientifique

internationale : les deux chercheurs n'avaient proposé aucune publication aux revues spécialisées, n'avaient rien communiqué à l'occasion de nombreux congrès consacrés au sida. En revanche, la nouvelle de cette « percée » scientifique permit à Mobutu, qui faisait alors un séjour en Suisse pour raisons médicales, de rentrer triomphalement à Kinshasa, démentant toutes les rumeurs qui avaient circulé à propos de sa propre santé !

A la suite de cette annonce sensationnelle, l'hôpital Mama Yemo, déjà terriblement démuni, dut faire face à un afflux de malades venus de tous les pays d'Afrique et de plus loin encore, et qui, n'ayant plus rien à perdre, désiraient se soumettre aux expérimentations du professeur Lurhuma.

D'autres remèdes furent encore expérimentés au Zaïre : l'UM 127 du professeur Penge, le Nizhio du « pasteur » Sabana. On releva même l'existence d'un « missile anti-sida » !... Faut-il souligner que la composition de ces recettes miracles n'a jamais été publiée ?

Si, lors des émeutes de septembre 1991, le Bureau de recherches sur le sida fut dévasté par les pillards qui s'emparèrent même de réfrigérateurs contenant des bouillons de culture du virus, c'est parce que cette institution n'a pas bonne presse. Les Zaïrois l'accusent de recevoir et de dilapider l'argent des États-Unis et de se livrer à des expérimentations douteuses.

Dans un autre centre de recherche, l'INRB (Institut national de recherches biomédicales), lié à l'Institut Pasteur, le professeur français Zagury s'est longtemps efforcé de mettre au point un vaccin contre le sida. Il s'agissait du vaccin contre la variole auquel avaient été combinées, par génie génétique, les protéines de l'enveloppe du VIH. En 1989, soixante-dix individus furent vaccinées, tous des étrangers. Le professeur Zagury aurait souhaité étendre son expérimentation à des volontaires zaïrois ; pour ce faire, il lui fallait l'autorisation du ministère de la Santé. Présentant sa requête, le savant français s'entendit répondre que l'autorisation lui serait donnée à condition qu'il promette de ristourner au Zaïre 20 % des royalties en cas de découverte d'un vaccin. Le docteur Zagury préféra poursuivre ses travaux en Côte-d'Ivoire.

Au Zaïre, la situation est peut-être moins désespérée dans les dispensaires que dans les grands hôpitaux. Dans les quartiers de Kinshasa, les petits dispensaires se sont multipliés, ouverts par de jeunes médecins, des infirmières. Vu la modicité des ressources de la population, les tarifs ne sont pas très élevés, les gens essaient d'y faire face. Bon nombre de ces dispensaires sont en équilibre financier. Leurs propriétaires essaient aussi de se procurer des médicaments à bas prix afin de casser ceux du marché. Mais la pénurie de devises permet tous les trafics...

Dans les campagnes, seuls fonctionnent encore les dispensaires dépendant des missions ; dans les régions éloignées où même le sel, le savon, le sucre représentent un luxe oublié, les médicaments sont totalement inaccessibles. Restent alors les guérisseurs...

Tous les indicateurs l'attestent : les Zaïrois, citoyens d'un pays riche, sont parmi les plus pauvres des Africains. Les plus pauvres, ou les moins développés ? Les moins insérés dans les échanges mondiaux, dans ce que l'on appelle le « développement » ? La « mise en valeur » de la colonie, c'est-à-dire son insertion dans l'économie mondiale, avait été l'une des grandes ambitions de la colonisation belge. Ambition reprise par la suite par toutes les coopérations, bi- ou multilatérales, et qui fut battue en brèche par l'indifférence du régime. Vers la fin de l'ère Mobutu, des pans immenses de l'économie zaïroise, dans les campagnes lointaines, mais aussi dans les villes, ont « décroché » par rapport à l'économie mondiale et vivent pratiquement en autarcie.

Kinshasa, avant les troubles de septembre, comptait 40 % de chômeurs. Pour un certain nombre d'entre eux, la grande ville a même réussi à briser les liens traditionnels de la solidarité. Phénomène impensable dans les années 70, les mendiants ne sont plus quelques « professionnels » connus de tous. On découvre désormais parmi eux des mères de famille chassées d'un logement qu'elles ne peuvent plus payer, des « phaseurs » ou « ballados », ces jeunes gens qui avaient jusqu'alors réussi à survivre en pratiquant de petits métiers. Des familles sont obligées de camper dans des hangars désaffectés, à la gare centrale, dans des abris d'autobus...

Un pays d'artistes

Ce tableau dramatique ne devrait cependant pas faire oublier d'autres aspects de la réalité zaïroise, notamment l'extraordinaire créativité de la population, qui lui permet non seulement de se « débrouiller » sur le plan économique, mais aussi d'exprimer ses talents artistiques.

Kinshasa n'est pas toujours la « Kin poubelle » que dénonce la presse. Elle est aussi, pour ceux qui l'aiment, « Kin la belle » ou « Kin Kiese », « Kin la joie »... Dans cette immense cité de quatre millions d'habitants, où les quartiers sont autant de villages, la vie ne s'arrête jamais : les travailleurs qui partent à l'aube croisent les noctambules qui prolongent la fête. Dans les dancings et les *ngandas*, les petits cafés tenus par des femmes, c'est par bacs entiers que ceux qui le peuvent commandent la bière. Les autres se contentent de danser, se trémoussant sur des rythmes qui font vibrer l'Afrique entière. Sapeurs, « Londoniennes » et autres dansent du soir à l'aube sur des musiques de Rochereau, Franco, Myriam Bel, les « grands », souvent en tournée à l'étranger et aujourd'hui critiqués car ils furent parfois utilisés par le régime. A côté de Papa Wemba et autres vedettes, il y a aussi les orchestres de quartier, ces dizaines de petites formations qui font danser la population, qui font graver des 45 tours et rêvent d'être un jour propulsés vers « Miguel », cette Europe mythique de Paris ou Bruxelles dont rêve tout un chacun.

La musique occulte parfois les autres facettes de la culture zaïroise : la littérature, les arts plastiques, les bandes dessinées.

L'ouverture politique de 1990 a révélé un extraordinaire foisonnement de talents. Dans les quotidiens, les hebdomadaires, sont apparus des caricaturistes féroces, croquant les « dinosaures », les « boas », les « acquéreurs », les « 4 × 4 » et autre *pajero* dont les forfaits alimentent la chronique politique. Les auteurs de bandes dessinées, eux, n'ont pas attendu l'ouverture politique pour laisser libre cours à leurs dons : si quelques vedettes comme Barly Baruti, qui a pu faire un stage dans les studios d'Hergé, sont déjà diffusés en Europe, des dizaines d'autres artistes impriment et diffusent eux-mêmes leurs œuvres, qui sont vendues sur le trottoir, de la main à la main. En 1991, malgré la crise, ces auteurs ont même réussi à organiser à Kinshasa un festival de la BD africaine...

Dans les ateliers dont la devanture proclame « Artiste peintre » ou « Sérigraphie », on ne se contente pas de reproduire des cachets, des tampons, d'imiter à s'y méprendre passeports et visas. On découvre là d'authentiques artistes qui créent des enseignes pour les tailleurs, les coiffeurs, illustrent des scènes de la vie quotidienne ou les grands mythes de la vie nationale : la mort de Lumumba, l'envoi de parachutistes blancs sur Stanleyville ou Kolwezi, la « mamy wata », la sirène aux longs cheveux blonds qui émerge du fleuve...

Mais voilà : la pénurie est partout. Elle oblige les peintres naïfs à colorier des sacs de farine récupérés sur les marchés, elle contraint les musiciens à taper sur des calebasses ou à fabriquer eux-mêmes leurs instruments, elle empêche la diffusion des écrivains. *Dignité pour l'Afrique*, les « confessions » livrées par Mobutu au journaliste français Jean-Louis Remilleux, furent un best-seller « obligatoire » : le prix du livre fut retenu sur le salaire de tous les fonctionnaires afin que nul d'entre eux ne fût privé de la bonne parole ! Personne d'autre n'a cette chance : les ouvrages étrangers sont frappés de droits de douane exorbitants, et, surtout, les auteurs zaïrois ne trouvent pas d'éditeurs. Seuls quelques privilégiés ou quelques très grands talents, comme Y. Mudimbe, qui ont

choisi l'exil depuis longtemps, ont réussi à se faire connaître
à l'étranger. D'autres, comme Djugu Simba, auteur d'un petit
livre au titre prémonitoire, *On a échoué,* tentent de se faire
publier avec les moyens du bord, mais les rares maisons
d'édition existant à Kinshasa se spécialisent dans les livres
scolaires, assurés, eux, d'une forte demande.

Lorsque le Zaïre sera définitivement sorti des ténèbres
mobutistes, qui ne permettaient qu'aux griots et aux courtisans
de s'exprimer, lorsque les richesses du pays lui seront enfin
rendues, on s'apercevra que sous la chape de la dictature
couvait l'une des vies culturelles les plus intenses et les plus
foisonnantes d'Afrique.

CHAPITRE 10

Leur ami Mobutu

Pour dissimuler l'importance de sa prise, le roi Léopold II recourut aux arguments humanitaires et scientifiques, mais il eut fort à faire pour déjouer les appétits britanniques et français. Il ne calma Paris qu'en accordant à la France un « droit de préemption » sur cet immense territoire au cas où il se verrait contraint, faute de moyens, de renoncer à le « mettre en valeur ». Bien plus tard, au cours des négociations de la Table ronde préparatoire à l'indépendance, le ministre français des Affaires étrangères, Maurice Couve de Murville, devait, à la surprise générale, rappeler ce droit de préférence. La suggestion tourna court, mais elle avait valeur d'avertissement : le sort du Congo ne laisserait pas la France indifférente.

Les Américains suivaient également avec attention l'évolution d'un pays pourvu de matières premières qui s'étaient naguère révélées vitales pour le « monde libre » : ce n'est qu'en 1942, lorsque les États-Unis disposèrent de l'uranium du Katanga, qu'ils purent se lancer dans la course à l'armement atomique et distancer les Allemands. Uranium, cobalt, vanadium, colombo-tantalite : aux yeux de Washington, il était vital de garantir l'accès à ces matières premières stratégiques.

Un simple examen de la carte suffit à démontrer l'importance géopolitique du pays : à l'est, il fait partie de l'Afrique des Grands Lacs et est touché par les conflits ethniques du

Rwanda et du Burundi. Au nord, il est voisin de l'Ouganda et du Soudan, pays de pénétration britannique, eux aussi régulièrement déchirés par les problèmes ethniques. En Afrique centrale, le Zaïre est une puissance régionale qui touche au « pré carré » français, mosaïque de pays plus exigus et plus dépourvus. Mais c'est surtout avec l'Afrique australe que le Zaïre est impliqué : les gisements de cuivre s'étendent dans une vaste zone à cheval sur la Zambie et le Shaba ; les voies les plus naturelles pour l'écoulement des produits miniers zaïrois passent par l'Angola et l'Afrique du Sud. Sans avoir de frontière commune avec cette dernière, le Zaïre est bien un pays de la « ligne de front »...

Ce n'est pas un hasard si, en 1960, les soubresauts de l'indépendance, la sécession du Shaba, l'intervention militaire des Belges, la mort de Lumumba, les révoltes paysannes suscitèrent les passions africaines, si le « Che » vint guerroyer aux côtés des rebelles et si des pilotes anticastristes furent recrutés par les Américains : le Congo de l'époque était l'un des fronts que se disputaient l'impérialisme américain d'un côté, le mouvement tiers-mondiste, soutenu par les Soviétiques, de l'autre.

De tels clivages peuvent surprendre aujourd'hui que l'Afrique a d'autant plus cessé d'être un enjeu entre grandes puissances qu'il n'y a plus qu'une seule hégémonie. A l'époque, c'est néanmoins sur ces bases que se créaient les alliances, que l'on sacrifiait les hommes et les peuples. C'est la mythologie anti-impérialiste qui permit à Sékou Touré, l'homme qui osa dire non à de Gaulle, de mener jusqu'au bout son délire paranoïaque. C'est la même mythologie de la guerre froide qui fit de Lumumba un communiste et permit à Mobutu d'évincer les hommes politiques de sa génération afin d'instaurer un régime « allié de l'Occident ».

Lorsqu'on dresse le bilan du mobutisme et que l'on aboutit — comme devait le faire en 1991 le Premier ministre de l'époque, Mulumba Lukoji — à un solde globalement négatif, il ne faut pas oublier que le régime au pouvoir depuis 1965 n'était, à l'époque, que l'application africaine de la doctrine de la contre-insurrection appliquée par les Américains en Indonésie, au Brésil, en Thaïlande, en Asie du Sud-Est ou en Corée... Désastreux pour le peuple zaïrois, ce régime était bel et bien celui que prônaient les Occidentaux.

A l'époque, face à la montée des luttes populaires dans le tiers monde, souvent galvanisées par l'exemple cubain, les États-Unis mettent partout en place une stratégie contre-révolutionnaire fondée sur des « hommes forts » liés à leurs services spéciaux. Si, après avoir été membre du MNC de Lumumba, celui qui n'était à l'époque que le colonel Mobutu réussit à évincer, somme toute assez facilement, la classe politique de son pays, c'est parce qu'il était chargé d'une mission bien précise : maintenir dans le camp occidental un avant-poste stratégique doté de ressources essentielles.

Très vite, dès 1960, les amis américains se substituent aux relations belges du jeune colonel. Il n'y a d'ailleurs là aucune contradiction. Alors qu'en Afrique la France et la Grande-Bretagne poursuivent des politiques qui leur sont propres, inspirées de leur héritage de puissances coloniales, pour la Belgique la solidarité avec les Américains est automatique : elle définit presque consubstantiellement la politique extérieure de ce petit pays.

Dès le début des années 60, Mobutu met donc en place, avec ses différents alliés, des méthodes qui le serviront jusqu'à la fin de sa carrière : il met l'accent sur l'importance économique, stratégique, géopolitique de son pays, et se présente comme un garant face aux risques de chaos ou de dérapage. Surtout, il développe un réseau d'amitiés avec des hommes qui, sans apparaître au premier plan, joueront des rôles clés et en seront dûment récompensés.

Le dinosaure

La connexion américaine

Longtemps, le principal atout de Mobutu outre-Atlantique est qu'il y sera à la fois important et méconnu. Ne se trouvant pas dans une zone de conflit de haute intensité, comme le Sud-Est asiatique ou l'Amérique centrale, relativement marginal par rapport à l'Afrique du Sud, le Zaïre passe inaperçu, sauf de ceux qui comptent. Mobutu, qui est soutenu par les services secrets américains depuis 1960, est en quelque sorte le dictateur caché. Ce n'est que vers la fin des années 80, à cause de l'Angola, que les projecteurs se dirigeront vers le « dernier des dinosaures », le contemporain de Marcos, Somoza, Duvalier...

Dès 1960, et même avant, sans état d'âme particulier, Mobutu, tout en restant fidèle à ses plus vieux amis belges, noue avec les Américains des relations autrement plus utiles. Il fréquente assidûment l'ambassade des États-Unis, où on lui avance l'argent nécessaire pour payer ses troupes ; l'ambassadeur Clare Timberlake l'aidera à rechercher Lumumba en fuite. Il retrouve Larry Devlin, qui dirige à l'époque l'antenne locale de la CIA, et Maurice Tempelsman, le diamantaire juif américain. A l'époque, deux juristes pleins d'avenir travaillent pour Tempelsman : Adlai Stevenson, qui sera ambassadeur américain aux Nations unies, et Theodore Sorensen, qui deviendra conseiller de John Kennedy[5]. Les sympathies de Tempelsman pour le Parti démocrate ne se limiteront pas à la politique ou aux affaires : le nom du milliardaire américain sera rendu célèbre par la presse magazine comme celui du compagnon de Jacqueline Kennedy.

C'est Tempelsman qui assure la carrière ultérieure de Larry Devlin : jusqu'au moment de sa retraite, en 1988, ce dernier dirigea à Kinshasa une société liée à l'entreprise de diamants Lazare Kaplan et à la société d'investissements Leon Tempelsman and Son ; l'ancien agent conserva jusqu'au bout un accès direct à la présidence.

A noter que Tempelsman réussit à diversifier ses amitiés : en 1988-1989, il s'implante en Angola, au Botswana ; en Afrique du Sud même, il est lié à la société De Beers. Aux États-Unis, il est toujours considéré comme un excellent connaisseur de l'Afrique et ses conseils sont, à ce titre, souvent sollicités.

Frank Carlucci, qui sera plus tard ambassadeur au Portugal durant la « révolution des œillets », où il s'opposera à la montée du Parti communiste, se trouvait au Congo dans les années 60, de même que Joachim Maitre, collaborateur de la CIA au Congo peu après l'assassinat de Lumumba. Cet « honorable correspondant », d'origine allemande, participa aux missions très spéciales mises sur pied par Oliver North et se retrouvera aux côtés des *contras* du Nicaragua dans leur lutte contre les sandinistes, puis des combattants afghans opposés au régime prosoviétique de Kaboul, avant de se mettre au service de Jonas Savimbi.

Richard Secord, un autre « ancien du Congo », se retrouvera mêlé à l'Irangate. Celui qui devait devenir un général très respecté au sein de l'US Air Force, considéré comme l'un des meilleurs spécialistes de la guerre non conventionnelle et des opérations clandestines, dirigeait en 1964 les pilotes cubains anticastristes chargés de combattre les rebelles congolais. Il revenait alors du Laos, où il avait participé à la « guerre secrète » de la CIA.

La pérennité de Mobutu n'est pas seulement due au fait qu'il représente pour les États-Unis une garantie de stabilité, un ancrage occidental au cœur de l'Afrique. Il est bien plus que cela : il fait partie de la grande famille des services secrets et rendra au fil des années de signalés services à ses parrains. En fait, il est moins lié à la CIA « classique », qui a relativement pignon sur rue, qu'à des groupes plus obscurs qui mènent une diplomatie parallèle et se retrouveront, plus tard, mêlés à l'Irangate ou au soutien de groupes d'extrême droite en Europe.

C'est tout naturellement que Mobutu soutiendra au Tchad

Hissène Habré, autre « ami » des Américains ; qu'il maintiendra, depuis ses relations initiales avec le général Kettani, des liens solides avec le Maroc ; et qu'il appuiera dans la mesure de ses moyens les manœuvres dirigées contre la Libye. C'est d'ailleurs au Zaïre que se replieront les quelques dizaines de « Libyens anti-Kadhafi » formés dans les écoles spéciales américaines et qu'Idriss Déby, ancien compagnon d'armes de Habré, expulsa dès sa prise de pouvoir (voir chapitre 3).

Plus que ces engagements marginaux, c'est l'Angola qui, durant quinze ans, donnera à Mobutu l'occasion d'obliger ses alliés et de cueillir à sa manière les fruits de la guerre froide.

Après le soulèvement qui éclate dans le nord de l'Angola parmi les populations bakongos en 1961, leur leader Holden Roberto se réfugie à Kinshasa, où il rencontre les Américains et devient un homme d'affaires en vue. Selon John Stockwell, ancien agent de la CIA, la protection qu'il accorde à son « beau-frère » n'empêche pas Mobutu de détourner 1 376 000 dollars destinés aux rebelles angolais. Un autre leader, Jonas Savimbi, originaire de l'Ovamboland, dans le sud-ouest de l'Angola, trouve également appui à Kinshasa pour lutter contre les Portugais, mais plus encore pour contrer le Mouvement populaire de la libération de l'Angola, soutenu par l'Union soviétique.

Lorsque le Portugal, où les militaires viennent de renverser le régime Caetano, décide de reconnaître le droit de l'Angola à l'indépendance, le grand jeu se met en place. En 1974, Mobutu rencontre Spinola, le nouveau président portugais, sur l'île de Sal : il s'agit d'empêcher l'Angola de tomber aux mains du MPLA prosoviétique, majoritaire à Luanda.

Lorsque ce dernier expulse le FNLA et l'Unita de la capitale et se voit remettre, seul, les clés de l'indépendance par les militaires progressistes de Lisbonne, le 11 novembre 1975, le Zaïre et surtout les Américains sont déjà entrés en action : en juillet, les troupes sud-africaines, sous prétexte de protéger le barrage de Calueque, sont entrées dans le sud du pays, et, en août, prêtant main forte au FNLA, des chars zaïrois pénètrent en Angola. Ils s'arrêtent à Caxito, aux portes de Luanda, tandis qu'un pont aérien Kinshasa-Carmona est mis en place. Dans l'enclave de Cabinda, dont le pétrole est exploité par Elf-Aquitaine, le Flec (Front de libération de l'enclave de Cabinda) fait son apparition, soutenu par Kinshasa.

A la veille de l'indépendance de l'Angola, alors que les Forces armées zaïroises se préparent à entrer dans Luanda et que les Panhard sud-africains remontent vers la capitale, un coup de théâtre modifie soudain le scénario : appelés par le MPLA, les Cubains débarquent. L'opération Carlotta, décidée par Fidel Castro et financée par les Soviétiques, inflige un revers majeur au FNLA, à l'Unita et à leurs alliés sud-africains et zaïrois. Dans la banlieue de Luanda, les orgues de Staline repoussent les unités zaïroises.

Les coups seront très rudes pour l'armée de Mobutu, obligée d'abandonner ses positions. La fameuse division Kamanyola ne résiste pas à l'épreuve du feu : des centaines de soldats s'évanouissent dans la brousse (voir chapitre 2).

Contre l'Angola progressiste, le Zaïre sera par la suite de toutes les batailles : il bat le rappel des « modérés » au sein de l'Organisation de l'unité africaine, aide les services américains à contourner l'amendement Clarke qui leur interdit toute aide aux belligérants angolais. Mobutu se laisse même emporter dans la mystérieuse aventure de l'Otrag : en 1977, il concède une partie de la province du Shaba, plus vaste que la Belgique, à une société allemande, Orbital Transporten und Racketten Aktien Gesellschaft. Pour le compte des États-Unis, cette société réalise des essais balistiques de portée moyenne. A l'époque, la presse de gauche décèle même une volonté d'installer des rampes de lancement pour fusées nucléaires. Si ces essais avaient réussi, l'Angola et toute l'Afrique australe se seraient trouvées à portée de ces « missiles du pauvre ». Mais l'Otrag, vivement dénoncée à l'époque par l'Angola, ses alliés et la presse, fera long feu. Lors du premier essai, Mobutu et ses invités durent se replier en hâte, abandonnant dans la brousse une choucroute préparée par la société allemande. Mal guidé, c'est dans leur direction que se dirigeait le malheureux missile...

La CIA reprend du service

Si le président Carter et son secrétaire d'État chargé des affaires africaines, Andrew Young, avaient tendance à considérer comme « stabilisatrice » la présence cubaine en Angola, il en va tout différemment avec Ronald Reagan. Bouter les Cubains hors d'Angola est l'une de ses priorités, et Mobutu, un temps désarçonné par la politique des droits de l'homme de Carter, retrouve enfin avec Reagan sa fonction d'allié naturel. Le *good old chap* s'offre un voyage à Disneyland avec une centaine de membres de son entourage et accorde toutes les facilités aux Américains désireux de soutenir Savimbi, à condition qu'ils restent discrets.

Les vieux amis des services secrets reprennent du service, et, en 1986, Mobutu embauche Robert Maheu, un ancien de la CIA[6]. Maheu est vraiment un vieux de la vieille : ancien espion du FBI pendant la Deuxième Guerre mondiale, il a été, sous Nixon, mêlé à une tentative d'assassinat de Castro ; il a longtemps travaillé avec les Cubains anticastristes et fut jusqu'en 1970 l'homme de confiance du milliardaire Howard Hughes. Maheu était également en relation avec Nael El-Assad, beau-frère du multimillionnaire saoudien Adnan Khashoggi, homme d'affaires et marchand d'armes.

Selon Michael Klein, reporter du périodique américain *The National Alliance*, ce sont Nael El-Assad et Khashoggi qui firent le lien entre Mobutu et la famille royale saoudienne. Lien bien utile, qui permit de débloquer un prêt international de 200 millions de dollars au profit de Mobutu. Les liens entre le Zaïre et l'Arabie Saoudite étaient déjà apparus au grand jour lorsque, après l'intervention occidentale au Shaba, en 1978, la réunion des « pays amis » du Zaïre destinée à venir en aide au régime Mobutu rassembla, outre les Belges, les Français, les Américains et les Japonais et les... Saoudiens, dont on n'attendait pas tant de sollicitude. Il est vrai que c'est via le Zaïre que l'Arabie Saoudite contournait à l'époque l'embargo pétrolier visant l'Afrique du Sud !

Adnan Khashoggi, présenté à Mobutu par Mokolo wa Pombo, chef de la Sûreté, fait miroiter la perspective d'investissements arabes importants. Il rencontre Mobutu à plusieurs reprises, l'invite sur son yacht au large de Nice, le retrouve à Venise, où Mobutu fait escale au retour de l'un de ses voyages aux États-Unis. Selon certaines sources, Mobutu aurait alors ordonné à la Banque du Zaïre de libérer 5 millions de dollars au profit du milliardaire saoudien. S'agit-il d'une récompense pour services rendus ou d'une contribution à la « cause » que défendait alors Khashoggi ? Ce dernier, de même que Maheu et El-Assad, était mêlé à l'Irangate, cette opération clandestine par laquelle le lieutenant-colonel North réussit à soutenir financièrement les *contras* du Nicaragua grâce au bénéfice de ventes d'armes réalisées auprès de l'Iran, avec la collaboration d'Israël.

La CIA, dans les années 1985-1986, recherchait des financements discrets pour soutenir les *contras* anticommunistes, et le sultan de Brunei fut l'un de ses contributeurs. Rien n'interdit de penser que, par l'intermédiaire de Khashoggi, Mobutu tint également à faire un geste. Entendu par le tribunal, Oliver North révéla d'autres aspects de l'Irangate : il expliqua qu'au moment où Washington tentait de mettre sur pied cette aide aux *contras*, il fut également question d'organiser le financement de l'aide à l'Unita de Savimbi avec de l'argent saoudien, l'assistance directe à ce mouvement n'étant pas encore autorisée à l'époque. La collaboration du Zaïre se révéla également nécessaire pour contourner l'embargo qui avait été décrété sur les armes sud-africaines. C'est William Casey, patron de la CIA, dont on connaît le rôle dans l'Irangate, qui réussit à convaincre la Maison-Blanche d'utiliser la base de Kamina pour approvisionner l'Unita.

La compagnie d'aviation chargée d'effectuer ces vols clandestins était toute trouvée : ce serait la Saint Lucia Airways, une compagnie privée basée sur l'île de Sainte-Lucie, dans les Caraïbes, qui avait déjà fait ses preuves précisément dans l'approvisionnement des *contras*. Par la suite, lorsque cette compagnie, impliquée dans l'Irangate, fut devenue trop compromettante, ses appareils furent remplacés par les Hercules de Teppler Aviation, une société basée à Crest, en Floride. Les vols, au départ d'Ostende, petit aéroport discret d'où Mobutu avait l'habitude d'envoyer les fournitures destinées à Gbadolite, se poursuivirent normalement.

L'opération Kamina fut menée exclusivement par la CIA, en particulier par la branche la plus secrète de l'agence. Les militaires américains en poste à Kinshasa en 1985, chargés de l'assistance officielle, affirment qu'ils étaient tenus à l'écart des opérations et que le général Kikunda, qui dirigeait les Forces aériennes zaïroises, évitait d'aborder le sujet, alors qu'il établissait lui-même les plans des vols nocturnes pour Kamina. Quant aux militaires belges, ils avaient pris l'habitude de ne pas poser de questions lorsque, presque chaque nuit, ils voyaient se poser, en bout de piste de l'aéroport de N'Djili, les avions cargo C 130 et C 141 dont la provenance et la destination étaient qualifiées de « secrets militaires ». Les militaires et le personnel zaïrois étaient également tenus à l'écart : pour plus de sécurité, ce sont des militaires noirs américains qui déchargeaient les appareils et assuraient le service de protection.

A Kamina, armes et munitions déchargées des cargos étaient alors embarquées à bord d'appareils sud-africains plus légers, en direction de Jamba, le quartier général de l'Unita. Durant toute cette période, trois coopérants militaires belges sont demeurés en permanence à Kamina, l'ancienne base belge. Mais on leur avait chaudement recommandé de fermer yeux et oreilles, et de ne se mêler de rien. Les seules informations disponibles, rarissimes, provenaient de missionnaires installés près de Kamina.

Malgré l'ignorance officiellement recommandée, il paraît cependant peu probable que les autorités belges n'aient rien soupçonné. Ce n'est sans doute pas un hasard si, en 1988, le ministre belge de la Défense nationale, le libéral François-Xavier de Donnéa, se rendit à Kamina. Deux ans auparavant, il avait déjà accordé 200 millions de francs belges destinés à remettre en état une cinquantaine de maisons sur la base. Lors de sa visite, il constata que les trois militaires chargés de la réfection des lieux faisaient du bon travail et il relança l'idée, déjà formulée en 1986, d'une collaboration militaire euro-africaine comparable à celle de l'Otan et liée à elle.

Après que James Brooke, envoyé spécial du *New York Times*, eut révélé en 1987 l'usage exact de la base de Kamina, il fut interdit de séjour au Zaïre et les mouvements des journalistes étrangers furent sévèrement contrôlés. Les demandes de visa, y compris celles des journalistes invités par l'Unita, étaient transmises par les autorités zaïroises à l'ambassade des États-Unis à Kinshasa, qui donnait ou non son feu vert[7].

Entre-temps, mis en cause par ses pairs africains et par les Angolais, Mobutu protestait de son innocence et proposait même à Kenneth Kaunda, alors président de l'OUA, de dépêcher à Kamina, en permanence, une mission conjointe zaïro-angolaise afin d'examiner les lieux. La mission ne fut jamais organisée, et Mobutu, avec un cynisme parfait, put s'autodésigner comme « médiateur » entre l'Unita et le gouvernement de Luanda !

Cette affaire ne révèle pas seulement la duplicité du maréchal-président. Elle démontre aussi l'ancienneté et la solidité de ses liens avec les organisations clandestines les plus réactionnaires du monde occidental.

Mobutu, qui a bien connu George Bush à l'époque où celui-ci dirigeait la CIA, a toujours pu compter sur le soutien d'organisations américaines anticommunistes comme l'Heritage Foundation. De telles relations avec le pouvoir américain occulte permettent même au président zaïrois de défier le pouvoir politique : en 1975, il ne craint pas d'expulser l'ambassadeur Deane Hinton en dénonçant un complot ourdi, affirme-t-il, par Washington, et de procéder à une vaste épuration au sein de l'armée, écartant plusieurs dizaines de jeunes officiers auxquels leur séjour de formation aux États-Unis aurait pu donner des idées (voir chapitre 1).

L'année 1975 est celle où Mobutu troque sa « légitimité économique » contre une légitimité plus politique et pose au « rempart » contre le communisme. Effondrement des cours du cuivre, mise hors service du chemin de fer de Benguela qui évacuait le cuivre du Shaba, effets désastreux de la « zaïrianisation », conséquences de sa mauvaise gestion, tout se conjugue alors pour déboucher sur la faillite du pays. Dès ce moment, Mobutu conjure le mauvais sort économique en utilisant la carte politique et en jouant ses alliés les uns contre les autres : sous le nez des Américains, il agite le chiffon rouge du communisme, il tente de jouer les Français contre les Belges, flirte avec les Chinois, renoue en 1982 avec Israël après avoir spectaculairement rompu avec ce pays en 1973.

Les relations entre Mobutu, Israël et le monde arabe sont la démonstration d'un opportunisme total. Alors qu'il avait lui-même fait un stage de paracommando en Israël et appréciait beaucoup la valeur militaire de l'État hébreu, Mobutu décide en 1973 de rompre avec Tel-Aviv pour se rapprocher du monde arabe, et plaide en faveur des droits des Palestiniens. Les investissements arabes escomptés ne suivant pas, Mobutu renoue en 1982 avec ses premières amours, rétablit les relations du Zaïre avec Israël, puis confie à des spécialistes israéliens le soin de veiller sur sa sécurité personnelle et d'assurer la formation de la division présidentielle. Kinshasa devient une tête de pont pour la pénétration d'Israël en Afrique centrale, au Gabon, en République Centrafricaine notamment.

Mobutu compte aussi sur le lobby juif pour le défendre aux États-Unis. Il attend des Israéliens qu'ils investissent dans son pays. Il entretient enfin des relations plus personnelles avec certains hommes d'affaires comme Leon Tammam et surtout son ami Nessim Gaon, qui organise de somptueuses réceptions à son intention lorsqu'il vient à passer par Genève.

S'ils le servent loyalement, les Israéliens ne l'aident cependant pas. Les investissements escomptés ne viendront jamais. Quelques années plus tard, Mobutu mettra ses pairs africains en garde : « Israël est le seul pays au monde qui n'est pas capable de penser à autre chose qu'à son seul intérêt. Nous payons tout, absolument tout, rien ne nous est donné. Pas même le matériel militaire utilisé par les experts israéliens pour former nos commandos ! »

L'appui accordé à l'Unita puis sa médiation dans le conflit angolais servent essentiellement de cartes politiques à Mobutu : à plusieurs reprises, des initiatives hardies, comme la poignée de mains Savimbi-Dos Santos à Gbadolite, coïncident avec des moments cruciaux sur le plan économique. De même, en 1982, c'est à la veille d'une discussion sur le rééchelonnement de la dette du Zaïre que, fort opportunément, Mobutu envoie deux mille cinq cents hommes au Tchad, conférant ainsi une légitimité africaine à l'opération Épervier lancée par la France. Mobutu fait ainsi coup double : il oblige la France socialiste, s'impose comme un allié indispensable et garantit le succès de sa propre rencontre avec Ronald Reagan.

Le contrecoup de l'Angola

Cette intervention répétée dans les affaires intérieures angolaises aura cependant ses revers : en 1977-1978, elle entraîne les deux invasions du Shaba, et, dans les années 80, elle place le Zaïre sous les projecteurs des médias américains. La politique de soutien à l'Unita ne fait pas l'unanimité aux États-Unis et la presse est amenée à s'interroger sur ce pays qui, depuis si longtemps, propose ses bons offices. Les critiques s'intensifient à mesure que la médiation s'enlise, surtout quand il apparaît que la poignée de main de Gbadolite n'était qu'un coup monté. Pour les grands journaux américains,

Mobutu, sa fortune, ses extravagances, contrastant avec le désastre économique que subit son pays, deviennent soudain un « cas ». En outre, une organisation militante, le Rainbow Lobby, qui affirme lutter pour plus de démocratie aux États-Unis et défend la cause des minorités, choisit en 1988 le Zaïre comme cheval de bataille après avoir longtemps combattu contre la dictature Duvalier à Haïti. Le Rainbow Lobby, peu connu dans les cercles « libéraux » américains ou parmi les activistes traditionnels, suscite bien des questions. On accuse son fondateur, Fred Newman, d'avoir eu des liens avec le Parti ouvrier américain de LaRouche, et on soupçonne l'organisation d'être structurée comme une secte dans la mesure où elle affirme fonctionner uniquement grâce aux cotisations de ses membres. Pour sa part, le Rainbow Lobby réfute toutes ces allégations et affirme que, s'il défend les droits démocratiques aux États-Unis et plaide pour la constitution d'un troisième parti, il est normal que, dans la foulée, il s'interroge sur certains des alliés de l'Amérique.

A propos du Zaïre, en tout cas, ce groupe fait preuve d'une efficacité redoutable : les journaux sont bombardés d'informations, des militants organisent des campagnes de signatures pour protester contre la répression au Zaïre, des contacts sont pris avec le monde politique. Le Rainbow Lobby n'est pas étranger au fait que des sénateurs influents comme Howard Wolpe, David Obey, Stephen Solarz prennent la défense d'opposants zaïrois arrêtés et réussissent finalement à faire adopter par le Congrès la suspension de 3 millions de dollars d'aide militaire au Zaïre.

A noter que si le Zaïre, avec 61 millions de dollars par an, dont 21 au titre de l'aide alimentaire, a longtemps été le premier bénéficiaire de l'aide américaine au sud du Sahara, ces crédits lui seront finalement coupés. La loi américaine est implacable : tout pays qui ne rembourse pas ses dettes est rayé de la liste des bénéficiaires.

De plus en plus fréquemment mis en cause outre-Atlantique, Mobutu ne peut plus se contenter, comme par le passé, de faire réagir son ambassade ou d'envoyer son ministre des Affaires étrangères — Nguza Karl I Bond en l'occurrence — plaider sa cause devant ce même Congrès auprès duquel l'ancien opposant avait naguère dénoncé le régime de son pays. Il doit sacrifier aux usages américains et faire intervenir des lobbies.

Ed Van Kloburg III, un lobbyiste qui a défendu le Panama, la Syrie, la Roumanie et l'Irak, plaide la cause du Zaïre, moyennant 300 000 dollars par an, bientôt rejoint par Black, Mannafort, Stone and Kelly, lobbyistes personnels du président Bush, qui demandent 1 million de dollars par an pour plaider la cause de Mobutu. Ils seront appuyés par Tongsun Park, l'homme du Koreagate, que Mobutu a rencontré lors des funérailles de l'empereur Hirohito, et qui a promis de lui décrocher une assistance japonaise.

Suivant sa vieille tactique de la séduction personnelle, Mobutu tente aussi de « retourner » en sa faveur les dirigeants du Black Caucus, qui rassemble tous les élus noirs américains. Il invite Mervyn Dymally et s'en fait un ami, tente une opération de charme auprès de Mike Leyland, propose à des élus américains de se rendre au Zaïre afin « de leur ouvrir les yeux ». Mais ses manœuvres sont de plus en plus laborieuses : en fait, la fin de la guerre d'Angola a marqué la fin de la légitimité extérieure du régime Mobutu. Lorsque, en janvier 1991, le Zaïre préside le Conseil de sécurité de l'ONU, il soutient tout naturellement l'initiative de guerre américaine dans le Golfe ; mais à part quelques livraisons de pétrole, une promesse de financement koweïtien (10 millions de dollars seront versés) et une lettre d'encouragement de Bush, il ne retirera pas grand-chose de son alignement.

Ce soutien zaïrois à la guerre du Golfe sera encore mentionné à l'automne 1991, lorsque le secrétaire d'État américain aux Affaires africaines, Herman Cohen, expliquera à un Congrès de plus en plus réticent que si Mobutu doit partager le pouvoir avec l'opposition, il garde cependant un rôle à jouer.

Le dinosaure

Contre l'avis des Belges et même des Français, les États-Unis seront les derniers à soutenir leur vieil allié, l'exhortant à composer avec l'opposition, mais sans se retirer pour autant. Crainte du « chaos congolais » ? Méfiance à l'égard d'une opposition mal connue et divisée ? Fidélité inspirée par les nombreux services rendus ? Toutes ces motivations ont joué, sans aucun doute. Mais si, contre toute évidence, les « noyaux durs » de la CIA et de l'administration Bush ont soutenu Mobutu jusqu'au bout, c'est peut être aussi parce que le rusé président zaïrois en savait trop sur l'Irangate, sur les activités de la CIA en Angola et ailleurs en Afrique, voire sur le financement des campagnes présidentielles... Cependant, malgré ces manœuvres de dernière heure, l'essentiel demeure : le contexte international a radicalement changé depuis la fin de la guerre froide, et le Zaïre ne doit plus être considéré comme un « bastion de l'Occident », puisqu'il n'y a plus d'ennemi aux frontières... Seules subsistent la carte africaine et celle de la francophonie, que Mobutu tentera d'utiliser jusqu'au bout, notamment auprès de la France.

Le plus grand pays francophone d'Afrique

Si la France a longtemps perçu l'implantation belge au Congo comme une erreur de l'Histoire et n'a jamais caché son intérêt pour ce pays exceptionnellement riche, les bonnes relations entre Mobutu et les dirigeants français n'étaient assurément pas acquises au départ. Le jeune colonel, lorsqu'il prend le pouvoir, est profondément marqué par la tutelle belge, dont il fait la cible de son nationalisme en même temps qu'il se rapproche des Américains. Il se méfie de la France, il se souvient du ministre français de la défense Pierre Messmer encourageant les mercenaires à gagner le Katanga tandis que Jacques Soustelle, Antoine Pinay et Georges Bidault plaidaient pour un Katanga indépendant. Il soupçonne également Jacques Foccart, si proche de Fulbert Youlou à Brazzaville, d'avoir encouragé la création d'un État bakongo qui aurait coupé le débouché zaïrois sur l'Atlantique. Officiellement, cependant, Paris soutient la politique belge. Durant ses premières années au pouvoir, Mobutu passe pratiquement inaperçu en France. L'opinion ne se passionne guère pour le Zaïre, cet immense pays inconnu qui, quoique francophone, n'appartient pas à la zone d'influence de Paris. En outre, les vieux amis de la France, Houphouët-Boigny, Senghor, ne plaident guère la cause de Mobutu, car ils craignent qu'une assistance économique française au Zaïre ne diminue leur propre cassette.

Il faudra attendre l'avènement de Giscard et son voyage officiel au Zaïre en 1975 pour que des liens se créent. Car Mobutu sait parler à Giscard. Il l'invite à des safaris, le choie, lui montre la grandeur de son pays, ses possibilités économiques, son importance géopolitique. Giscard est convaincu par Mobutu, séduit par le Zaïre.

A l'heure où il s'agit de contrer les « soviéto-cubains » en Angola, le président français se montre sensible aux arguments de son hôte. Une section du Sdece, les services secrets français, s'ouvre à Kinshasa et Giscard décide d'encourager les investissements français au Zaïre. Mais les nouveaux venus se heurtent au bastion minier, solidement tenu par les Belges, et aux habitudes des Zaïrois eux-mêmes.

Mobutu propose alors un vaste secteur où les intérêts de tous peuvent coïncider : les capacités technologiques des Français, la politique de prestige qu'il entend mener et les relations personnelles de Giscard d'Estaing. La France emporte le marché zaïrois des télécommunications et Thomson-CSF sera le maître d'œuvre des travaux auxquels plusieurs autres sociétés françaises sont associées : la CGE, Schlumberger, Sofrecom. Les liens entre le président français et Thomson sont de notoriété publique : Philippe Giscard d'Estaing était déjà président de Thomson-CSF International lors de l'élection de son cousin. Thomson et Telespace se voient alors confier deux vastes projets au Zaïre : la Cité de la Voix du Zaïre, qui coûtera 450 millions de francs français, un système de radio et de télévision ultramoderne qui sera supporté par les crédits publics à raison de 360 millions de francs, et un réseau de télécommunications par satellite, pour la modeste somme de 487 millions de francs. De tels projets sont d'autant plus aberrants qu'en 1980, le Zaïre compte moins de 12 000 récepteurs de télévision et n'a que 27 000 téléphones, contre 37 000 dix ans plus tôt[8] ! Au surplus, aucun contrat de maintenance n'étant prévu, ces réalisations mirifiques seront rapidement paralysées (voir chapitre 8).

Projets de prestige, trop ambitieux par rapport au niveau de développement et aux besoins du pays, mais projets intéressants pour Mobutu. Chaque soir, désormais, la télévision passe un spot — remarquable sur le plan technique — où l'on voit le Guide émerger d'une mer de nuages, sur fond de ciel bleu, et rappeler son œuvre pacificatrice...

Ces grands projets, qui feront partie de la dette du Zaïre, sont garantis par la Coface, la caisse de garantie de l'État français. En 1982, le rapport annuel de la Coface allait piteusement reconnaître que ces prêts consentis au Zaïre devaient être considérés comme perdus (les autres mauvais payeurs étant à l'époque l'Iran, l'Irak et la Turquie).

Si elle veille au prestige du Guide, la France de Giscard veille aussi à le défendre. Au cours des années 70, elle devient l'un des principaux fournisseurs d'armes du régime Mobutu : hélicoptères Alouette et Super-Frelon, et surtout 17 Mirage livrés par Marcel Dassault. Plus encore que les autres armements, l'achat de ces Mirage fut vivement contesté, car le Zaïre ne disposait pas d'installations au sol capables de guider ces appareils sur l'ensemble du territoire. Cependant, l'addition s'élevant à 75 millions de dollars, fut acquittée remarquablement vite : en 1981, 68 millions avaient déjà été remboursés. Selon certains témoignages, Mobutu aurait directement échangé du cuivre et du cobalt contre ses coûteux joujoux.

En 1982, sur ces 17 Mirage, sept seulement étaient encore en état de voler.

A noter que ces ventes d'armes avaient des prolongements en Belgique : le baron Benoît de Bonvoisin, appelé le « Baron noir » à cause de ses liens avec l'extrême droite, joua les intermédiaires dans la vente de blindés AMX 10 au Zaïre par la Sofrema, société française de matériels. On n'en saura jamais plus : enquêtant sur une affaire de fraude fiscale concernant le baron, les juges belges se virent refuser l'accès au dossier français, les autorités invoquant le « secret défense ». On soupçonne aussi le baron, qui finançait le Front de la jeunesse, organisation d'extrême droite, d'être l'un des intermédiaires entre le Zaïre et la France en matière de ventes d'armes. En 1979, le Front de la jeunesse rendit d'ailleurs un signalé service à l'ambassade du Zaïre à Bruxelles : un commando saccagea l'ambassade d'Angola dans la capitale belge. En somme, tout se tient...

Coûteux pour le Zaïre, les investissements de prestige français furent cependant utiles sur le plan politique : lors des deux invasions du Shaba, en 1977 et 1978, c'est la France de Giscard qui sauva le régime Mobutu.

Kolwezi : merci Giscard

Quinze ans après, le responsable à l'époque de la mission militaire américaine au Zaïre n'en revient toujours pas : « En 1975, nous avions été tellement impressionnés par le défilé organisé à Kinshasa — les Mirage français survolaient la ville, les Pygmées de la division Kamanyola marchaient au pas de l'oie, la logistique était parfaite — que nous avions décidé un vaste programme d'aide militaire au Zaïre : 13 millions de dollars étaient prévus pour équiper et former une brigade blindée. Nous étions convaincus que cette armée deviendrait la première de la région. Deux ans plus tard, nous dûmes déchanter. Ces soldats qui défilaient dans un ordre impeccable sur les avenues de Kinshasa s'enfuyaient en masse devant quelques poignées de rebelles ! C'était fou : on voyait les soldats zaïrois sauter du train qui les amenait vers la frontière angolaise, abandonner leurs armes et disparaître dans la brousse. Quant au général Bumba, chargé de coordonner la contre-offensive, au lieu de transporter des hommes et du matériel vers le Shaba, il poursuivait ses opérations de transport personnelles en direction du Bas-Zaïre... En quelques heures, cette armée si impressionnante s'était littéralement évanouie, refusant d'affronter ceux que l'on appelait les gendarmes katangais. C'est alors que nous avons suspendu nos ambitieux projets et que nous nous sommes contentés d'une aide en matériel et d'une assistance ponctuelle. De toute manière, les Français, eux, étaient là... »

En réalité, les rebelles venus d'Angola rentraient chez eux, dans cette province du Shaba qu'ils avaient quittée pour fuir la répression du gouverneur Manzikala, et ils étaient accueillis comme des libérateurs dans les villages (voir chapitre 2).

Mobutu, quant à lui, dénonça haut et fort l'agression cubaine, soulignant même que des « Blancs barbus » avaient été repérés à la tête des envahisseurs. Ce mensonge était d'autant plus évident qu'à Cuba les hommes sont glabres : le port de la barbe demeure le privilège très exclusif des compagnons de la Sierra Madre. Il n'empêche : la solidarité des amis se mit aussitôt en branle. Hassan II dépêcha quinze cents hommes au Shaba, transportés par des Transall français, un DC 8 et un Boeing 747. Les Marocains « nettoyèrent » la frontière et prirent position dans les villages abandonnés par les rebelles.

Moins d'un an plus tard, en 1978, les « Tigres » arrivaient néanmoins jusqu'à Kolwezi (voir chapitre 2).

Cette fois, la France de Giscard s'engage à fond. Officiellement, il s'agit de repousser les rebelles et de sauver les Européens ; en réalité, l'objectif de l'opération est bel et bien de sauver le régime Mobutu.

L'armée zaïroise, qui s'est cependant mieux comportée que précédemment, est dépassée par les événements, et les rebelles semblent eux aussi nettement mieux organisés que l'année d'avant.

Les Belges se montrent préoccupés au premier chef par l'aspect humanitaire. Ils ont pris officieusement contact avec les rebelles et tentent de négocier l'évacuation pacifique des ressortissants étrangers. Ces atermoiements, ces palabres avec des interlocuteurs peu fiables exaspèrent Giscard, d'autant plus que des Européens ont déjà été tués — on sait en quelles circonstances — et que la situation sur le terrain se dégrade (voir chapitre 1). Seul, sans consulter le Parlement, invoquant l'urgence face à une agression extérieure, le président français décide alors d'envoyer la Légion. Les exploits du 2e REP du colonel Érulin ont été suffisamment évoqués pour qu'il ne soit pas nécessaire d'y revenir en détail[9]. Il est cependant frappant de constater que les Français poursuivent des objectifs politiques autant que militaires : ils entendent bien priver les Belges du bénéfice de l'opération. C'est ainsi que la Légion s'envole sans que Bruxelles en soit averti : ce sont les Américains de l'Otan qui avertissent les autorités belges du début de l'opération française... Lorsque les paras belges sont finalement dépêchés au Zaïre — au cours d'une « mission secrète » amplement filmée par la télévision —, leurs appareils se voient interdire le survol des pays africains francophones et perdent un temps précieux en faisant le détour par l'Afrique du Sud ! Il fallait que les paras de Giscard fussent les premiers à sauter sur Kolwezi...

Un pilote américain, qui transporta les « petits gars » de la Légion, se rappelle d'ailleurs que l'opération fut pour le moins hasardeuse : « Un premier contingent fut largué à 17 heures dans les herbes à éléphants autour de l'aéroport. Le temps de se dépêtrer de leurs parachutes, il faisait déjà nuit, et les légionnaires choisirent de bivouaquer sur place, car ils ne savaient pas ce qui les attendait dans la ville. Le lendemain, dès le lever du soleil, nous amenâmes les autres par C 130 et Kolwezi, déjà évacuée par les rebelles, put être libérée... »

Pour la France, les bénéfices de l'opération sont multiples.

Bénéfice politique immédiat : le succès d'une opération « humanitaire ». Bénéfice au Zaïre : le sauvetage d'un régime « ami ». Bénéfice à l'échelle africaine : la France apparaît comme solidaire de ses amis. En sus des pays africains dits modérés, les gouvernements d'Iran et d'Égypte félicitent chaudement Paris. Bénéfice économique, enfin : au grand dam des Belges, la France se met en position de les évincer du Zaïre. A Bruxelles, on murmure avec aigreur : « La France se comporte comme la nouvelle maîtresse du Zaïre. »

Si la France est intervenue aussi résolument aux côtés de Mobutu, c'est certainement pour prévenir sinon l'émergence d'un régime progressiste, du moins le risque de sérieux désordres. Si les « Tigres » avaient pu poursuivre leur offensive, ils n'auraient peut-être pas renversé Mobutu par les armes, car aucun mouvement d'opposition ne se manifesta dans les autres provinces, mais le régime aurait certainement été plus qu'affaibli. Or, à l'époque, la France de Giscard entend protéger Mobutu, mais aussi garantir, à travers lui, ses propres investissements : les réalisations de prestige dépendaient de la survie d'un régime de ce type.

Quelques jours après Kolwezi, les États africains pro-occidentaux se serrent les coudes : à l'occasion du sommet franco-africain de Dakar, ils demandent l'institutionnalisation du droit d'intervention et la création d'une force africaine commune destinée à s'opposer à toute « pénétration soviéto-cubaine ». C'est le temps où Giscard s'écrie : « L'Afrique aux Africains ! »...

Depuis lors, Mobutu est devenu l'un des familiers des grand-messes que représentent les sommets franco-africains, et ses propres interventions en Afrique centrale (Tchad, Rwanda) se font en accord avec Paris. C'est depuis lors aussi que la France est devenue, avec la Belgique, le premier pays pourvoyeur d'aide au Zaïre. Ses coopérants, s'ils sont moins nombreux que ne l'étaient les Belges, se trouvent généralement dans des secteurs plus « pointus », au niveau des ministères, des bureaux d'études, par exemple. Après le massacre de

Lubumbashi, au contraire de la Belgique, la France n'a pas suspendu sa coopération avec le Zaïre, mais demeure très présente dans le pays, ce qui assure à Paris moyens d'action et d'influence. La France joue également un grand rôle dans la recherche sur le sida (voir chapitre 9) et se montre très active sur le plan culturel.

Avec Mitterrand, plus ça change et plus...

Le 10 mai 1981, la retransmission télévisée de l'élection présidentielle française s'est arrêtée peu après l'annonce du résultat final. Des Zaïrois s'en souviennent encore : « Dans la cité, nous avons célébré la défaite de "Giscard l'Africain", la victoire de Mitterrand. Nous étions convaincus que Paris, cette fois, allait lâcher Mobutu. »

Mobutu est inquiet. Ne lit-on pas, dans le programme socialiste, cette critique acerbe dirigée contre Giscard d'Estaing : « Le président de la République manifeste un goût particulier pour jouer sur ce continent le rôle d'un gendarme et soutenir les régimes les plus arriérés, voire les plus barbares et toujours les plus corrompus. Dans presque chacun de ces pays, dans presque chacun des aspects de nos relations, l'honneur et l'intérêt de la France commandent de prendre le contre-pied de cette politique. » Pour conjurer le mauvais sort incarné par le pouvoir socialiste, Mobutu fait organiser des séances d'envoûtement par ses marabouts. Il avait tort de s'alarmer aussi vite. Ce n'est que dix ans plus tard, au sommet de La Baule, alors que le vent de l'Histoire soufflait en tempête sur l'est de l'Europe et que les Africains commençaient eux-mêmes à bouger, que Mitterrand se souvint — peut-être — du programme de jeunesse de son parti et plaida en faveur de la démocratisation des régimes africains.

Entre-temps, avec le Zaïre en tout cas, la France a maintenu ses relations inchangées. Après que Jean-Pierre Cot eut claqué la porte de la Coopération, Christian Nucci s'est montré beaucoup plus sensible à la *realpolitik*, et, surtout, la politique africaine est demeurée longtemps le domaine réservé du président, assisté par son fils Jean-Christophe.

Mobutu a su très vite se rendre indispensable au pouvoir socialiste. En 1982, sans même qu'on le lui ait demandé, il envoie deux mille cinq cents soldats zaïrois au Tchad. Par la suite, il devient un familier de l'Élysée. Il y est volontiers reçu et s'arrange même pour se faire inviter à la commémoration du Bicentenaire ! Alors que l'anniversaire de la proclamation des droits de l'homme est au centre de la cérémonie et que sa présence fait grincer des dents, il s'impose, se faufile et réussit même, au moment de la photo finale, à se trouver en bonne place derrière Mitterrand. Comment aurait-on pu l'éviter ? Il avait fait savoir que, « si nécessaire, je dormirai dans les jardins de l'Élysée » !

Avec la France, Mobutu mise sur deux cartes : le fait que le Zaïre est le plus grand pays francophone d'Afrique, et son rôle de puissance régionale.

Alors que les livres étrangers et notamment français, considérés comme des produits de luxe, sont frappés de droits d'entrée tels qu'ils ne pénètrent pas sur le marché zaïrois, Mobutu, lui, se fait le pèlerin de la francophonie. Il est de tous les sommets. Au Canada, il prononce un discours remarqué, soulignant en substance que son pays a eu de la chance que les Belges ne l'aient pas colonisé... en flamand ! M. Martens, qui représentait la Belgique, faillit en perdre son flegme. Après le massacre de Lubumbashi, c'est le veto des Belges et des Canadiens qui empêcha le sommet de la francophonie prévu pour 1991 de se tenir au Zaïre, ce qui fut ressenti par Mobutu comme un échec personnel. La France, elle, avait déjà commencé les préparatifs. Il est vrai que Mokolo wa Pombo, chargé de s'occuper de la francophonie, n'est pas seulement un ancien responsable des services secrets, que Mobutu charge aujourd'hui encore de ses missions les plus délicates. Il est aussi en relations étroites avec Jean-Christophe Mitterrand. Au cours de leurs soirées parisiennes,

Mokolo réussit longtemps à convaincre ce dernier de la faiblesse de l'opposition et surtout de la nécessité de sauvegarder l'autorité de Mobutu face aux risques de chaos.

La carte africaine

Aux yeux de Paris, la carte africaine de Mobutu est importante : le Guide est devenu, avec Houphouët-Boigny, le plus ancien des chefs d'État africains, et il n'hésite pas à assumer un rôle régional. A l'école militaire de Mbanza Ngungu, mais surtout au centre commando de Kota Koli, des soldats d'autres pays africains sont formés, et Mobutu n'a cessé de surveiller de près les événements du Congo-Brazzaville, de la République centrafricaine, du Tchad (voir chapitre 3).

Au Rwanda, il soutient résolument le régime Habyarimana, bien vu de Paris. Renforçant les accords prévus au sein de la Communauté économique des pays des Grands Lacs, qui unit le Zaïre à ses deux petits voisins, le Rwanda et le Burundi, une convention secrète en matière de sécurité et de défense lie les deux chefs d'État depuis 1985. Elle prévoit une collaboration étroite entre les services de sécurité des deux pays et une aide réciproque en matière de défense. C'est en vertu de cet accord qu'en octobre 1990, lorsque des rebelles appartenant à l'ethnie tutsi envahirent le Rwanda depuis la frontière ougandaise, Mobutu dépêcha immédiatement plusieurs centaines d'hommes de sa division spéciale. Ces derniers subirent de lourdes pertes (57 tués et 200 prisonniers), mais ne tardèrent pas non plus à faire la démonstration de leur savoir-faire : les soldats belges et français présents au Rwanda dénoncèrent les vols et les pillages commis sous leurs yeux par les soldats zaïrois, et le président Habyarimana lui-même dut finalement demander à Mobutu de rapatrier ses hommes.

Auparavant, Mobutu avait donné une leçon de manipulation à son collègue rwandais : alors que les rebelles du Front démocratique rwandais avaient franchi la frontière ougandaise, Mobutu lui conseilla de provoquer des troubles et de semer la panique à Kigali, la capitale, où vivent de nombreux expatriés. Durant toute la nuit, l'armée rwandaise tira en l'air (on devait identifier les douilles des soldats gouvernementaux) ; le matin suivant put commencer l'opération « humanitaire » : les étrangers étaient évacués, les troupes françaises et belges arrivaient sur place, le régime rwandais était sauvé...

Depuis que sa légitimité est contestée sur le plan intérieur, Mobutu tente de renforcer sa légitimité personnelle en intervenant comme médiateur entre le gouvernement rwandais et ses opposants. Alors que la politique intérieure du Zaïre ne lui offre plus que des déboires, c'est sur la scène africaine que Mobutu brille de ses derniers feux, prenant au sérieux sa fonction de « sage ». En dehors de la crise rwandaise, il a proposé ses services au Mozambique, au Soudan, recevant plusieurs fois John Garang à Gbadolite, le leader de la rébellion du sud de ce pays.

Il se soucie aussi de l'Afrique du Sud, et c'est à la surprise générale que Nelson Mandela, en 1990, rencontra Mobutu à Goma et inaugura, à Kinshasa, un square à son nom. Comment le vieux militant pouvait-il accepter de donner l'accolade à l'homme qui, plus que tout autre, avait brisé l'embargo contre l'Afrique du Sud, contourné les sanctions, et reçu Botha à Gbadolite des années auparavant ? En fait, on devait apprendre que Mobutu, qui flirtait avec le régime sud-africain, qui soutenait Buthelezi, avait aussi, et depuis longtemps, accordé un important soutien financier à l'ANC !...

L'amour-haine envers les Belges

L'histoire des rapports politiques entre la Belgique et le Zaïre de Mobutu a déjà été écrite : celle de leurs relations économiques aussi[10]. Mais le psychodrame entre Mobutu et l'ancienne métropole reste à raconter...

Avec les Français, Mobutu conclut des affaires et des accords. Il se sert des Américains pour asseoir et conforter son pouvoir. Avec les Italiens, les Allemands et tous les autres, il signe ou dénonce des contrats. Mais avec les Belges ! Il fut un temps où, chaque matin, le maréchal-président lisait par priorité la presse belge, se faisait traduire les articles en néerlandais et piquait de mémorables colères à la moindre critique, terrorisant l'ambassadeur du royaume dûment convoqué...

Qu'il le reconnaisse ou non, Mobutu est bien un produit de la colonisation belge. Il a été marqué par l'influence des missionnaires, il a dû passer par la condition d'« évolué », il a assisté, impuissant, au bradage de la colonie par les hommes politiques, il s'est heurté aux intérêts économiques de l'ancienne métropole. Il a aussi eu l'occasion, au fil des années, de mesurer l'efficacité pragmatique des Belges, bons agronomes, excellents médecins de brousse, méticuleux gestionnaires, amis bougons et fiables. Il a également, dans les meilleurs moments comme dans les pires, constaté le manque total de souffle et de vision qui caractérise la politique belge.

Mercantile, affairiste, jamais la politique belge au Zaïre, avant ou après 1960, n'eut même l'intuition d'un destin commun. En 1988 encore, Mobutu devait s'exclamer — et ce n'était pas uniquement de la comédie : « J'attendais des amis, j'ai trouvé des comptables ! » Ses rancœurs personnelles, ses frustrations face à une indépendance tronquée, Mobutu les transposera, durant trente ans, sur la Belgique, qui devient alors l'unique prétexte et cible de son nationalisme.

« Guide suprême » dans son pays, dirigeant écouté à l'échelle africaine, reçu avec honneurs par les grands de ce monde, sachant se rendre indispensable aux plus puissants, brassant les milliards et les hommes, Mobutu, aux yeux des Belges, sera toujours Joseph Désiré, et il ne le leur pardonnera pas.

Mais il sait aussi que la Belgique, à tort ou à raison, demeure une référence lorsqu'il s'agit du Zaïre, en particulier auprès des Américains et des institutions internationales. Tout en abreuvant la presse et les partis politiques de ses colères calculées, Mobutu veille à préserver ces liens importants.

C'est avec les Belges qu'il rode et perfectionne son système de relations personnelles, ce code étrange fait d'intimidations et de manifestations d'affection, car c'est avec les Belges seuls qu'il ose en user à fond. Tout comme les Belges sont les seuls à lui répondre sur le même registre.

Mobutu dispose en Belgique d'un réseau de relations sur lesquelles il a toujours pu compter dans les moments difficiles, des amitiés dont certaines datent des années 60. On retrouve parmi eux des journalistes : Pierre Davister, aujourd'hui décédé, Francis Monheim, Pierre Devos, qui deviendra directeur de la radio et ne sera jamais pour lui avare d'informations. Dans les milieux d'affaires, Mobutu connaît évidemment tous ceux qui comptent, et d'abord les dirigeants de la Belgolaise, filiale de la Société générale. Ils l'aident à consolider sa fortune, à réaliser certaines opérations acrobatiques. Mobutu recevra le « patron » de la Société générale de Belgique, Étienne Davignon, au plus fort de la crise belgo-zaïroise, et l'ancien diplomate fera siens les griefs du Président contre l'impertinente presse belge. En 1991, le niveau des affaires ayant nettement baissé, Davignon devait déclarer sans plus mâcher ses mots : cette fois « Mobutu est foutu »... Au sein des universités belges également, Mobutu compte de nombreuses relations. D'aucuns, comme Arthur Doucy, à l'Université libre de Bruxelles, ont été chargés de superviser l'éducation de ses enfants ; d'autres, comme Hughes Leclercq, de l'Université de Louvain, ont été associés à certains moments de l'histoire du pays, comme la « zaïrianisation », tandis que Henri Simonet, alors qu'il était ministre des Affaires étrangères, fut consulté lors de l'élaboration du « plan Mobutu » de redressement de l'économie après les deux guerres du Shaba. Parfois, il s'agit de simples relations personnelles, tissées au fil des années. Des universités se sont également vu confier des études, des projets, des missions de confiance. Tout cela crée des liens multiples et subtils au sein de l'« establishment » belge. Des avocats défendront les intérêts de sociétés zaïroises, des architectes, des décorateurs et même des tailleurs prendront place dans l'entourage du monarque...

Mobutu, au fil des années, est devenu un fin connaisseur du monde politique belge. Il lit les journaux, écoute les rapports, voit défiler, à l'occasion de visites officielles ou privées, des ministres, des secrétaires d'État nationaux ou communautaires, des hommes d'affaires, des Messieurs Bons-Offices. Il sait comment il faut traiter les uns et les autres ; il adore souffler le chaud et le froid.

Lorsque le climat est bon, on parle presque rituellement de retrouvailles, de couple condamné à s'entendre. A l'époque où il était aux affaires, Nguza Karl I Bond n'hésitait pas à s'adresser en néerlandais à certains ministres qui, champagne rosé aidant, ne cachaient pas leur émotion. Il est arrivé que l'assistance, Zaïrois et Belges d'une même voix, entonne de vieux chants flamands comme *Viva Bomma, pataten met saucissen* (Des pommes de terre et des saucisses...)

Quand les relations sont réellement au beau fixe, Mobutu invite ses hôtes belges à se relaxer. Ils visitent alors les parcs naturels en famille, sont reçus dans les résidences officielles du Guide, partagent des parties de pêche. M. Martens lui-même n'y résiste pas, et, après avoir pêché un poisson de belle taille, s'exclame en 1981 : « J'aime ce pays, ses habitants, ses dirigeants ! » Lorsqu'il récidive en 1988, la presse flamande se montre féroce et titre : « On a les amours qu'on peut » ou « L'amour est aveugle »...

Mobutu sait aussi comment toucher les Belges à leur point faible : les affaires. C'est de Belgique qu'il fait venir l'ameublement de sa résidence de Gbadolite, via l'aéroport d'Ostende ; c'est à des Belges qu'il demande de veiller sur ses intérêts en Europe, sur sa famille, et c'est surtout auprès de sociétés belges qu'il passe d'importants contrats. Il sait jusqu'où il peut compter avec eux : lorsque, en 1989, le Zaïre doit s'acquitter d'urgence de ses arriérés de paiement auprès du FMI, c'est la fidèle Belgolaise qui lui avance les 100 millions de dollars nécessaires. Bien des fois, lorsque l'avion d'Air Zaïre est en panne sèche, c'est la même banque qui prête l'argent destiné à payer le carburant.

Mobutu connaît la porosité du monde politique économique et social belge. Il sait comment séduire les hommes politiques en leur parlant commerce extérieur. C'est ainsi que le libéral (conservateur) Herman De Croo sera longtemps considéré comme un « ami du Zaïre », et il essaiera de convaincre Kinshasa d'acheter les centraux de Bell Telephone.

En fait, le monde des affaires est, en Belgique plus qu'ailleurs, un microcosme où Mobutu, très vite, connaît tous ceux qui comptent : Paul Van den Boeynants, le plus célèbre et le plus contesté des hommes politiques belges, qui est aussi l'homme de bien des « affaires », se rend plusieurs fois au Zaïre, en compagnie parfois de Benoît de Bonvoisin.

Jusqu'au bout, des hommes d'affaires belges comme, parmi bien d'autres, Michel Relecom, patron de la brasserie Unibra, William Damseaux, qui approvisionnait Kinshasa en produits alimentaires congelés et ouvrit des comptoirs d'achat de diamants pour se procurer des devises, défendirent à Bruxelles la cause du Zaïre de Mobutu. Souvent associés avec des « barons » du régime, disposant en Belgique de relais politiques et de relais d'opinion, ils furent des piliers de ce « lobby belgo-zaïrois », plaidant pour la coopération avec le pays et l'indulgence à l'égard du régime.

Mobutu s'est également fait des relations dans le monde syndical : il fréquente Edmond Leburton, qui lui parlera des difficultés du quotidien socialiste *Le Peuple*, le catholique Joseph Houthuys, dont le syndicat chrétien se verra confier la formation de membres du syndicat unique zaïrois. Aux plus hauts niveaux de la diplomatie et de la finance, Mobutu compte des relations personnelles : Alfred Cahen, ancien chef de cabinet du ministre Simonet et qui fut longtemps directeur de la politique au ministère belge des Affaires étrangères ; Jacques De Groote, administrateur au FMI. Ce dernier a rencontré plusieurs fois Mobutu à Kinshasa ou à Nice, où le Président le saluait d'un tonitruant « Voilà le Washingtonien ! » Jacques De Groote, qui est lié à tout l'« establishment » belge, a dirigé la Banque du Zaïre, où il fut en poste de 1967 à 1970, y menant une opération de stabilisation de la monnaie, et est resté depuis lors un conseiller très écouté à Kinshasa. Mis en cause en décembre 1990 par le *Wall Street Journal*, qui établissait un lien entre son train de vie flamboyant et ses relations zaïroises, Jacques De Groote devait se défendre en soulignant que s'il avait prodigué des conseils au Zaïre, lui expliquant comment se mettre en règle avec le FMI et l'instruisant des programmes de l'organisation, c'était précisément dans le cadre de ses fonctions. Mobutu, quant à lui, fut très vexé d'apprendre que Jacques De Groote le connaissait à peine...

Lorsque le climat est à l'orage, Mobutu sait comment « faire marcher » les Belges et monter à cette fin des offensives parfaitement calculées. M. Tindemans, ministre des Affaires étrangères, auteur d'un document prônant la « diversification » de la présence belge en Afrique, fut, peu après la publication de ce texte, reçu au Zaïre dans un climat glacial. Il n'obtint pas les audiences prévues, et, lors d'un dîner officiel, on servit, au lieu des somptueux buffets traditionnels, du boudin et des frites...

Donnant le coup d'envoi de l'avant-dernière crise entre les deux pays, Mobutu, en 1988, quitta la table avant le dessert, plantant là M. Martens qui dut rempocher le discours qu'il s'apprêtait à lire et qui annonçait des mesures d'allègement de la dette, jugées d'avance insuffisantes...

Si Mobutu sait quelles cordes faire vibrer chez les Belges, la réciproque est également vraie. La presse, surtout flamande, ne craint pas d'évoquer la filiation douteuse du Président, de dénoncer sa fortune, d'accorder des tribunes à ses opposants. Jamais, du reste, Mobutu ne voudra comprendre qu'en Belgique, pays démocratique, la presse n'exprime pas nécessairement le point de vue du gouvernement et que les réfugiés politiques ont le droit de s'y exprimer. Ces deux thèmes feront l'objet de querelles réitérées, calculées ou non.

Il faut reconnaître que les Belges dans leur ensemble éprouvent à l'égard de Mobutu et de son pays des attitudes ambivalentes. La plupart du temps, ils traitent le Zaïre et son président avec la subjectivité mêlée de passion qu'on réserve en famille aux enfants uniques...

Mobutu n'a jamais été aimé en Belgique. Les milieux d'affaires lui préféraient le jovial et compréhensif Tshombé ; les milieux politiques ont de meilleurs contacts avec le subtil et bilingue Nguza Karl I Bond. Mobutu, son orgueil, ses foucades, sa munificence, choquent l'opinion et inspirent des campagnes de presse virulentes, lesquelles contrastent avec la relative discrétion, voire l'indifférence de la presse française.

En outre, la population belge, en Flandre notamment, ne s'est jamais sentie vraiment concernée par les liens avec le Zaïre. Dans les années 60 et après la « zaïrianisation » de 1973, les Belges s'en sont retirés massivement, se contentant de préserver leurs intérêts dans le secteur minier, sans consentir de nouveaux investissements. En dehors d'Inga, les Belges n'ont que fort peu participé au safari technologique des années 70, aux investissements de prestige, aux projets douteux. Longtemps influent dans les milieux politiques, le « lobby belgo-zaïrois » s'est en fait cantonné à un nombre limité d'affairistes.

Depuis 1978, le Zaïre n'est d'ailleurs plus que le quatrième client africain de la Belgique, derrière l'Algérie, le Nigeria, l'Angola ; il représente moins de 2 % du commerce extérieur belge. Même la prise de contrôle de la Société générale de Belgique par Suez n'a pas eu d'effet déterminant. Mobutu, dont une partie de la fortune est placée auprès d'Indosuez (à l'agence parisienne de l'avenue de Courcelles, plus précisément), aurait tenté de peser en faveur de Suez lors du « match » historique pour le contrôle de la société. L'Italien De Benedetti se montrait en effet beaucoup moins sensible à l'ancrage africain de la Générale que Suez, elle-même issue de la tradition coloniale. On dit même que Mobutu, au plus fort de la bataille, aurait fait jouer ses fonds personnels en faveur de Suez, mais cette intervention n'a jamais pu être prouvée.

Suez, lorsqu'elle eut pris le contrôle de la Société générale de Belgique, s'employa plutôt à mettre de l'ordre dans la nébuleuse de ses activités et sacrifia sans état d'âme plusieurs sociétés liées au Zaïre et devenues des canards boiteux, dans le secteur agricole notamment.

Seules quelques entreprises liées à la grande exportation ont tiré bénéfice des liens de la Belgique avec le Zaïre, mais elles ne l'ont jamais fait en en assumant les risques. A l'instar des sociétés françaises, les entreprises belges ne se sont aventurées au Zaïre que protégées par la garantie de l'État ou stimulées par des crédits émargeant au budget de la coopération au développement.

C'est ce qui explique pourquoi, en dépit de la faiblesse des investissements directs, la dette du Zaïre à l'égard de la Belgique s'élève à plus de 1 milliard de dollars. Cette dette, composite, où se mêlent encore des séquelles de la colonisation, des dédommagements de biens zaïrianisés, des prêts d'État à État qui étaient en fait des subventions déguisées aux entreprises belges et des crédits commerciaux, fut à l'origine de la crise qui consomma le divorce entre Mobutu et la Belgique (voir chapitre 8).

Souvent déçu par l'absence de vision des hommes politiques et par l'opportunisme des hommes d'affaires belges, Mobutu a longtemps entretenu des relations particulières avec le roi Baudouin. Il n'a jamais eu à pousser beaucoup la population zaïroise pour que celle-ci accueille chaleureusement « Bwana

Kitoko », dont la popularité au Zaïre est demeurée immense. Quant à lui, comédien extraverti, séducteur et vaniteux au plus haut point, il n'a pas dû forcer beaucoup son talent pour réussir à briser la gangue de réserve qui protège et isole le souverain. Voilà déjà longtemps, Mobutu a conquis le roi, il entretient avec le Palais des relations personnelles qui transcendent et parfois permettent de résoudre les différends politiques. Alors que la querelle portant sur la nationalisation de l'Union minière battait son plein, vers la fin des années 60, le roi, à l'ébahissement du monde politique, invite Mobutu, le fait loger au Palais et obtient une décrispation de la crise. Plus tard, Baudouin aura encore à l'égard de Mobutu des gestes qui touchent : lors du décès d'Antoinette à Genève, il se rendra personnellement auprès du maréchal-président pour lui exprimer ses condoléances et le soutenir. Plus tard encore, en 1978, le souverain interviendra afin que la Belgique envoie des troupes au Shaba, pour des raisons humanitaires, mais aussi pour sauver le régime.

L'avant-dernière crise avec la Belgique a cependant marqué la rupture définitive avec le roi : Mobutu, emporté par son orgueil, sa vindicte, mal conseillé aussi, va alors trop loin. Alors que l'opinion et le monde politique sont exaspérés par ses provocations, il réussit à s'aliéner le Palais. Ses « clarificateurs » dénoncent l'intervention du roi dans des affaires commerciales, ses propagandistes projettent une grande exposition consacrée aux « crimes de Léopold II », auprès duquel, disent-ils, « Hitler était un enfant de chœur », et l'Agence Azap, porte-parole du Président, menace de dévoiler « les scandales piquants » des coulisses du Palais. C'en est trop. Baudouin décide la rupture. Alors que Mobutu exige que la réconciliation soit scellée à Rabat entre lui-même et le roi, il doit se contenter du Premier ministre belge, et il se fait sermonner par Hassan II, tiraillé entre les liens très réels qui l'unissent au roi des Belges et sa longue complicité avec Mobutu.

Par la suite, Mobutu enverra plusieurs fois des émissaires au Palais royal, il félicitera la Belgique pour son intervention au Rwanda (décidée sur le « conseil » du roi), enverra son ambassadeur assister au *Te Deum* célébrant la monarchie — mais rien n'y fera : les ponts sont définitivement rompus. En Belgique, le crime de lèse-majesté ne pardonne pas.

En octobre 1991, le ministre belge Mark Eyskens devait déclarer : « Je suis fier de reconnaître que je suis le premier ministre des Affaires étrangères qui a été sévère et rigoureux à l'égard du régime zaïrois. Je crois que notre fermeté a contribué à son évolution spectaculaire. »

Pourquoi cette fermeté toute neuve ? Sans doute parce que les liens d'affaires se sont distendus, mais aussi parce que de nouvelles générations sont apparues en Belgique, particulièrement au sein de l'électorat flamand, pour lesquelles Mobutu n'est rien de plus qu'un dictateur, et le Zaïre un pays à peu près comme un autre. Il se peut aussi que le ministre Eyskens, tranchant sur l'opportunisme ou la lâcheté de ses prédécesseurs, prenne au sérieux les principes des droits de l'homme, ce qui expliquerait qu'il soit resté le dernier à exiger que toute la lumière soit faite à propos du massacre de Lubumbashi.

Les sentiments que la population zaïroise entretient à l'égard de la Belgique sont eux aussi très particuliers. Certes, de nouvelles générations sont apparues, qui ont étudié en France et aux États-Unis, le savoir commun est en voie de disparition. Cependant, lorsqu'ils voyagent, les Zaïrois aiment à faire un détour par Bruxelles et passer par Matongue, faubourg ainsi baptisé d'après le nom d'un quartier de Kinshasa. Ils y retrouvent la musique, les boutiques, la presse de leur pays... Ils se sentent chez eux, même si les contrôles de police y sont trop fréquents à leurs yeux.

Voilà quelques années, j'ai eu l'occasion d'assister à Kinshasa à un match de catch particulier. Il mettait aux prises deux héros de la ville : l'un avait une arme secrète, un jupon rouge qu'il agitait devant son adversaire et qui était supposé l'ensorceler. L'autre poussait un cri sauvage censé désarçonner son rival. Mais, surtout, ce grand athlète albinos aux cheveux blancs, aux yeux exorbités, comptait beaucoup sur la peur que son seul nom devait susciter : il s'appelait « Police belge » !...

En abandonnant de manière plus déterminée que les autres gouvernements occidentaux un régime discrédité, les Belges se sont finalement refait une virginité au Zaïre. Reste à savoir à quoi servira ce crédit recouvré et si la Belgique est encore intéressée par l'Afrique en général et par le Zaïre en particulier...

Là réside sans doute une différence de perception dramatique entre Mobutu et ses compatriotes d'un côté, l'opinion belge et occidentale de l'autre : les uns se croient encore indispensables, se fondent sur des liens anciens, des traditions communes, une sympathie souvent réelle, alors que les autres ont noué de nouvelles amours, se sont convaincus du caractère marginal de l'Afrique...

L'intervention belge et française au Zaïre, en septembre et octobre 1991, devait mettre en relief l'ambivalence de ces perceptions : alors que les Zaïrois considéraient que les Français n'étaient là que pour soutenir Mobutu, ils souhaitaient que les Belges prolongent leur présence afin que les troupes de l'ancienne métropole puissent, le cas échéant, protéger la population contre les exactions de l'armée mutinée...

Cependant, l'échec de la « cohabitation » entre Mobutu et le leader de l'opposition Tshisekedi, et l'étendue des troubles sur l'ensemble du territoire, devaient faire basculer la diplomatie française aux côtés de la Belgique. Dès lors, les forces françaises furent perçues de manière différente : la population et l'opposition souhaitèrent que leur présence se prolonge ! Mobutu, de son côté, réclama le départ des paras belges et... mit sur écoutes le téléphone de l'ambassadeur de France qu'il accusa de vouloir le déstabiliser... Si la tentation était grande, en 1991, de laisser le Zaïre à lui-même, d'extraire du guêpier les derniers expatriés et les troupes censées les protéger, l'opposition zaïroise, elle, continuait à rechercher auprès des ambassades étrangères confirmation de sa légitimité. Comme Mobutu vingt-six ans plus tôt...

Quant aux plus radicaux des Zaïrois, peu nombreux, faut-il le préciser, ils espéraient que le retrait des faux amis rendrait enfin leur peuple à lui-même.

CHAPITRE 11

La longue marche de l'opposition

Il était minuit sur le boulevard du 30-Juin. Les silhouettes affalées en permanence dans les jardins de la Miba (la Minière de Bakwanga) avaient enfin disparu. Quelques-uns des gardiens étaient allés boire un verre dans la cité, les autres dormaient sur la terrasse. Seul signe de vie, une petite lampe brillait à l'étage. Tshisekedi veillait, lisant un livre sur la démocratie américaine. L'homme était fatigué, usé par les mois de relégation qu'il venait de subir dans la province de l'Équateur. A cinquante-cinq ans, il semblait prématurément vieilli. « C'est fini, avoua-t-il, j'abandonne la lutte. Dans ce pays, il n'y a pas moyen de mener un combat politique. Les militants de mon parti sont libres d'agir comme ils l'entendent, mais, pour moi, c'est terminé. Je suis fatigué. Je vais m'occuper d'agriculture, retourner dans ma ferme du Kasaï. Il faut bien que je vive. » Amer, Tshisekedi concluait aussi à l'abandon de l'Occident. « Quand il s'agit de l'Afrique, les droits de l'homme n'intéressent pas vos pays. »

C'était en 1987, l'UDPS était au plus bas. Le pouvoir avait su jouer alternativement de la séduction, de la contrainte et de la traîtrise. Tshisekedi, ce soir-là, rendait les armes. Le croire sur parole eût cependant été mal le connaître. Quelques semaines plus tard, il reprenait le combat, haranguait les militants, se faisait une fois de plus tabasser...

Ainsi va le Zaïre depuis toujours. Qu'il s'agisse de l'ordre colonial ou de la férule mobutiste, face à la loi du plus fort, il n'y a que la docilité apparente qui sauve. La dérobade, le silence, lorsqu'il s'agit de rester en vie, de préserver l'essentiel. Cependant, la soumission n'est jamais que la façade ; la révolte couve toujours. Lorsqu'un homme se dresse, comme Tshisekedi sur le pont Kasavubu, en 1988, quelques mois après sa « reddition », aussitôt la foule le reconnaît, l'acclame, brave les forces de l'ordre.

Contrairement aux assertions de l'histoire officielle, la colonisation n'a jamais été acceptée par les populations congolaises. Les révoltes ont été nombreuses, quoique dispersées, et toujours durement réprimées. Elles ont pris des formes différentes. Certaines ont été violentes, comme les mutineries au sein de la Force publique, à Luluabourg notamment, en 1944, ou, politiquement plus significatives, les émeutes de janvier 1959 à Léopoldville, qui firent quarante-neuf morts selon les chiffres officiels, infiniment plus en réalité. D'autres ont été plus dissimulées. Elles se sont traduites par le refus du travail obligatoire, par les désertions, par l'exode en brousse de villages entiers qui refusaient l'ordre des Blancs. D'autres encore ont choisi la non-violence, le refus de porter les armes, de payer l'impôt. Pour être pacifiques, elles n'en furent pas considérées comme moins subversives par le colonisateur, et Simon Kimbangu, condamné à mort, passa trente années en prison — comme Nelson Mandela —, tandis que les témoins de Jéhovah étaient bannis du territoire. Jamais cependant aucun soulèvement ne put s'étendre à l'ensemble de l'immense pays.

Les résistances à l'ordre postcolonial empruntent elles aussi ces voies diverses, nées de la tradition congolaise. A tout moment, la « paix mobutiste » est mise en question, que ce soit par les étudiants, par des mouvements qui revendiquent l'héritage des rebelles et choisissent la lutte armée, par le défi tranquille de l'Église catholique ou par la non-violence. C'est la voie que choisira l'Union pour la démocratie et le progrès social : porter le défi au cœur même de la société totalitaire,

sans recourir aux armes, sans revendiquer le droit à l'insurrection, mais en prenant tout simplement au sérieux cette
idéologie des droits de l'homme dont l'Occident fait un usage
variable et exclusif.

Cependant, l'UDPS fait aussi de nécessité vertu : son
combat non violent survient après l'écrasement des insurrec-
tions armées au Shaba, qui furent repoussées grâce à l'aide
que Français, Belges, Américains et Marocains apportèrent à
Mobutu...

Sous le carcan, les luttes

Contrairement à ce que répétait la propagande officielle, il
y eut toujours, et dès le début, des résistances à l'ordre
mobutiste. Certes, après 1965, les rébellions sont écrasées.
Leurs dernières positions sont liquidées, le pouvoir central
s'installe partout. Les dirigeants de l'opposition, peu préparés
à la lutte clandestine, choisissent alors l'exil ou le ralliement.

Seul le groupe de Laurent Kabila, le Parti révolutionnaire
du peuple, s'incruste dans une zone montagneuse voisine du
lac Tanganyika. Mais, avec le temps, ce groupe n'a plus d'une
guérilla que les origines. Ses partisans, retranchés dans leurs
montagnes, vivent avec leur famille dans une autarcie quasi
complète. Durant des années, ils mèneront un obscur travail
de sensibilisation politique des paysans, mais, en fait, ils
survivront en s'adonnant à l'agriculture. Leur isolement les
rend incapables d'élargir leur terrain d'action et ils ne se
rappellent que de loin en loin à l'attention du pouvoir central,
les garnisons locales ne mettant d'ailleurs pas beaucoup de
zèle à vouloir les déloger.

La première contestation sérieuse du régime, et qui se
maintiendra jusqu'au bout, est le fait des étudiants. Déjà, en
1967, des organisations étudiantes comme l'Agel (Association
générale des étudiants de Lovanium) et l'Ugec (Union
générale des étudiants congolais) dénoncent le manque de

liberté du régime, et ils protestent violemment en 1968 contre le fait que le vice-président américain Humphrey ait l'audace de venir déposer une couronne de fleurs devant le mémorial de Lumumba[11].

Nous l'avons déjà rappelé : le premier heurt sérieux entre le pouvoir et les étudiants se situe en 1969. Ces derniers, qui réclament une démocratisation de l'enseignement supérieur, marchent sur Kinshasa. La troupe les attend ; on relève plus de cent victimes et, deux ans plus tard, les étudiants sont incorporés sous les drapeaux. Ils avaient osé qualifier le MPR de « mourir pour rien »...

Échappant à la conscription obligatoire, des étudiants gagnent l'Europe, notamment la Belgique, et se rassemblent au sein des Étudiants congolais progressistes, dont la filiation remonte à l'Ugec.

Très tôt, des mouvements d'opposition organisés se forment ainsi en Europe et choisissent la Belgique comme caisse de résonance. La plupart sont constitués autour de personnalités connues, d'anciens dignitaires des années 60. C'est ainsi que le Palu, Parti lumumbiste unifié, se reconstitue autour d'Antoine Gizenga, ancien vice-Premier ministre dans le gouvernement Lumumba. Après l'assassinat du Premier ministre, il a dirigé le gouvernement de Stanleyville de novembre 1960 à août 1961, et, à ce titre, est détenteur d'une certaine légitimité révolutionnaire.

Les enfants des grands acteurs de l'indépendance essaient eux aussi de cristalliser la résistance : depuis la Suisse et la Belgique, François Lumumba anime un courant lumumbiste ; Jean Tshombé est en contact avec les gendarmes katangais, qu'il sera accusé plus tard d'avoir infiltrés pour le compte de Mobutu, ce qui lui vaudra plusieurs mois de prison en Angola ; Justine Kasavubu, depuis la Belgique, soutient l'UDPS. Nguza Karl I Bond lui-même se targue de sa parenté avec le chef des Lundas et du fait que son épouse est la fille d'un des fondateurs de l'Abako, dans le Bas-Zaïre.

Il serait vain de vouloir détailler les partis, les alliances et les scissions qui caractérisèrent l'opposition zaïroise au cours des quinze premières années du mobutisme. Vivant à l'étranger, coupés de leur famille, de leur base éventuelle, les opposants se laissèrent souvent entraîner dans des querelles de factions, de préséances, ou séduire par les manœuvres du pouvoir. Cette opposition a cependant existé et, prêchant bien souvent dans le désert, elle n'en a pas moins jamais cessé de dénoncer les méfaits du régime. C'est grâce à elle que furent connus des massacres comme celui d'Idiofa, dans le Kwilu, ou de Katekalay, dans le Kasaï, grâce à elle qu'une information alternative put circuler sur le Zaïre, que fut alimenté le Tribunal des Peuples qui consacra au Zaïre sa session de 1982.

Mobutu ne s'y trompait d'ailleurs pas : dès les premières années de son régime, le fait que la Belgique accepte d'accorder le statut de réfugié politique à des opposants et ne leur interdise pas de s'exprimer le mettait en fureur. L'une des premières crises éclata en 1974 lorsqu'un avocat de gauche, Jules Chômé, publia en France, aux Éditions Maspero, *L'Ascension de Mobutu*. L'intéressé multiplia les pressions, Mᵉ Chômé fut battu à Bruxelles par un commando de nervis d'extrême droite commandité par l'ambassade du Zaïre, mais l'ouvrage ne fut pas interdit en Belgique, alors qu'en France le gouvernement le fit retirer des libraires. Ce fut la première d'une longue série de crises belgo-zaïroises provoquées par les manifestations et les écrits de l'opposition, et il faut reconnaître qu'en l'occurrence la Belgique, peut-être parce que l'État y est faible, n'a guère pratiqué la raison d'État...

Abandon de la lutte armée

Il fallut attendre les deux crises du Shaba pour qu'apparaissent à la fois la fragilité du régime Mobutu, mis en péril par une poignée de rebelles, et la détermination des Occidentaux à le soutenir en essayant de le mettre sous tutelle. De ces événements, les opposants de tout bord tirèrent leurs conclusions.

Il apparut d'abord que les envahisseurs du Shaba n'avaient suscité aucun mouvement de solidarité dans d'autres régions du pays. Kinshasa n'avait pas bougé, le PRP de Kabila, pour autant qu'il existât encore, ne s'était guère manifesté. La lutte armée révélait ses limites : même si l'armée zaïroise n'offrait guère de résistance à des combattants déterminés, Mobutu disposait de suffisamment d'atouts pour obtenir la protection des Occidentaux et le soutien de ses pairs africains.

L'opposition s'emploie donc dès lors à saper la légitimation extérieure de Mobutu en s'efforçant de démentir les principaux arguments du Président : la menace d'une résurgence des rébellions tribales menant à l'éclatement du pays, le risque de chaos institutionnel et de dérive marxiste.

Convaincre l'Occident de ne pas intervenir dans les affaires intérieures du Zaïre, démontrer qu'il existe des alternatives à Mobutu, tel sera, dès la fin des années 70, le principal objectif des opposants. Ils mettront plus de dix ans à se faire reconnaître par Bruxelles, Paris et Washington...

Le premier à ouvrir ce type d'hostilités est Nguza Karl I Bond. L'homme a un passé, une carrière et des ambitions. Il déclare qu'il ne souhaite rien de moins que de remplacer Mobutu à la tête de l'État, en dépit de longues années de collaboration avec lui.

Les ambitions de Nguza Karl I Bond

C'est que Nguza a du talent, et il le sait. Ses atouts sont nombreux. Né en 1938 à Musumba, une bourgade du Shaba qui fut la capitale de l'empire des Lundas, il est apparenté aux chefs traditionnels et sa mère est la descendante en ligne directe du Mwant Yav, l'empereur des Lundas. Après des études chez les pères salésiens, il s'inscrit à l'Université catholique de Louvain d'où il sort en 1965 licencié en relations internationales, après avoir présenté un mémoire sur « L'influence du groupe afro-asiatique aux Nations unies ». A Louvain, le futur diplomate apprend aussi le néerlandais, ce qui lui servira dans ses contacts avec les Belges.

S'exprimant parfaitement en anglais, il devient aussi l'un des interlocuteurs favoris des Américains, qui apprécient son esprit subtil, ses qualités de diplomate, sa modération. Nguza a fait merveille à la tête de la diplomatie zaïroise jusqu'en 1977.

C'est alors que ses origines « katangaises » provoquent sa perte : il est aussi parent de Tshombé, et Mobutu ne le croit guère lorsqu'il affirme avoir tout ignoré des projets d'invasion du pays par les descendants des gendarmes katangais. On reproche à Nguza de ne pas avoir averti les autorités de l'imminence de l'attaque, il est arrêté, condamné à mort pour haute trahison. En réalité, ce qui a failli causer sa perte, c'est un article du quotidien *Le Monde* où il est présenté comme un dauphin possible. Seules les interventions de plusieurs chefs d'État étrangers lui sauvent la vie, mais elles ne l'empêcheront pas d'être humilié, torturé sauvagement, profondément blessé dans son honneur et sa dignité : le régime essaie même de soudoyer son épouse pour qu'elle le trahisse (voir chapitre 6) !

Un an plus tard, il est amnistié, réhabilité et promu au poste de Premier ministre. Il sert le pouvoir jusqu'en 1981, où, à l'occasion d'un séjour aux Pays-Bas pour raisons de santé, il fait défection. Le petit monde des opposants en Europe voit alors débarquer un « poids lourd » de la politique qui entend bien prendre la tête de la contestation contre le régime. Livres, témoignages auprès du Congrès américain, conférences de presse : Nguza se montre un opposant dynamique. Il tente d'unifier les différents partis d'opposition autour de sa personne, mais ses compatriotes le soupçonnent d'être une « taupe » envoyée par Mobutu afin de les infiltrer.

En fait, c'est surtout aux Occidentaux que s'adresse l'ancien Premier ministre. Jouant sur les difficultés économiques du régime, il se présente comme une alternative à Mobutu. « Ne faites plus semblant de croire qu'il n'y a pas de solution de rechange, puisque vous me connaissez et m'appréciez », déclare-t-il à Washington, à Bruxelles... Mais voilà : l'ambitieux diplomate, qui a été entre-temps rejoint par Mungul Diaka, ex-commissaire d'État à l'Éducation, ne réussit pas à unifier l'opposition extérieure autour de sa personne, et les Occidentaux, s'ils ne se montrent pas avares de bonnes paroles, ne font rien pour le soutenir. C'est que la diplomatie des droits de l'homme de Carter n'est plus qu'un souvenir. L'ère Reagan bat alors son plein, et Mobutu peut encore rendre des services.

Nguza, qui n'aime guère rester longtemps loin des allées du pouvoir, s'épuise et s'use dans l'exil. Il décide en 1985 une nouvelle volte-face. C'est la réconciliation, le retour au pays. Il retrouve, jusqu'en 1990, son portefeuille de ministre des Affaires étrangères et... ses amis occidentaux. Mobutu, qui a le sens de l'humour, renvoie son ministre à Washington, où il est chargé de rencontrer le Congrès, une fois encore, mais cette fois pour défendre le régime. La confiance que Mobutu accorde au repenti demeure cependant mitigée, et durant la longue querelle avec la Belgique le commissaire d'État aux Affaires étrangères, après avoir été envoyé à Bruxelles pour déclarer les hostilités, sera réduit au silence.

Passé de nouveau à l'opposition en avril 1990, dès que fut proclamée la troisième République, devenu président de l'Uferi, l'Union des fédéralistes et républicains indépendants, Nguza Karl I Bond, jurait ses grands dieux qu'il n'y avait pas plus tenace adversaire de Mobutu que lui. Ce qui ne l'empêcha pas d'être nommé Premier ministre, par ordonnance présidentielle, fin novembre 1991. Une volte-face de plus...

La fronde des parlementaires

Comédien, publiciste, Mobutu excelle dans tous les rôles, y compris celui de l'opposant à son propre système ! Puisque

lui seul a le droit de s'exprimer, il définira brillamment le
« mal zaïrois » dans un discours mémorable prononcé le
25 novembre 1977 devant le deuxième congrès du Parti :

« Pour tout dire, tout se vend et s'achète dans notre pays.
Et dans ce trafic, la détention d'une quelconque parcelle de
pouvoir public constitue une véritable monnaie d'échange en
contrepartie de l'acquisition illicite de l'argent ou d'une valeur
matérielle et morale (...). Le droit d'être reçu en audience,
l'inscription à l'école de ses enfants, l'obtention de leurs
bulletins de fin d'année, l'accès aux soins médicaux, une place
dans l'avion, une licence d'importation, l'obtention d'un
diplôme, et j'en passe, sont tous assujettis à cet impôt invisible
et pourtant connu de tout le monde (...). Face à tous ces
maux, il faut reconnaître que, trop souvent, l'État et le Parti
n'ont pas toujours réussi à décourager les mauvais, ni à
encourager les bons. Pourquoi ? Simplement parce que, d'une
part, l'État est considéré par plusieurs cadres comme un
instrument d'enrichissement individuel, et que, d'autre part,
le peuple — en partie découragé et en partie complice — a
cessé d'exercer son droit de contrôle sur ses gouvernants
lorsque, à travers des liens particuliers de famille ou d'amitié,
il encourage les vols des deniers et des biens publics, ses
propres biens (...). Tous ces trafiquants, ces commerçants, se
trouvant dans presque tous les organes de l'État, ont fini par
former une caste d'intouchables, véritables exploiteurs de leur
peuple (...). L'image extérieure du Zaïre, projetée par ces
mêmes cadres, est aussi humiliante. Souvent, à cause d'eux,
le Zaïrois apparaît à l'extérieur comme un alliage tragi-
comique de musiciens, de danseurs, de parvenus, d'irrespon-
sables et de vantards... »

Ce « mal zaïrois », essentiellement politique, a donc engendré
« une bourgeoisie qui veut s'enrichir sans travailler, consommer sans produire, diriger sans être contrôlée ». Nul, jamais,
n'aurait osé dresser un réquisitoire aussi accablant, aussi
complet. La lucidité de Mobutu sera suivie d'une décision
concrète : il rend ses prérogatives au Conseil législatif, c'est-

à-dire au Parlement. Ce dernier aura désormais le droit de contrôler le Conseil exécutif et le Conseil judiciaire.

Le problème de Mobutu, qui se reproduira d'ailleurs treize ans plus tard, c'est qu'il est pris au mot. Des parlementaires décident d'exercer effectivement leur droit de regard et leur droit d'expression. Au cours des sessions parlementaires suivantes, les interpellations, les critiques se multiplient, d'autant plus que la deuxième guerre du Shaba a pratiquement mis le pays sous la tutelle de l'étranger. Tout y passe : l'insécurité à Kinshasa, la politique minière, les fraudes ; et, en juillet 1979, quatre parlementaires du Kasaï, dont Tshisekedi, dénoncent le massacre de Katekelay. Virulente, une lettre adressée au Président lui-même dénonce les tueries, qui contrastent avec l'impunité dont bénéficient tous les autres fraudeurs : « Fraude de café dont on connaît la liste et les adresses des opérateurs, fraude de l'ivoire, fraude de l'or, fraude de peaux de crocodile, de léopard et d'autres reptiles ; fraude de malachite, voire fraude de cuivre, de cobalt, de bois, de mercure, et, dernièrement, fraude de salaires à grande échelle !... »

Quoique sollicité par le Président, un tel franc-parler va le mettre en fureur, fureur qui redouble lorsque des informations sur la tuerie filtrent dans la presse occidentale alors même qu'il tente de rendre confiance à ses bailleurs de fonds.

C'est déjà le même scénario qu'à Lubumbashi : silence, tentatives pour étouffer l'affaire, menaces contre les « provocateurs » qui osent l'évoquer, démentis cinglants... Mobutu, recevant les insolents parlementaires, s'adresse particulièrement à Tshisekedi, criant : « Vous voulez ma peau, vous ne l'aurez pas, ou vous la paierez très cher, car moi, je peux avoir votre peau quand je veux et comme je veux[12] ! »

C'est l'affrontement, et Mobutu ne tarde pas à reprendre les libertés qu'il avait concédées aux parlementaires ; il exige désormais que toute interpellation reçoive son approbation et il menace les insolents : « J'ai décidé, désormais, de frapper dur, très dur, toutes les actions isolées qu'entreprendront des "malins" contre leur pays, contre leur Chef, et sans rapport aucun avec leur véritable mandat parlementaire. En d'autres termes, les subversifs seront désormais traités comme tels (...). C'est clair et net[13]. »

Malgré la fermeté de tels propos, la fronde se poursuit au sein du Conseil législatif : poussés par leur base, les députés multiplient les interpellations gênantes, et Mobutu leur enlève une bonne part de leurs prérogatives en instituant le comité central du parti unique, qui coiffera le Parlement.

En 1980, les rapports sont de plus en plus tendus entre Mobutu et ceux qui, bientôt, formeront le « groupe des Treize ». A l'occasion d'une interview, Tshisekedi dénonce « cette structure pyramidale du système politique où c'est le sommet, et le sommet seul, qui pense, conçoit, décide et apprécie l'impact de ses propres décisions, le reste du pays n'ayant que l'alternative d'applaudir ou de se taire », tandis que Ngalula se gausse du bureau politique « qui n'a pas encore dit son dernier mot sur le profil qu'il veut donner au Zaïre, sur le type d'homme qu'il entend façonner, sur la manière dont doivent respirer chaque Zaïroise et chaque Zaïrois, et sur les pouvoirs qui doivent en définitive être ceux du Guide d'un aussi grand pays »...

La fronde de ces représentants du peuple qui prennent leur fonction au sérieux atteint son point culminant lorsque treize parlementaires signent une lettre rédigée par le député Ngalula, à son initiative et à celle de ses collègues Tshisekedi, Makanda et Kanana. Ce document de cinquante et une pages est un réquisitoire passionné contre Mobutu. Il émane d'hommes qui, depuis quinze ans, ont fonctionné à l'intérieur du système, ont occupé des fonctions importantes, ont joué le jeu du parti unique, et qui s'aperçoivent qu'ils ont été dupés, que leur avis, leur expérience ne comptent guère face au pouvoir personnel :

« Voilà quinze ans que nous vous obéissons. Que n'avons-nous pas fait, durant ce temps, pour vous être utiles et agréables ? Chanter, danser, animer, bref, nous sommes passés

par toutes sortes d'humiliations, toutes les formes d'avilisse-
ment que même la colonisation étrangère ne nous avait pas
fait subir (...). Après ces quinze ans de pouvoir que vous avez
exercé sans partage, nous nous trouvons en présence de deux
camps absolument distincts. D'un côté, quelques privilégiés
scandaleusement riches. De l'autre, la masse du peuple
croupissant dans la misère noire et ne comptant plus que sur
la charité internationale pour survivre tant bien que mal. »

En conclusion, les Treize réclament le changement, c'est-
à-dire « la refonte complète des structures du pays, la
jouissance effective de toutes les libertés politiques et démocratiques, principalement la liberté d'association et la liberté
de presse ».

Accablant pour le régime Mobutu, exigeant des réformes
démocratiques qui impliquent un contrôle de l'exécutif, ce
document marque une étape dans la vie politique du Zaïre.

C'est un texte à la fois prémonitoire et fondateur. Prémonitoire des exigences qui allaient être formulées plus tard par
l'ensemble des partis d'opposition à l'occasion de la Conférence nationale, et fondateur en ce qu'il détermine les
paramètres politiques de la lutte qui s'engage.

Mobutu ne sous-estime pas la portée de ce texte, qui ne
tarde pas à circuler sous le manteau, dans le pays et à
l'étranger. Ses auteurs sont déchus de leur immunité parlementaire et arrêtés. Tshisekedi, Lusanga, Makanda, Kapita et
Kanana viennent même se constituer prisonniers à la résidence
du chef de l'État ! Comparaissant devant la Cour de sûreté de
l'État, ils seront sept à assumer pleinement la teneur de la
lettre, tandis que six autres, déjà l'objet de mesures d'intimidation, se feront plus évasifs. Les plus durs, dont Tshisekedi,
qui explique : « J'ai agi en militant et non en courtisan (...)
mes idées sont mes idées et je les diffuse à l'étranger ou
ailleurs », et Ngalula, qui s'exclame : « Au sein du MPR, on
doit pouvoir discuter de certaines choses et on ne doit pas
toujours dire *amen* », seront déchus pour cinq ans de leurs

droits civiques et politiques. Après avoir été arrêtés, ils sont privés de leur liberté de mouvement et relégués en province.

Dès ce moment, une nouvelle donne s'ajoute au jeu zaïrois : Mobutu, nous l'avons vu, tente, tout au long des années 80, d'amadouer ses bailleurs de fonds en jouant la carte géopolitique. Il doit désormais tenir compte d'une nouvelle sorte d'impératifs : ses créanciers, ses censeurs internationaux lui demandent de respecter les droits de l'homme, de ne pas liquider son opposition.

Car, dès l'origine, ces contestataires apparaissent comme bien différents des opposants connus à l'étranger : ils sont issus de l'intérieur du système, ils représentent des personnalités respectées dans leur région d'origine et dans le pays, bon nombre d'entre eux, comme Tshisekedi, qui faisait déjà partie du collège des commissaires, ont été associés aux affaires nationales depuis 1960. Surtout, ils contrent Mobutu sur son propre terrain de prédilection, les relations internationales. Méthodiquement, les « rebelles » veillent à se faire connaître en Occident. Tshisekedi écrit à Chester Crocker, le secrétaire d'État américain chargé des affaires africaines, il fait passer des messages aux Belges par l'intermédiaire du Parti socialiste flamand, s'adresse à Mitterrand dès son élection. En outre, ces parlementaires se contentent d'exiger l'application de principes démocratiques et se gardent bien de tout propos révolutionnaire. Ils tranchent enfin sur les opposants habituels par le fait qu'ils restent au Zaïre : c'est de l'intérieur du pays qu'ils portent la contradiction au régime, leur seule garantie de survie résidant dans leur notoriété et dans le fait que, politiquement, Mobutu ne peut se permettre de les faire disparaître.

L'UDPS, *deuxième parti*

En 1982, aboutissement logique des positions adoptées depuis 1980, les Treize fondent, au Zaïre même, un nouveau parti : ce sera l'Union pour la démocratie et le progrès social.

Revendiquant le droit de constituer une seconde formation politique à côté du parti unique qu'ils estiment discrédité, les fondateurs de l'UDPS professent quelques idées simples : l'exigence de plus de solidarité et de justice, la mise en œuvre de principes démocratiques tels qu'ils sont professés en Occident, la défense des droits de l'homme. Même si le parti sollicitera bien plus tard, et pour des raisons tactiques, son adhésion à l'Internationale socialiste, nulle part il n'est ici question de socialisme. Bien au contraire, ses fondateurs affirment leur attachement aux principes de la propriété privée et de l'entreprise individuelle. Dans le Zaïre d'alors, où le « Parti-État » s'est confondu avec l'État pour accaparer la richesse nationale par le biais des entreprises publiques, ces simples revendications n'en sont pas moins révolutionnaires.

En fait, l'UDPS exprime surtout les aspirations d'une société en mouvement. Les villes absorbent désormais 40 % de la population et de nouvelles classes sociales sont apparues : des patrons de petites entreprises privées que le maquis de la bureaucratie et des passe-droits empêche de se développer, des fonctionnaires durement frappés — à tous les niveaux, sauf au sommet — par les mesures de licenciement ou de blocage de salaires déjà dérisoires, des universitaires de plus en plus nombreux (c'est l'une des réussites du régime) qui n'ont plus accès aux postes rémunérateurs que Mobutu offrait naguère aux jeunes ambitieux. Bien plus que dans les campagnes isolées, c'est dans les villes que frappent les politiques d'austérité imposées par le FMI, c'est aussi dans les villes que, malgré la censure, le contrôle des médias et l'absence de livres, les idées qui agitent le monde pénètrent le plus facilement. Au Zaïre comme ailleurs, les principes de démocratie et de défense des droits de l'homme font leur chemin. A travers tout le pays, de manière clandestine, l'UDPS gagne des militants. Peut-être moins à cause de la personnalité de ses fondateurs ou de la force de son programme, qui reste très vague, que parce qu'elle incarne tout simplement « le deuxième parti », l'alternative.

Mais le pouvoir ne l'entend pas ainsi : durant huit ans, une partie cruelle et compliquée va se jouer entre les protagonistes du « deuxième parti », le Président et son entourage.

L'existence de cette opposition issue du système, dont les hommes furent des amis et des alliés, qui jouent sur les solidarités ethniques, les clivages régionaux, divise profondément la « cour » mobutiste. Les métis, les « Rwandais », les « étrangers » qui entourent le Président se montrent les plus hostiles au dialogue, car tout partage du pouvoir entraînerait une érosion de leur propre suprématie. N'ayant pas de base populaire, seule la faveur du Prince assure leur fortune. D'autres, en revanche, éprouvent des sentiments ambigus envers leurs anciens compagnons, dont, sans le dire publiquement, ils approuvent parfois les idées. Même dans les périodes de répression, le contact ne sera jamais rompu entre individus, et les persécutés de l'UDPS seront parfois aidés discrètement par des proches du pouvoir.

Au fil de cette lutte et de ses nombreuses péripéties, toutes les « recettes » du mobutisme seront mises en œuvre. Les « rebelles » seront arrêtés, torturés dans des centres de détention, menacés d'empoisonnement, sauvagement battus par les milices ou les gardes au cours de réunions publiques, envoyés en relégation selon une vieille pratique héritée du colonisateur. Makanda, victime de mauvais traitements, sera envoyé en Belgique trop tard pour être sauvé ; Kibassa Maliba, relégué au Shaba, sa province d'origine, devra en être ramené d'urgence, vaincu par le diabète, considérablement amaigri. Les propriétés des « fondateurs », la ferme de l'un, l'hôtel de l'autre, leur seront confisqués, puis parfois restitués ; ils vivront de très longues périodes d'isolement à l'issue desquelles des émissaires viendront déclarer à chacun que ses compagnons se sont ralliés au pouvoir et qu'il ne sert plus à rien de vouloir poursuivre la lutte... Certains craqueront, rentreront dans le rang ou accepteront des postes, comme Kibassa Maliba, président du parti, qui était encore ministre de la Jeunesse et des Sports à la veille de la proclamation de la troisième République. Ses compagnons de lutte ne lui en tiennent pas rigueur : il les aidait en secret.

L'obstination de Lihau et de Tshisekedi

En fait, seuls deux des « fondateurs » refusèrent radicalement le contact avec le pouvoir : Marcel Lihau et Étienne Tshisekedi.

Marcel Lihau, originaire de la province de l'Équateur, appartenant à l'ethnie des Mbunzas, connaît Mobutu depuis longtemps ; lorsqu'ils se rencontrent, les deux hommes évoquent encore d'obscures histoires de famille. C'est en 1975 que Lihau, alors président de la Cour suprême de justice, rompit avec le mobutisme qui lui enjoignait de condamner des étudiants. Il choisit l'exil, et, après s'être vu refuser l'asile politique en Belgique, il se retrouva assistant à la faculté de droit de Boston. Ses amis américains gardent de lui le souvenir d'un homme austère, au mode de vie monacal : un jour qu'il se rendait à des rendez-vous importants à Washington, il déconcerta ses amis qui l'attendaient impatiemment à l'aéroport ; lui-même avait fort démocratiquement pris l'autobus... Il n'est rentré au pays qu'en juin 1990, impressionnant les militants de l'UDPS par sa rigueur et sa sobriété.

Quant à Tshisekedi, pour le meilleur et pour le pire, il a choisi de ne jamais quitter le Zaïre. Lui aussi est un très ancien compagnon de route de Mobutu : les deux hommes se connaissent depuis 1960. Né en 1932 à Luluabourg, aujourd'hui Kananga, au Kasaï occidental, Étienne Tshisekedi est le premier docteur en droit zaïrois sorti de l'université de

Lovanium en 1963. Auparavant, comme tous les intellectuels de sa génération, il a fait de la politique. En 1960, il soutient le Mouvement national congolais animé au Kasaï par celui qui se fera proclamer plus tard l'empereur Kalonji ; en 1961, il est nommé ministre de la Justice dans sa province. Après la prise de pouvoir de Mobutu, en 1965, il rejoint le jeune général, qui le nomme ministre de l'Intérieur et des Affaires coutumières. Il participe à la rédaction de la Constitution de 1967. En réalité, c'est de là que date le différend entre les deux hommes. L'article 4 de cette Constitution révisée prévoit « qu'il n'y aura pas plus de deux partis politiques en République du Congo ». Mobutu interprète cet article comme une clause exclusive ; en 1970, il crée le MPR, parti unique, Parti-État, alors que Tshisekedi interprète le même article comme la possibilité de créer une seconde formation politique. De 1968 à 1972, Tshisekedi demeure cependant à la tête du secrétariat national du MPR et préside la commission de politique générale du parti. Après avoir été ambassadeur au Maroc, il est nommé directeur de l'École nationale de droit et d'administration. Jusqu'en 1978, où éclate l'affaire du massacre de Katekalay, il poursuit sa carrière de parlementaire turbulent, contestataire, mais intégré au parti unique. Depuis lors, l'itinéraire du premier juriste zaïrois se confond avec les tribulations de son parti.

Si Tshisekedi, au moment de sa nomination au poste de Premier ministre en octobre 1991, jouissait d'une telle audience, il ne le devait ni à son « projet de société », à vrai dire assez sommaire, ni à son caractère, réputé difficile, ni à ses origines ethniques. Au contraire : le fait d'être un Baluba du Kasaï, doté d'un entourage assez homogène sur le plan ethnique, jouait plutôt en sa défaveur. En réalité la cause du charisme de Tshisekedi réside dans la ténacité dont il a su faire preuve face à Mobutu, que celui-ci l'ait assailli de ses offensives de charme ou accablé de ses persécutions.

Les treize années d'opposition de Tshisekedi ont constitué un défi permanent : en 1980, il est relégué dans son village ;

un an plus tard, il est déchu de son mandat de parlementaire ; en 1982, il est condamné à quinze ans de prison, puis amnistié. Les hostilités reprennent lorsque les parlementaires rebelles rencontrent une délégation du Congrès américain à Kinshasa et sont sauvagement battus à leur sortie de l'hôtel Intercontinental. Exil intérieur, amnistie, arrestations se succèdent. Le 17 janvier 1988, jour anniversaire de la mort de Patrice Lumumba, Tshisekedi convoque un rassemblement populaire au centre de Kinshasa, à la hauteur du pont Kasavubu. L'armée intervient, fait de nombreux morts et blessés. Tshisekedi est interné à la prison de Makala. Pour déjouer l'attention de l'opinion internationale, le pouvoir invente un nouveau stratagème : des psychiatres du centre neuro-psychopathologique le déclarent détraqué mental, atteint de paranoïa. Il fallait effectivement être fou pour oser défier l'absolutisme de Mobutu dans sa propre capitale ! Relégué à Isiro, puis à Dungu, dans le nord-est du Zaïre, enfin dans le village ngbandi de Monga, près de la frontière soudanaise, Tshisekedi assiste impuissant au ralliement forcé de la plupart de ses compagnons de route, qui réintègrent le parti unique. Il fait mine de renoncer à la lutte, mais reste au pays comme un symbole de résistance.

A ses amis américains qui font campagne pour sa remise en liberté, il écrit alors : « Triste période où l'isolement le plus hermétique (enfermé dans une parcelle sans aucun contact humain), l'incertitude de l'avenir immédiat et des conditions matérielles déplorables ont failli avoir raison de notre santé (...). Véritable enfer ! Isolement total, menace d'exécution dès que l'ordre en sera donné par Kinshasa, conditions hygiéniques au-dessous de l'imaginable, hantise de morsure par les serpents venimeux, hantise d'empoisonnement à chaque repas, et, par-dessus tout, le sentiment d'être en butte à une volonté féroce de destruction. Nous eûmes conscience qu'on en voulait à notre équilibre mental et qu'il fallait réagir avant qu'il ne soit trop tard... »

A la veille de la proclamation de la troisième République,

Tshisekedi est encore en résidence surveillée à Kinshasa et aucun des diplomates occidentaux qui feront plus tard le siège de l'opposant pour tenter de l'amener à composer avec Mobutu n'ose alors forcer le barrage des forces de sécurité et rendre visite au reclus. Tshisekedi n'est pas Sakharov, et Kinshasa n'est pas Moscou ! A l'issue d'un de ses voyages en Belgique (des membres de sa famille résident à Anvers), la Sûreté belge empêchera même Tshisekedi de tenir une conférence de presse à l'aéroport de Zaventem, et à la fin de son dernier séjour, avant le combat final, les gendarmes belges découvriront soudain que trois ans plus tôt le ministre libéral Jean Gol avait décrété l'opposant indésirable sur le territoire belge ! Cet incident permit de retarder le départ de Tshisekedi, précisément attendu à Kinshasa pour un grand meeting de l'opposition...

Opposant de l'intérieur, Tshisekedi n'a pas eu les moyens de beaucoup voyager, et ce n'est qu'en 1990 qu'il a pu se faire réellement connaître aux États-Unis, au Canada, en France. S'il manque de contacts avec l'étranger et ne convainc guère les chancelleries, sa popularité au Zaïre est en revanche immense, car ses compatriotes voient en lui le seul oppposant capable de défier Mobutu, et même ses défauts jouent en sa faveur. Durci par les années de souffrance et d'isolement, Tshisekedi a également mûri : au fil des années, le fougueux orateur a pris du recul. Il a cependant gardé son franc-parler, et si les diplomates sont effrayés par ses écarts de langage, ses compatriotes apprécient qu'au lendemain de sa désignation au poste de Premier ministre il ait qualifié tranquillement Mobutu de « monstre humain » et de « personnage sans foi ni loi ». Ce qui n'empêchait d'ailleurs pas les deux hommes de se tutoyer et de poursuivre la négociation...

La persécution des militants de base

Si la vigilance de l'opinion internationale empêcha la liquidation physique des fondateurs, les militants de base, eux, payèrent très cher leur adhésion au « deuxième parti ». Dans tous les quartiers de Kinshasa, les informateurs étaient sur les dents. Ils surveillaient les maisons suspectes, détectaient les réunions clandestines ou s'y infiltraient. Les opposants réels ou présumés perdaient leur emploi, se voyaient expulsés de leur maison, privés de leur parcelle. Des pressions s'exerçaient sur leur famille, ils étaient dénigrés auprès de leurs voisins. Bien souvent, ils étaient arrêtés et détenus dans les multiples centres de détention de tous les services de sécurité, déportés ou portés disparus. A chaque manifestation, les militaires, les gendarmes se déchaînaient, frappaient les femmes et les violaient, emmenaient les hommes. On tira sur les foules, on tua à l'arme blanche, perquisitions nocturnes et tortures se multiplièrent. Il y eut aussi des tentatives de séduction : l'argent circula, des postes furent proposés moyennant dénonciations ou reniements. On assista à de nombreux cas de « double jeu » : harcelés, incapables de résister aux pressions du régime et aux exigences économiques de leur famille, des militants se rendaient, acceptaient les offres, mais, au fond d'eux-mêmes, demeuraient fidèles au deuxième parti, diffusant des informations, des documents compromettants, soutenant secrètement les relégués, les prisonniers.

L'opinion étrangère a longtemps focalisé son attention sur les péripéties qui agitaient le groupe des fondateurs de l'UDPS, perdant de vue que la base du parti, elle, fut victime durant des années d'une entreprise de terreur délibérée. Qui fera jamais le compte exact de toutes les victimes, qui dira la geste de cette longue résistance ?

L'absence d'une idéologie « dure » et exclusive, l'existence de nombreuses « passerelles » — familiales, ethniques, régionales — entre le pouvoir et son opposition intérieure, le fait que le dialogue ne fut jamais rompu, ont parfois donné une image nébuleuse, contradictoire, de l'UDPS.

En juin 1987, par exemple, quatre des fondateurs, après des années de persécution, furent reçus par Mobutu. Kibassa Maliba, Ngalula, Tshisekedi et Mpindu Mbwabwa lui remirent une lettre exposant les principes suivants : oubli du passé, respect du Chef et de l'unité nationale, et surtout exigence du respect de la diversité des opinions, mais au sein du MPR. Durant des mois, polémistes et exégètes s'interrogèrent sur cette rencontre à l'issue de laquelle on avait proclamé que les « fondateurs » avaient réintégré le parti unique, tandis que les militants demeuraient perplexes face à cette apparente trahison. A l'analyse, il apparut que, de part et d'autre, on avait pratiqué le sophisme : les opposants, qui voulaient récupérer leur liberté d'action, avaient transformé le droit de former un second parti en droit de tendance au sein du parti unique, ce qui, disaient-ils, revenait au même, puisque tout citoyen était dès sa naissance membre de ce parti unique. Le pouvoir, quant à lui, fit état d'un ralliement sans condition, d'un « retour au bercail », et se persuada d'avoir de la sorte neutralisé l'opposition...

Compliqué ? Sans nul doute. L'UDPS dérange les amateurs de schémas simples, de héros radicaux. Jusqu'à la veille de la troisième République, le parti avait des hommes au Comité central (Mvuankiem), au gouvernement (Kibassa Maliba), qui trouvèrent sans problème leur place aux côtés des fondateurs, tandis que Ngalula, le rédacteur du manifeste des Treize, ayant rejoint Mobutu, se montrait le plus intransigeant de ses conseillers et le plus ardent partisan de la manière forte contre ses anciens compagnons...

De l'extérieur, il était d'autant plus malaisé de suivre les sinuosités de l'UDPS que ses représentants à l'étranger n'étaient pas toujours mieux informés. En outre, l'affaire Dikonda vint durement porter atteinte à leur crédibilité. Professeur d'université, Dikonda fut l'un des premiers intellectuels à rejoindre les fondateurs de l'UDPS et rédigea plusieurs documents de base de ce parti. Après avoir été arrêté, sauvagement torturé à l'électricité, il réussit à s'enfuir en Belgique pour y assurer la représentation extérieure de l'UDPS. Mais l'homme était atteint. A Rotterdam déjà, lors de la session du Tribunal des peuples consacrée au Zaïre, il monta à la tribune pour y démontrer que le régime Mobutu utilisait des drogues qui... réduisaient la taille des opposants ! « L'un d'entre eux, déclara même Dikonda, a dû être inhumé dans un cercueil d'enfant... » Dikonda fut mêlé par la suite à de ténébreuses affaires : en 1985, il envoya au Zaïre le militant socialiste belge Ronald Van den Bogaert, muni de cassettes, de coupures de journaux et de documents considérés comme subversifs, et son émissaire se fit arrêter à l'aéroport même. Par la suite, Dikonda fut accusé d'avoir détourné 42 millions de francs belges versés par un industriel pour soutenir le parti.

Éloignement, difficultés de communication, isolement des protagonistes, manque de démocratie interne dans le parti : les représentants extérieurs de l'UDPS restèrent durant de longues périodes coupés de la base et privés d'informations crédibles. Il fut un temps où ils devaient lire les reportages des journalistes pour apprendre les dernières nouvelles.

Dès la proclamation de la troisième République, les effectifs visibles de l'UDPS gonflèrent brusquement. Des militants de la première heure sortirent de l'ombre. Le parti, accusé d'être investi par les gens du Kasaï, s'ouvrit largement, et bon nombre de ralliés de la dernière heure quittèrent les rangs du MPR pour le rejoindre. La population, elle, sans trop s'embarrasser des nuances et sinuosités de son parcours, s'identifia au radicalisme de Tshisekedi.

A l'occasion de son retour à Kinshasa, en février 1991, Tshisekedi eut droit à la plus grande manifestation qu'ait connue le Zaïre au cours de ces vingt dernières années, mais avec une singularité importante : c'est *volontairement* que plusieurs centaines de milliers de Kinois s'étaient déplacés pour l'accueillir.

Malgré le multipartisme, l'UDPS est demeurée typiquement un parti de résistance. Les habitudes des années de clandestinité ont mis du temps à se perdre : au lieu de profiter de la démocratisation pour convoquer un congrès, rassembler les militants, définir et publier un programme, élire un président, l'UDPS a préféré poursuivre son implantation en province et fonctionner, à Kinshasa, sous l'autorité d'un directoire de quatre hommes. Ces derniers — Mvuakiem, originaire du Bandundu, Kibassa Maliba, du Shaba, Tshisekedi, du Kasaï, et Lihau, de l'Équateur — représentaient quatre courants allant de la plus grande intransigeance (Tshisekedi) à la plus grande souplesse (Kibassa Maliba). Ils représentaient en outre quatre grandes provinces du pays, quatre ambitions, quatre destins. Par ailleurs, si l'UDPS dut accepter des alliances avec d'autres formations politiques, il ne s'est jamais agi que d'unions de circonstance : dans l'esprit de ses dirigeants et de ses militants, les années de lutte ont conféré au second parti une légitimité différente, et tous estiment que le bénéfice de l'alternance lui revient en priorité.

La troisième République

Un vent froid souffle sur le fleuve lorsque Mobutu, en décembre 1989, suit à la télévision, comme tout le monde, l'exécution de Nicolae et Elena Ceausescu. S'étant rendu plusieurs fois en Roumanie, il connaissait bien le Conducator, le « Génie des Carpathes ». En novembre encore, conduite par Kithima Bin Ramazani, le secrétaire général du MPR, une importante délégation zaïroise s'était rendue à Bucarest, accueillie par le parti frère.

Mobutu le publiciste comprend alors que le monde bascule. Il l'avait déjà pressenti lorsque ses partenaires habituels, la France et les États-Unis, avaient refusé de l'appuyer au cours de sa longue querelle avec la Belgique ; lorsque, au cours de son dernier voyage à Washington, le directeur de la Banque mondiale l'avait sèchement remis à sa place, malgré le succès de sa médiation angolaise. Plus près de lui, les soldats cubains, cet épouvantail tant de fois invoqué, évacuent l'Angola, la Namibie est indépendante, l'Afrique du Sud de Frederik De Klerk sort de son isolement. A l'Est, le temps du parti unique touche à sa fin ; de Prague à Berlin, les statues sont déboulonnées et l'Afrique, plus déshéritée que jamais, émerge non seulement d'une guerre froide abolie, mais quitte le champ de l'Histoire.

Mobutu et ses conseillers décident alors de précéder le changement pour mieux le contrôler, de se tourner vers le peuple pour solliciter une nouvelle légitimité. En signe d'ouverture, des opposants sont ramenés au pays et nommés au gouvernement.

Le 24 janvier 1990, annoncée dans un discours solennel, une tournée de « consultations populaires » est lancée à travers le pays. Mobutu prend son bâton de pèlerin et s'enfonce dans le Zaïre profond, dans ces villes de l'intérieur qu'il a si longtemps négligées. Comme il l'avait fait treize ans plus tôt devant le Parlement, il demande à chacun de s'exprimer, de dire ses souffrances et ses espoirs. Fidèle à son personnage charismatique, il se propose comme interlocuteur, comme recours face aux carences du système. C'est la « *perestroïka* à la zaïroise ».

Une fois encore, il est pris au mot. Par la population, cette fois. Partout, les gens s'organisent pour consigner par écrit leurs doléances et leurs recommandations. Tout le monde se met à rédiger : les associations professionnelles, les communautés religieuses, les fonctionnaires, les étudiants, mais aussi les médecins, les guérisseurs, les chefs coutumiers, les femmes, les paysans, les évêques. Les Zaïrois se regroupent par zones d'habitation, par associations professionnelles, par entreprises, par groupes de solidarité ethnique ; les cosignataires de chaque texte vont de cinquante à deux cents personnes. Six mille cent dix-huit mémorandums sont ainsi remis à Mokolo wa Pombo, ancien responsable de la Sûreté, conseiller du Président, chargé de la francophonie, promu à la périlleuse fonction de confesseur de la République...

A travers tout le pays, le même scénario se reproduit. Dans chaque ville, la population répond à l'invitation du Président. A chaque séance, ce dernier fait une allocution introductive, puis écoute. La première rencontre, à Kisangani, dans le cinéma *Éros*, où la foule prend place sur des fauteuils troués, est mémorable. Mobutu, qui, quelques semaines auparavant, a été proclamé docteur honoris causa par l'université de la ville, assiste à une critique en règle du parti unique : le MPR est qualifié de diviseur, de tribaliste, de parti « où on mange ». En fin de soirée, une maman se lève, tend un billet de 5 000 zaïres (1 dollar à l'époque) à Bobi Ladawa, l'épouse du Président, et lui crie : « Voici ce que gagne mon mari pour un mois. Voilà, chère madame. Fais le marché avec cela[14]... »

A Goma, l'une des villes préférées du Président, la rencontre est tout aussi édifiante. « Ta paix, on ne la mange pas ! » lui crie une femme. « Kinshasa nous oublie ! » lance une autre, tandis que les mémorandums s'amoncèlent sur la table. A Mbuji Mai, capitale du Kasaï, la ville du diamant, les femmes dansent et chantent à son arrivée sur l'aéroport délabré. Les chefs coutumiers se taisent, respectueux et craintifs, mais les chants des femmes font rire la foule. Elles scandent en se trémoussant : « Papa, papa, donne-nous à manger, car nous avons faim. Papa, lorsque tu quitteras la ville, demande qu'on n'y coupe pas l'électricité ! »

A Kinshasa, convoqués au domaine de la N'Sele, les étudiants, se méfiant de Mokolo, l'ancien chef des services secrets, demandent à parler directement au chef de l'État. Lorsque Mobutu quitte les lieux, ils clament : « Si vous partez, nous aussi ! » avant d'être reçus sur le bateau présidentiel où Savimbi attend déjà son tour.

En province, après avoir été vivement pris à partie à plusieurs reprises, Mobutu, de plus en plus renfrogné, se contente d'ouvrir la séance, puis se retire pour laisser Mokolo affronter l'assistance. Les pensionnés se lèvent pour demander quand le Président songera lui-même à prendre sa retraite ; des guérisseurs, à la N'Sele, l'accusent d'avoir mis au point une « bombe froide », celle de la faim, qui tue les gens sans qu'ils s'en aperçoivent ; des anciens combattants de 1940-1945 déclarent au Président (leur ancien ministre) qu'ils vont eux-mêmes aller réclamer leurs idemnités auprès du roi Baudouin ; des enseignants demandent que soient ramenés au pays les enfants de la nomenklatura étudiant en Europe...

Mobutu souhaitait que le peuple prenne la parole. Il est comblé au-delà de toute espérance. Avec courage — c'est encore le temps du parti unique, des indicateurs, de l'intimidation —, des milliers de personnes apposent leur nom au bas de documents accablants non seulement pour le régime, mais pour le chef de l'État lui-même. Les cibles principales sont le parti unique et son comité central, qualifié de « budgétivore », les forces de sécurité, appelées *Securitate*, la concentration de tous les pouvoirs entre les mains d'un seul homme depuis vingt-cinq ans.

Le mémorandum des évêques, dénonçant l'inversion complète des valeurs qui caractérise le régime, fut l'un des plus remarqués ; après qu'il eut été rendu public, Mobutu décida de ne pas l'inclure dans la sélection officielle ; quant au document rédigé par des fonctionnaires du ministère des Affaires étrangères, après avoir analysé la situation, il se borne à conseiller sèchement au Président de démissionner de toutes ses fonctions sous peine de subir un jour le même sort que Ceausescu[15]...

Courageux mais prudents, les auteurs d'un certain nombre de ces mémorandums en déposent des copies dans les ambassades étrangères et sur le bureau du représentant de la Banque mondiale.

S'engouffrant dans la brèche soudain ouverte, des milliers de Zaïrois inaugurent ainsi, par écrit, une sorte de Conférence nationale décentralisée. Le contenu exact des mémorandums ne sera jamais divulgué : Mokolo se déclare « tenu par le secret de la confession », et Mobutu, reconnaissant que l'opinion s'en prend durement au MPR et à la classe dirigeante, fait tout pour sauvegarder sa propre image. Niant l'évidence et les textes qui circulent sous le manteau, il déclare à la presse : « Personne ne réclame ma démission, je n'ai lu aucun texte en ce sens. » Il n'empêche que l'homme est ébranlé par l'ampleur du mécontentement.

A la fin de la consultation populaire, Mobutu se retire sur son bateau pour tirer ses conclusions. Il n'y reste pas longtemps seul : alors que certains de ses conseillers le pressent de libéraliser le régime sans attendre, la vieille garde fait son siège pour le dissuader de l'abandonner, tandis que les ambassadeurs occidentaux multiplient les conseils de démocratisation. Le 23 mars 1990, Mobutu reçoit même le secrétaire d'État américain James Baker à bord de son bateau. Ce dernier rentre de Namibie où il a assisté à la proclamation de l'indépendance. Avec un mélange de franchise et d'amabilité glacée, il signifie au maréchal que les États-Unis souhaitent que soit coupé le lien entre le parti unique et l'État, ce qui permettrait de réduire les dépenses « politiques ».

Durant la seconde partie de l'entretien, Baker, soucieux de ménager la susceptibilité de son hôte, demande que l'entourage quitte la pièce. Il se montre alors plus précis encore, et explique à Mobutu, atterré, que le président Bush, malgré toute sa bonne volonté à l'égard du Zaïre, doit désormais faire face aux pressions croissantes d'un Congrès dominé par les démocrates, qui réclament la réduction, voire la supression de l'assistance économique et militaire.

Après avoir changé plusieurs fois d'avis au gré des audiences accordées à ses conseillers et à ses divers visiteurs, après avoir écouté ses devins, ses sorciers, Mobutu se jette finalement à l'eau le 24 avril 1990. Il pense, une fois de plus, que le chiffre 4 va lui porter chance.

Il démontre alors que le parti unique, les institutions qu'il a si laborieusement forgées au long d'un quart de siècle, n'ont jamais été que l'échafaudage lui permettant de construire puis de maintenir son propre pouvoir. Ce parti unique qui désormais menace sa propre survie politique, il s'en débarrasse dans un discours volontairement dramatique, prononcé devant la presse étrangère et tous les dignitaires du régime réunis au domaine de la N'Sele. Les larmes aux yeux, s'épongeant à l'aide d'un grand mouchoir blanc, mélangeant les feuillets de son discours, il prend congé du parti unique et proclame la troisième République.

Finie, la suprématie du Parti-État : trois formations seront désormais autorisées et le MPR sera l'une d'elles, ni plus ni moins. Aboli, le comité central, le bureau politique du Parti. Terminé, le syndicat unique. Aux oubliettes, la presse aux ordres, l'administration politisée : le Zaïre entre désormais dans une période de transition qui devrait être marquée par un succession de scrutins démocratiques. Cette transition, le Président se charge lui-même de la mener à bonne fin, de prévenir les violences et les désordres.

Ce jour-là, Mobutu a failli entrer le front haut dans l'Histoire. S'il avait tenu ses promesses, s'il avait, en prime, annoncé le rapatriement d'une partie de sa fortune et mis en place une démocratisation véritable, il est probable que ses concitoyens lui auraient été reconnaissants d'avoir garanti l'unité du pays et sa stabilité durant un quart de siècle. Peut-être même auraient-ils consenti à oublier le prix payé à l'ordre mobutiste.

Mais Mobutu était-il sincère, ce 24 avril 1990, ou bien ses promesses de démocratisation ne furent-elles qu'une manœuvre maladroite qui se retourna contre lui ?

D'après le témoignage d'un agent de la Sûreté qui participa à l'organisation de l'opération. Mobutu aurait eu l'intention de proclamer sa démission de chef du parti unique, mais, dans le même temps, de se faire plébisciter à ce poste par les militants ! A cette fin, il fit venir à la N'Sele des représentants de l'intérieur du pays (au nombre de 300 sur un total de 1 000 participants), dûment encadrés par les agents de la Mopap, chargés de la mobilisation et de la propagande. Comme de coutume, informés par les dirigeants du parti des passages clés du discours, les agents de la Mopap se préparaient à orchestrer les applaudissements destinés à impressionner les hôtes étrangers. Mobutu avait prévu d'organiser les protestations de la « base » à l'annonce de sa démission afin de pouvoir alors proclamer, face aux étrangers, qu'il se devait de céder devant les exigences de son peuple. C'est alors qu'il fut trahi par les siens : Kithima, le secrétaire général du parti, Vunduawe et Mpinga, qui savaient qu'ils allaient être abandonnés après que Mobutu se fut fait plébisciter, négligèrent sciemment de prévenir les agents de la Mopap qu'au moment où le président annoncerait sa démission à la tête du parti, il s'agirait de protester haut et fort. Lorsque Mobutu, reprenant son souffle au milieu de son discours, prononça les mots fatidiques : « Je prends congé du MPR... », rien ne se passa. Éberlués, non prévenus, les militants ne réagirent pas. Un silence pesant envahit la salle, et Mobutu, décontenancé, essuya une larme. « Il avait compris que les siens l'avaient trahi, il avait démissionné du parti sans le vouloir, et, par la suite, il consacra toute son énergie à récupérer ce pouvoir dont il s'était imprudemment dessaisi », conclut l'agent de la Sûreté.

Il est un fait que l'illusion démocratique ne dure guère : le 3 mai 1990, pressé par un entourage sur le point de perdre ses privilèges, lui-même inquiet face à l'explosion de la presse, à la défection de ses ministres et de ses proches qui s'empressent de quitter le bateau pour fonder des partis d'opposition, Mobutu donne un grand coup de barre à droite et revient sur une partie des concessions d'avril. Puis, le 11 mai, il envoie à Lubumbashi le commando de la terreur. Pour les étudiants, mais aussi pour tous les partis d'opposition, le message est clair : la violence reste bien la composante essentielle du mobutisme, quel que soit le numéro de la République.

Le massacre de Lubumbashi, qui entraîne des débats houleux à l'Assemblée nationale, des enquêtes parlementaires, un procès à grand spectacle, restera comme l'« affaire Dreyfus » du Zaïre. Le massacre mobilise l'opinion durant des mois et fait les gros titres de la presse. Car l'année de transition qui a suivi le discours du 24 avril est marquée par l'éclosion d'une presse écrite libérée. Quotidiens passés à l'opposition ou créés à partir de rien, hebdomadaires, mensuels, des dizaines de titres surgissent soudain, au tirage dérisoire encore, aux moyens limités, à la diffusion circonscrite aux villes. Cette presse est néanmoins l'honneur du Zaïre. Car dès qu'a été levé le carcan de la censure, les journalistes se sont engouffrés dans la brèche. Ils ont eux-mêmes commencé, malgré les risques, à dénoncer les scandales, les collusions de la Deuxième République. Certains journalistes le payèrent cher, car les réflexes de la répression n'avaient point disparu, loin s'en faut : Essolomwa, le directeur du quotidien *Elima*, passé à l'opposition, fut emprisonné et l'imprimerie fut détruite lors d'une explosion. Les locaux d'*Umoja* furent saccagés. Lors de la Conférence nationale, les journalistes de l'opposition attendirent en vain leur accréditation. Quant à l'information audiovisuelle, la seule à avoir une véritable audience, elle demeura sous étroit contrôle.

L'impossible transition

« C'est par lui que le malheur est arrivé ! » Mobutu n'a jamais pardonné à son conseiller Nkema Liloo d'avoir modifié les règles du jeu, d'avoir introduit le virus de la démocratie dans la mécanique si bien rodée du pouvoir personnel. Nkema s'en défend : « Si la transition a dérapé, explique-t-il, c'est parce que notre plan initial n'a pas été respecté. Ce que nous avions prévu, c'était d'ouvrir le jeu dès le départ, de permettre à toutes les tendances politiques de s'exprimer. Si nous avons amené le Président à lancer sa campagne de consultation populaire, c'est parce que nous souhaitions qu'il mesure personnellement la profondeur de l'aspiration au changement et qu'il décide d'adopter des mesures radicales afin de préserver l'essentiel, c'est-à-dire son avenir politique. » Nkema accuse l'entourage « dur » d'avoir réduit la portée du discours du 24 avril et, par la suite, d'avoir incité Mobutu à revenir sur toutes les concessions accordées. « Notre scénario avait été minutieusement mis au point afin que les règles du jeu soient modifiées dans l'ordre. Mais, en reprenant d'une main ce qu'il avait accordé de l'autre, Mobutu a tout bouleversé. La partie s'est déroulée dans la confusion, il n'y avait plus ni chef ni arbitre. »

Depuis avril 1990, le jeu politique zaïrois a changé · Mobutu, affaibli par le lâchage de ses alliés occidentaux, contesté par une population qui a découvert à l'occasion de la consultation populaire que le Chef n'était plus à l'abri des critiques, joue désormais sur la défensive. L'opposition exploite chacune de ses erreurs pour pousser plus loin son avantage. A chaque fois, le rusé président tente de retourner en sa faveur la concession accordée, sans trop se soucier de légalité constitutionnelle.

Ainsi, le 24 avril, dans un grand mouvement, Mobutu avait « largué » le parti unique, son cher MPR, et s'était lui-même placé « au-dessus de la mêlée ». Ce faisant, il avait oublié que, selon la Constitution, c'est au titre de président-fondateur du MPR, le Parti-État, qu'il détenait sa légitimité de président de la République. Qu'à cela ne tienne : un an plus tard presque jour pour jour, Mobutu allait décider de reprendre la tête d'un MPR rajeuni, mais considérablement affaibli, entre-temps, par la défection des meilleurs de ses cadres. Il abandonnait ainsi le rôle qu'il s'était lui-même attribué, celui d'un « arbitre » auprès de qui la classe politique aurait trouvé « un ultime recours ». Mobutu, en réalité, réendossait ainsi le costume qu'il n'avait jamais réellement abandonné, celui d'un chef de parti contrôlant toujours les pouvoirs exécutif, législatif et judiciaire, de même que l'administration du territoire, et d'un chef de l'État jouissant de toutes ses prérogatives.

Le temps du « multimobutisme »

Quant au multipartisme à trois, il eut tôt fait de se révéler impraticable. A côté du MPR et de l'UDPS qui s'était imposée de fait, quel troisième parti choisir parmi la myriade des formations soudain apparues ? Après un quart de siècle de répression, le monde politique avait explosé. Opportunistes pressés de quitter un bateau à la dérive, intellectuels de la diaspora préparant fiévreusement des manifestes, opposants de l'intérieur soudain libérés : de nouvelles formations naissent partout dans le désordre et la fièvre. Très rapidement, cependant, des courants dominants voient le jour, correspondant aux grands partis qui, au début des années 60, composaient déjà le paysage politique congolais.

Recrutant surtout parmi les populations chrétiennes du Bas-Zaïre et soutenu par une Église catholique bien implantée, c'est tout naturellement que surgit le parti social-chrétien, dirigé par M. Iléo, un autre de ces acteurs qui, depuis 1960, occupe la scène politique zaïroise. Originaire de l'Équateur, M. Iléo Ngongo Amba est né en 1921 à Kinshasa. Avant l'indépendance, il travaille au *Courrier d'Afrique* et appartient au groupe de *Présence africaine*, où il rencontre celui qui deviendra le cardinal Malula. Après la révocation du Premier ministre Patrice Lumumba, il occupe ses fonctions durant deux semaines, avant de les retrouver en 1961. Par la suite, il sera membre du bureau politique puis du comité central du MPR. De vieux compagnons du groupe de Binza, comme Justin Bomboko, des intellectuels de la première heure, comme Cléophas Kamitatu, ayant tous vécu ruptures et réconciliations avec Mobutu, leur contemporain, ont rejoint le PDSC. Non seulement ce parti est soutenu par la très puissante Église catholique et son réseau de communautés chrétiennes de base, mais encore il peut compter sur le non moins puissant réseau d'organisations catholiques à l'extérieur du pays. Des fonds importants lui ont été accordés en Allemagne de l'Ouest, notamment par la Fondation Konrad Adenauer, qui lui ont très vite permis de renforcer son implantation dans les campagnes.

Immédiatement reconnue par l'Internationale libérale, l'Union des fédéralistes et républicains indépendants, présidée par Nguza Karl I Bond, connaît un succès immédiat au Shaba. L'Uferi n'a cependant rien à voir avec les séparatistes d'antan. Karl I Bond, même s'il recommence à parler du « Katanga », se contente de réclamer une meilleure décentralisation, plus d'autonomie pour les provinces. Il n'est guère question de séparer les provinces minières (le Shaba et les deux Kasaïs) de l'ensemble national. Du reste, l'Uferi a veillé à recruter ailleurs qu'au Shaba, et le parti est très bien implanté dans le Bas-Zaïre et au Kivu.

L'UDI (Union des démocrates indépendants) est un bel exemple de la faculté qu'ont les Zaïrois d'oublier, sinon de pardonner le passé. Appelée familièrement Union des dinosaures, ou des détourneurs impunis, ce parti a recruté ses dirigeants dans ce qui était autrefois le clan Kengo, ou clan des métis. Le 24 avril 1990 a été une date dramatique pour ces hommes qui avaient tous été aux commandes d'importants ministères et d'entreprises para-étatiques. Protégés par Kengo wa Dondo — un métis dont le père, Juif polonais, s'appelait Lubitsch —, ce « clan » avait jusque-là occupé presque tous les postes clés de l'économie : les douanes, la banque, les postes, les transports, la production minière et même la justice et la sécurité. Avant d'être un Premier ministre impopulaire à cause de sa politique d'austérité, Kengo wa Dondo avait été un président de la Cour suprême plus redouté encore ! Aux yeux de la population, les membres du « clan » représentaient des piliers du système mobutiste. Incapables de freiner les ponctions présidentielles sur les entreprises d'État et la Banque du Zaïre, ils avaient comprimé au maximum les autres postes du budget et s'étaient eux-mêmes considérablement enrichis au passage. Il est vrai que d'avoir été si longtemps mêlés au fonctionnement le plus intime de l'État, ces hommes avaient acquis une réelle expérience de la gestion. Kengo wa Dondo en particulier, homme à poigne, était réputé pour « tenir » son budget et ne pas hésiter, si les prélèvements présidentiels se révélaient trop importants, à couper net dans les autres postes, les secteurs sociaux par exemple... S'il était abhorré par la population, il fut longtemps le Premier ministre favori du FMI.

Se présentant comme des gestionnaires expérimentés, dénonçant le « système » — c'est-à-dire l'homme qui avait faussé le jeu —, les dignitaires du clan Kengo tentèrent d'abord de se faire admettre en groupe par les sociaux-chrétiens. Ces derniers n'acceptant que les adhésions indivi-duelles, l'UDI fut fondée. Ce parti prône désormais un État fédéral à régime parlementaire et économie libérale.

Malgré la haine qu'ils ont suscité dans le passé, Kengo et ses compagnons, dont Tambwe Mwamba, ex-P.-D.G. de l'office des douanes, devenu président de l'UDI, ont réussi à se faire accepter par les autres partis de l'opposition ; ils se sont même réhabilités un tant soit peu aux yeux de l'opinion en promettant de mettre leur expérience au service du pays... à défaut d'y rapatrier un jour leur fortune. En réalité, les hommes du clan Kengo veulent à tout prix préserver leur avenir au Zaïre après le départ de Mobutu, et c'est pour cette raison qu'ils ont lâché le vieux chef pendant qu'il en était encore temps...

D'autres fidèles du clan mobutiste firent défection, du moins en apparence, car beaucoup les soupçonnent d'être en réalité des « sous-marins » de Mobutu au sein de l'opposition : des nationalistes comme Me Gérard Kamanda wa Kamanda, qui avait dirigé la « mission de clarification » zaïroise à Bruxelles après avoir fait carrière à l'Organisation de l'unité africaine, ou Mandungu Bula Nyati, ancien gouverneur du Shaba. Ces deux hommes sont marqués par leur jeunesse : Kamanda a naguère été président de la très progressiste Ugec (Union générale des étudiants congolais), tandis que Mandungu a fait une partie de ses études à Moscou. Tous deux incarnaient l'aile dure, nationaliste, voire antibelge, du mobutisme ; ils ont lancé le FCN, le Front commun des nationalistes.

Cent, deux cents, deux cent cinquante partis... Il est d'autant plus difficile de faire le compte des prétendants au « multipartisme intégral » que Mobutu, le principal intéressé, a veillé personnellement à fausser le jeu en créant ce qu'on a appelé le « multimobutisme ». En effet, dans la perspective de la Conférence nationale, où chaque formation aurait droit à quatre représentants, Mobutu et ses conseillers ont veillé à minoriser les véritables partis d'opposition en créant une multitude de formations factices que l'opinion a immédiatement surnommées les « partis alimentaires ». Recrutés dans le vivier des opposants ou faux opposants végétant à l'étranger, parmi les ambitieux ou les déçus grenouillant aux marges des grandes formations, ces petits partis hétéroclites ont été chargés d'entretenir la confusion et de faire la claque lors des séances de la Conférence nationale. Alors que les anciens « dinosaures » se reconvertissent dans l'opposition, des jeunes envahissent le MPR et se qualifient de « Génération 2 ». Technocrates arrivistes ou repris de justice recrutés « sur le tas » par les conseillers du Président, ils crient fort, s'adressent à leur « papa Maréchal » et exigent postes et argent.

Le multimobutisme se révèle encore plus coûteux que le règne du parti unique : Mobutu doit désormais acheter tout le monde. Au début de 1991, l'entreprise avait déjà coûté 174 milliards de zaïres à la Banque nationale et trois cent cinquante Pajero avaient été distribués aussi bien aux nouveaux dirigeants politiques qu'aux chefs coutumiers, qui n'avaient jamais été autant choyés. Il est vrai qu'ils devaient participer eux aussi à la future Conférence nationale...

Pour déjouer les manœuvres de ces « partis satellites » rassemblés dans le groupe dit « du consensus », les grandes formations de l'opposition conclurent non sans états d'âme ce qui devait s'appeler l'« Union sacrée ». Une association temporaire, hétéroclite, où les opposants de longue date de l'UDPS faisaient cause commune avec les ralliés de la onzième heure et rendaient quelque virginité politique à des hommes qui, durant un quart de siècle, avaient bénéficié du système. Cette Union sacrée, au sein de laquelle chaque formation rêvait de reprendre sa liberté dès que possible, et qui n'était cimentée que par l'opposition à Mobutu, tenta de préserver sa cohésion le plus longtemps possible. D'aucuns la comparaient à une machine à laver : tous ceux qui y adhèrent s'en trouvent, nettoyés, absous de leurs compromissions antérieures !

Ayant perdu en 1990 la maîtrise du jeu, lâché par ses alliés occidentaux qui le sanctionnaient sur le plan économique en attendant les réformes promises, Mobutu, toujours convaincu de son destin, a tenté, jusqu'aux émeutes de fin 1991, de gagner du temps. C'est qu'en décembre de cette année expirait son deuxième mandat, celui que, sans rire, il avait appelé le « septennat du social ». Jusqu'au bout, l'ambition du Guide, moins désorienté qu'il n'y paraissait, fut de « tenir » jusqu'à cette date fatidique afin de pouvoir ensuite se représenter à l'élection présidentielle.

Pour « tenir », Mobutu choisit de ne point occuper le devant de la scène, laissant tranquillement s'installer la confusion semée par ses partisans, ses satellites, ses créatures. S'exposer eût ravivé les questions à propos du massacre de Lubumbashi, de la tuerie de Mbuji Mayi ; Mobutu préféra laisser monter en ligne ses Premiers ministres : Lunda Bululu, puis Mulumba Lukoji. Jusqu'en septembre 1991, alors que la crise économique s'aggravait et que l'État prédateur, avant de s'effondrer, dilapidait le peu qui restait du patrimoine national, le théâtre politique fut occupé par d'interminables querelles tournant autour de la Conférence nationale, sa préparation, ses participants, ses compétences. Mobutu aurait en réalité souhaité passer rapidement aux élections, qu'il aurait pu truquer à son gré, ses hommes contrôlant toujours l'administration territoriale de cet immense pays où les partis d'opposition n'avaient pas encore eu les moyens de s'implanter.

Le mythe de la Conférence nationale

La population, qui avait suivi les péripéties d'une semblable Conférence nationale au Congo-Brazzaville et en d'autres pays d'Afrique, exigeait elle aussi cet acte fondateur d'une nouvelle République. Au Zaïre comme ailleurs, la Conférence fut attendue et préparée de manière quasi mythique. Elle serait l'occasion, comme l'écrivait la presse, de « vider le ventre du boa », de demander des comptes aux « acquéreurs », aux « dinosaures » de la deuxième République, de « déballer » tous les crimes et tous les vols commis en trente ans d'indépendance. On allait enfin savoir qui avait tué Lumumba, qui avait profité de la « zaïrianisation », qui avait trafiqué le cobalt, l'or, les diamants. On allait démasquer « Satan » et ses alliés, tout savoir sur Lubumbashi, Idiofa, Katekalay et autres massacres. Chacun rêvait de cet exorcisme collectif qui serait retransmis par la télévision, de cet exercice purificateur après lequel le Zaïre allait peut-être connaître sa deuxième indépendance.

Pour la population, la Conférence nationale était tout : un moyen de retrouver une histoire si longtemps occultée, trafiquée, une manière non violente de contraindre les voleurs à s'expliquer et à rapatrier leur butin, un instrument pour chasser Mobutu du pouvoir, un acte fondateur chargé de définir les institutions et la structure futures du pays. C'est pourquoi il fallait que cette Conférence fût représentative, souveraine, ouverte, destinée à servir de socle à la nouvelle République.

Pour Mobutu, évidemment, de telles assises devaient à tout prix être contournées, neutralisées, anéanties si nécessaire. Leur préparation marqua, en l'absence volontaire de son acteur, l'apogée du système mobutiste.

Faute de pouvoir éviter la tenue de cette Conférence, Mobutu tenta d'en tracer les limites : elle devrait inscrire ses travaux dans le cadre institutionnel existant, ce qui excluait toute modification d'une Constitution qui avait naguère été taillée sur mesure. A l'issue de longs débats, le Premier ministre Mulumba Lukoji dut néanmoins concéder que la Conférence serait souveraine, autrement dit qu'elle devrait consacrer la rupture avec l'ordre ancien, mettre un terme aux institutions existantes et fonder une nouvelle légitimité.

Dans l'impossibilité de limiter ses pouvoirs, tout fut alors fait pour noyauter la Conférence. En ce domaine, le mobutisme se surpassa. « Nous n'avons pas de bus, mais nous avons des *bis* », titrait un quotidien en août, au moment de l'ouverture de ce grand spectacle orchestré comme les défuntes grand-messes du parti unique. Rien, en effet, n'avait été laissé au hasard : tout avait été dédoublé pour que le spectacle en trompe l'œil fût parfait. Des dissidences avaient été suscitées dans tous les partis politiques ; au nom de l'équité, les formations parallèles étaient admises automatiquement. On découvrit ainsi tous les pseudopodes de la mouvance lumumbiste ; il y eut une scission au sein de l'Uferi de Karl I Bond, les sociaux-chrétiens se virent flanqués de formations rivales ; des « représentants des institutions publiques », autrement dit des fonctionnaires, des dirigeants d'entreprises d'État nommés avec l'aval du MPR, furent acceptés comme participants de droit ; tous les parlementaires d'une assemblée dominée par l'ancien parti unique étaient présents, sans oublier les ministres et des dizaines d'« invités du gouvernement ». Bref, tout le gratin du mobutisme garnissait les gradins du Palais du peuple. Afin qu'aucun risque ne subsistât, la société civile fut également noyautée.

A côté du monde des politiques et des fonctionnaires, cette « société civile », dans le Zaïre d'aujourd'hui, représente le pays réel. Au fil des ans, en marge d'un État inexistant ou prédateur, les simples citoyens ont appris à s'organiser (voir chapitre 8). Associations professionnelles comme l'ordre des médecins ou celui des avocats, communautés chrétiennes, organisations non gouvernementales : toute cette vie associative, foisonnante, riche et diverse, représente la « société civile ». Ses membres estimaient avoir le droit de se faire entendre à la Conférence nationale. Durant des mois, des délégations s'étaient constituées, des interventions avaient été préparées. Or, le jour de l'ouverture des assises, la surprise fut générale : au lieu des délégués attendus, on découvrit sur les travées des dizaines d'inconnus ! Les gouverneurs de province, les administrateurs locaux avaient recruté leurs propres délégués, parfois même dans les bars ou sur les marchés, les avaient envoyés à Kinshasa avec pour seule mission de remplir la salle et d'obéir aux consignes. Alors qu'il était prévu d'accueillir 2 850 délégués au Palais du peuple, ils furent plus de 4 000 à s'y bousculer ! C'est qu'entre-temps la commission de validation, présidée par un militaire, avait très libéralement distribué les macarons et que les badges avaient même été habilement reproduits dans les petits ateliers de la cité...

Considérant que la Conférence était piégée, l'opposition, rassemblée au sein de l'Union sacrée, refusa de participer à la mascarade ; en septembre, les travaux n'avaient toujours pas commencé.

Cette épisode acheva, si besoin était, de ruiner les finances de l'État en marquant l'apogée du système de corruption mobutiste. Car, vu l'urgence, il ne fallait même plus tenter de sauver les apparences ! Des billets de 50 000 zaïres hâtivement imprimés en Allemagne firent leur apparition. Lorsqu'ils arrivèrent à l'aéroport, quelques caisses seulement furent enregistrées par la Banque nationale du Zaïre. Les autres furent immediatement dirigées vers le domaine de la N'Sele et distribuées par liasses entières aux délégués.

Comment les militaires, chargés de barrer au commun des mortels l'accès au Palais du peuple, chargés aussi de convoyer les malles chargées de billets, auraient-ils pu ne pas se révolter ?

De même, comment s'étonner de la rage de la population qui, voyant « sa » conférence ainsi piégée, mit la ville à sac et s'en prit à tous les tenants de l'ordre, ou plutôt du désordre MPR ?

CHAPITRE 12

Avant moi le chaos,
après moi le déluge...

« Maintenant, ça suffit ! Il est temps de mettre fin à la mascarade ! » Le 21 septembre 1991, Mobutu confie à ses conseillers que le spectacle de la Conférence nationale l'écœure. Il y a de quoi : la veille, durant des heures, les délégués sont montés sur leurs bancs, ont crié, sifflé, réclamé en vain la démission du bureau provisoire de cette conférence qui n'en finit pas de ne pas démarrer. Refusant de cautionner plus longtemps cette farce coûteuse, les évêques catholiques se sont levés et ont dignement quitté les lieux. Désavouée, paralysée par une confusion sciemment entretenue, la Conférence nationale, qui a suscité tant d'espoirs au sein de la population, sombre dans le ridicule. Il faut sonner la fin de la récréation.

Dans la nuit du dimanche 22 au lundi 23, des militaires appartenant au centre d'entraînement des troupes aéroportées, appelé le camp Ceta, d'ordinaire encadrés par des officiers français, passent à l'action. Accompagnés de simples soldats du camp Kokolo, ils se ruent sur l'aéroport, sur les entrepôts et les bureaux de la douane. En ville, ils s'en prennent aux chambres froides, aux magasins, aux dépôts d'armes et de marchandises. Durant quarante-huit heures, la révolte des militaires embrase la ville. Car les « troupes d'élite » du camp Ceta sont bientôt rejointes par le tout venant de l'armée de

Mobutu. Toutes unités confondues, l'armée met Kinshasa à sac.

Le mouvement se propage par vagues. Envoyés pour ramener leurs collègues à la raison, les hommes de la Division spéciale présidentielle préfèrent prendre leur part de butin, et une médiation amorcée par les officiers français et l'ambassadeur de France, M. Réthoré, tourne court. Mobutu, au lieu de prendre des sanctions, promet d'augmenter les soldes des militaires et de leur pardonner « en bon père de famille », mais il est trop tard : le mouvement a pris une ampleur incontrôlable. Le lundi après-midi, alors que les pillards dévastent Kinshasa et que des troubles éclatent dans plusieurs villes de province, Mobutu doit reconnaître qu'il ne maîtrise plus la situation, et il téléphone à l'Élysée pour solliciter une intervention française : « Arrangez-vous comme vous voulez avec les Belges, mais venez m'aider. » Tel est, en substance, son message. La réponse ne tarde pas : venus du Tchad et de République centrafricaine, les premiers paracommandos français traversent le fleuve depuis Brazzaville, le mardi à midi, tandis que dans la nuit les Belges se posent à Brazzaville. Comme toujours, le motif de l'opération est « humanitaire ». Moins de deux mille paracommandos ont pour mission de permettre l'évacuation des ressortissants français et belges, de protéger les étrangers.

Suivant un plan préparé depuis longtemps et régulièrement remis à jour à Bruxelles, Paris et Washington, les expatriés se rassemblent aux endroits convenus, branchent leur radio sur des postes codés ; les parachutistes recherchent les isolés, et l'exode commence. Belges, Français, mais aussi Grecs, Portugais, Libanais, Pakistanais, des milliers de ressortissants étrangers transitent par Brazzaville. Tous font des récits identiques.

Les pillards ont procédé par vagues. Les premiers mutins du camp Ceta ont très vite été rejoints par d'autres unités : la Division présidentielle, la Garde civile, les gendarmes. Toute l'armée de Mobutu a participé à la fête. Les témoins sont

formels : les militaires ont procédé avec méthode, systématiquement. Ils ont forcé les portes des entrepôts à coups
d'explosifs, puis ont gagné les quartiers résidentiels, s'en
prenant aux villas des Européens. Selon certains témoins, les
maisons prises pour cibles avaient été discrètement marquées
d'un cercle rouge.

Lorsqu'il s'agit de pillage, les officiers zaïrois savent s'organiser : pour pouvoir emporter leur butin, ils ont prévu des
camions, des jeeps, et même des grues afin de pouvoir soulever
le toit des villas ! Plusieurs généraux, alliés aux commerçants
libanais, profitent de l'occasion pour vider les maisons de
leurs partenaires sans défense. Lorsqu'ils découvrent un butin
intéressant, les soldats tirent en l'air pour alerter leurs
compagnons.

Les militaires ne restent pas longtemps seuls dans les
quartiers résidentiels : très vite, ils sont rejoints par des
milliers de civils. Tous les miséreux, les besogneux, les
humiliés de Kinshasa, si longtemps tenus à l'écart de l'aisance
des Blancs, des privilèges de l'aristocratie noire, prennent part
au festin. En quelques heures, le mouvement, qui n'aurait dû
viser que les Européens et susciter l'intervention des troupes
étrangères, dérape et s'étend à toute la ville. On pille dans la
cité, on brûle les petites boutiques des Sénégalais, on renverse
les échoppes du marché, et, surtout, militaires et civils
confondus, on s'en prend aux dignitaires du régime.

L'opération est sélective : tous ceux qui se sont illustrés au
cours de la Conférence nationale, semant la confusion et la
zizanie, défendant l'« ordre » mobutiste, se retrouvent en
première ligne. Les ministres réussissent à se cacher à l'hôtel
Intercontinental, cependant que leurs maisons sont vidées de
fond en comble ; le siège du MPR, l'ancien parti unique, est
saccagé puis brûlé, les entreprises liées au régime mobutiste
sont dévastées. Curieusement, la vague épargne les plus
proches du Président, ainsi que les dirigeants de l'opposition.
Riche parmi les riches, l'ancien Premier ministre Kengo wa

Dondo écarte les pillards de sa luxueuse demeure en leur rappelant simplement qu'il a rejoint l'Union sacrée...

Les pillards ne se contentent pas de voler, ils détruisent avec rage l'outil de production, fracassant des ordinateurs, martelant des pièces de rechange, renversant des camions-remorques, éventrant les chambres froides qui recèlent des viandes devenues trop chères... Durant deux jours, c'est le défoulement, la redistribution désordonnée d'une richesse insolente, le bonheur aussi. Après un quart de siècle de frustrations, la rue rend sa propre justice, punit les riches, ravale l'arrogance des privilégiés, chasse les étrangers considérés comme complices du régime. Succédant aux militaires avides qui se sont emparés du mobilier et de l'équipement électroménager, seulement tentés par les grosses pièces, les civils s'avancent en longues files, comme des fourmis. C'est comme si les insectes de la forêt équatoriale s'attaquaient soudain aux symboles d'un monde inaccessible. Tout est emporté : la nourriture, les boissons, mais aussi les fils électriques, les prises de courant. On décolle les carrelages et les papiers peints, on démonte les toits et les clôtures, on emporte les sanitaires. Le dernier arrivé dans une villa emmène même à titre symbolique le « chien du Blanc », qu'il exhibe dans sa parcelle sans oser ouvrir la cage, de crainte d'être mordu.

Ces pillages, qui se produisirent aussi à Kisangani, Kolwezi, Likasi, dans toutes les grandes villes du pays, ne manifestent pas seulement l'assouvissement d'une longue frustration. Dans la colère des pillards qui s'en sont pris aux machines, il y avait aussi le rejet brutal d'une modernité imposée. Comme si la cité, cette « économie d'en bas », envahissait soudain l'économie moderne, celle des riches, pour la démanteler, détruire cette technologie perçue comme étant au service exclusif du pouvoir. Déjà, à Kolwezi, en 1978, les rebelles katangais déclaraient en inondant les mines de cuivre : « Peu nous importe que l'outil soit détruit. C'est au nom de nos richesses, dont nous ne profitons pas, qu'on nous envahit, qu'on nous opprime ! » A Kinshasa, treize ans plus tard, éclate la même fureur symbolique. Dans cette ville qui compte en temps ordinaire 40 % de chômeurs, nul ne se soucie de futures pertes d'emplois. Bien au contraire : sur les murs de la salle d'exposition de la General Motors, dont tous les véhicules ont évidemment disparu, une main anonyme a écrit à la bombe : « Merci pour la fête ! »

Les expatriés eux-mêmes, dont certains quittent le pays en sous-vêtements, laissant derrière eux des maisons vides, affichent une sorte de fatalisme : « Cela devait arriver, le fossé était trop grand entre les privilégiés et les autres. Nous ne connaissions ni le jour ni l'heure... »

Puis, durant plusieurs jours, alors que militaires belges et français prennent leurs quartiers dans la ville dévastée, Kinshasa l'effervescente connaît une sorte d'accalmie. La cité digère son butin, les militaires ont transformé leurs camps en « New GB » ou « Koweït City ». Ils y revendent à bas prix des appareils électroménagers, des téléviseurs, de la nourriture, et perçoivent, à l'entrée comme à la sortie, un droit d'accès et un droit de douane... La redistribution a cependant ses limites : la nuit, à la faveur du couvre-feu, les militaires viennent forcer la porte des civils et remportent les équipements domestiques sous prétexte de récupérer des biens volés...

La dernière manipulation

En fait, la mutinerie des militaires zaïrois n'a pas surpris grand monde. Si les hommes de la Division présidentielle étaient choyés par le pouvoir, les autres unités partageaient les conditions misérables de la population. Avec des soldes représentant moins de 20 francs français par mois, comment auraient-ils pu survivre, sinon en rançonnant les civils et en pratiquant leur petite délinquance quotidienne ?

La Conférence nationale a marqué l'apogée de la frustration

des militaires. Les pauvres bougres cantonnés dans Kinshasa avaient été sommés de protéger le Palais du peuple où le régime organisait son dernier grand spectacle. La plupart des trois mille délégués avaient été choisis par le pouvoir et chargés d'entretenir la confusion. Logés, nourris, divertis, les délégués touchaient aussi des allocations quotidiennes allant de 400 à 700 000 zaïres, soit quatre à sept fois plus que la solde mensuelle des militaires. Non seulement ces derniers se voyaient infliger le spectacle d'une classe politique repue, de ministres et de P.-D.G. gagnant le Palais du peuple en Mercedes, mais ils furent chargés de surcroît de convoyer des malles bourrées de billets neufs. Le jour, on distribuait les *per diem* officiels, la nuit circulait l'argent de la corruption.

Comme en 1960, l'écœurement des militaires atteint alors son comble. Le 20 septembre, ils refusent leur solde ridicule. Toute la cité de Kinshasa est alors au courant de l'ultimatum posé : une augmentation immédiate et substantielle des soldes, ou la révolte. Le gouvernement ne répond pas à cette revendication, laissant pourrir la situation. Selon certaines sources, Mobutu lui-même aurait laissé couver le mécontentement de ses hommes afin de mieux les manipuler, et c'est avec son feu vert qu'aurait été déclenchée une révolte qui devait viser essentiellement les Belges et les Libanais : les Belges, pour les punir de leur attitude hostile au régime depuis le massacre de Lubumbashi ; les Libanais, parce qu'ils sont très impopulaires, considérés comme des profiteurs qui pillent le pays sans rien y investir. Bref, des cibles faciles. A noter que les comptoirs ou les magasins appartenant à des Israéliens, souvent considérés comme rivaux des Libanais, furent relativement épargnés : des militaires de la DSP s'étaient chargés de les défendre.

Plusieurs arguments plaident en faveur de la thèse de la manipulation. Tout d'abord, l'expérience de Mobutu en la matière (voir chapitre 3). Le Président n'a jamais hésité à provoquer la violence pour tenter d'en tirer bénéfice et amener les troupes étrangères à l'aider à rétablir le calme, ce qui, directement ou indirectement, conforte son régime. Il y eut ensuite, rapporté par l'hebdomadaire *Jeune Afrique*, le voyage à Paris et Bruxelles de Mokolo wa Pombo, l'homme des missions secrètes de Mobutu. Mokolo, toujours au nom de la francophonie, entretient les meilleurs rapports avec Jean-Christophe Mitterrand, chargé des affaires africaines à l'Élysée. De là à imaginer qu'il ait mis ses interlocuteurs au courant de la nécessité d'une intervention étrangère imminente, il n'y a qu'un pas, facile à franchir.

Il est certain, en tout cas, que, depuis plusieurs semaines, les troupes belges, en liaison avec les Français et avec les Américains pressentis pour assurer la logistique, étaient en état d'« alerte rouge » et se tenaient prêtes à intervenir à tout moment.

S'il avait réussi, le scénario imaginé alors aurait également permis de discréditer l'opposition. De fait, alors que les 22 et 23 septembre le gouvernement en place était totalement invisible et ne tentait en rien de ramener l'ordre, des militaires se rendirent au domicile de Tshisekedi. Lui signifiant leur désir de renverser Mobutu, ils proposèrent au dirigeant de l'UDPS de les suivre et de faire une déclaration radiotélévisée par laquelle l'opposition se portait candidate au pouvoir. Prudent, et fidèle à la tradition légaliste, non violente, de son parti, Tshisekedi répondit qu'il ne souhaitait pas prendre le pouvoir à la faveur d'un putsch militaire. Quelque temps plus tard, Nguza Karl I Bond devait également éconduire des militaires qui voulaient l'emmener vers une destination mystérieuse. Au lieu de les suivre, il fit appel à l'ambassadeur de France, et des parachutistes français, des « marsouins », vinrent immédiatement prendre position devant sa résidence.

Si les dirigeants de l'opposition avaient répondu à la proposition des militaires, le piège se serait refermé sur eux : Mobutu les aurait immédiatement fait arrêter, ils auraient été traités de factieux, jugés et condamnés, cependant que le Président aurait pu se présenter, devant l'opinion nationale et étrangère, comme le défenseur de la loi et de l'ordre. La proclamation de l'état d'urgence aurait permis de liquider pour longtemps les partis d'opposition... Remis en selle à la faveur de l'intervention étrangère, le régime Mobutu aurait alors pu mettre entre parenthèses une Conférence nationale discréditée, et attendre tranquillement la nouvelle élection présidentielle.

Mais voilà : pour la première fois dans l'histoire du mobutisme, le piège n'a pas fonctionné. La machine infernale a échappé des mains de son inventeur.

D'abord parce que la révolte de quelques mutins, qui aurait dû demeurer circonscrite à Kinshasa et se limiter aux biens des expatriés (leur saccage ne fit pleurer personne dans la population), a pris une ampleur imprévisible. Le feu s'est étendu à tous les privilégiés : rejoints par les civils, les militaires en colère ont dévasté tout ce qui symbolisait l'ère mobutiste. Une colère corporatiste s'est transformée en contestation radicale du régime. S'étendant en province, le mouvement, n'eût été l'effet dissuasif de l'intervention étrangère, était en passe de devenir incontrôlable.

Cette intervention, à son tour, n'eut pas exactement les effets escomptés : si, à Paris, l'Élysée souhaitait préserver Mobutu, toujours considéré comme un gage de stabilité, à Kinshasa l'ambassadeur de France, M. Réthoré, soutenu par le Quai d'Orsay, ne se priva pas d'exercer des pressions énergiques sur le Président. Véritable proconsul dans une capitale en folie, il multiplia les audiences et les entretiens téléphoniques avec le chef de l'État, utilisant la présence des troupes françaises comme moyen de pression. Il est clair que les soldats français et belges avaient non seulement stabilisé la situation et permis l'évacuation des Européens, mais également restreint la marge de manœuvre des manipulateurs zaïrois. En accord avec ses collègues belge et américain, l'ambassadeur de France usa de son influence sur Mobutu pour le contraindre à accepter de rencontrer l'opposition et de partager le pouvoir. Un seul message ne fut cependant pas transmis à Mobutu : celui de démissionner... Jusqu'au bout, les Américains demeurèrent convaincus de la nécessité d'éviter l'humiliation finale à leur vieil allié.

Désireux de circonscrire le chaos, de créer des conditions acceptables pour reprendre leur assistance économique, les Occidentaux n'étaient cependant pas tout-puissants au Zaïre. Mobutu, même aux abois, sut démontrer qu'il n'était pas le jouet de l'Occident et que, malgré les conseils et les pressions, il était décidé à se battre, par tous les moyens, pour préserver son pouvoir. Il fixa donc des limites à l'ingérence étrangère, accusa l'ambassadeur de France de vouloir le déstabiliser et finit par exiger le départ des troupes belges..

Le compromis du Palais de marbre

Les yeux gonflés par quatre jours sans sommeil, portant un costume sombre que les Zaïrois qualifièrent immédiatement de costume de deuil, entouré seulement de quelques conseillers, c'est un Mobutu sous pression qui, fin septembre 1991, rencontre l'opposition sous les lambris du Palais de marbre, une luxueuse résidence d'ordinaire réservée aux hôtes étrangers.

Il a enfin en face de lui ces interlocuteurs qui se sont dérobés depuis si longtemps, qui ont déjoué, pour les avoir trop bien connues, la plupart de ses manœuvres de séduction. Nguza Karl I Bond, l'ancien ministre devenu un redoutable adversaire, les déserteurs de la onzième heure qui, voilà quelques mois encore, étaient ses alliés et complices, le directoire de l'UDPS qu'il avait si longtemps tenté de diviser et de récupérer. Enfin et surtout l'irréductible Tshisekedi, l'adversaire que Mobutu voulait à tout prix attirer à ses côtés comme Premier ministre afin de le neutraliser. En juillet, déjà, sans même le consulter, le Président avait nommé le chef de file des opposants au poste de Premier ministre, et c'est l'étrange coalition de ses rivaux au sein de l'opposition, de ses partisans déçus et de ses ennemis qui avait dissuadé Tshisekedi d'accepter cette offre...

Impassible, saluant froidement Mobutu, Tshisekedi, assis en bout de table, garde le silence durant toute la première journée, cependant que ses alliés engagent le fer avec un Président cramponné à sa canne sculptée sur laquelle il a posé sa toque de léopard.

De l'avis des témoins, le magnétisme de Mobutu ne tarde cependant pas à opérer à nouveau. Dès la séance du lendemain, l'homme a repris de la vigueur. Ses adversaires se lèvent pour s'incliner sur son passage, c'est tout naturellement qu'on lui offre de présider les travaux et d'apparaître comme l'« arbitre » entre l'opposition et ses partisans, qui se sont soudain multipliés. Durant la nuit, en effet, les conseillers de Mobutu ont battu le rappel des fidèles. Des « représentants de la jeunesse », parmi lesquels des fonctionnaires, un repris de justice et un trafiquant de diamants, ont fait le siège du Palais de marbre, exigeant d'être admis aux travaux au titre de représentants d'une « majorité présidentielle » ainsi qualifiée pour la circonstance.

La confusion habituelle peut reprendre, Mobutu redevient le maître du jeu. Dans la plus pure tradition du régime, un somptueux buffet est servi aux négociateurs, et seuls les représentant de l'UDPS, dont Tshisekedi, qui n'a toujours pas pris la parole, refusent de toucher aux plats et aux boissons.

La palabre se poursuit, à l'africaine, à la belge... Il est question de nommer un « formateur du nouveau gouvernement », une commission des sages est désignée à cet effet, composée de représentants des deux camps et présidée par Mobutu, dont tout le monde est censé reconnaître l'« autorité morale » ! Une seule fois, Tshisekedi prend la parole : c'est pour contredire tout le monde, soulignant qu'il n'accepte pas de considérer le pouvoir comme « un gâteau national que tous les fils du pays devraient se partager équitablement ». Prenant le contrepied des propos tenus par les négociateurs, il rappelle que le pouvoir en tant que tel ne l'intéresse pas, qu'il préfère prendre son temps et ne pas risquer de décevoir les attentes du peuple.

Jugé trop radical, Tshisekedi ne fait pas partie de cette commission arbitrée par Mobutu et composée de cinq représentants des deux camps, au sein de laquelle doit se décider son destin immédiat. C'est le souple Karl I Bond qui doit lui annoncer l'accord obtenu, un compromis bien éloigné des premières exigences du héros de l'opposition.

Le mariage de déraison

Tshisekedi le radical, qui posait le départ de Mobutu comme préalable, se voit alors contraint d'accepter un accord négocié à sa place. Mû par son désir d'accéder enfin au pouvoir et de tenter à son tour de redresser la situation du pays, il cède aux exigences de son adversaire et accepte d'être nommé par ordonnance présidentielle. Mais, surtout, conseillé par les Occidentaux qui prônent la cohabitation, il concède des points essentiels : les hommes de Mobutu gardent les postes clés, la défense, les relations internationales, les mines et l'administration du territoire. Malgré ces concessions majeures, le cabinet Tshisekedi ne tiendra que 48 heures. Sa prestation de serment avait déjà été entachée par un incident significatif : alors qu'une formule de compromis avait été négociée verbalement (le leader de l'UDPS refusait de reconnaître l'autorité de Mobutu), c'est la formule ancienne, proclamant le président « garant de l'unité de la nation », qui est présentée à sa signature. Rageusement, sans mot dire, Tshisekedi biffe la phrase litigieuse. Deux jours plus tard, Mobutu se servira de cette anomalie pour congédier son Premier ministre.

En fait, ce mariage de déraison a volé en éclats pour une raison plus sordide : la présidence ayant ordonné à la Banque nationale du Zaïre de lui débloquer 800 000 dollars, le gouverneur de la Banque sollicita l'autorisation du tout nouveau ministre des Finances, Faustin Birindua. Ce dernier refusa après avoir consulté Tshisekedi. Deux heures plus tard tombait l'ordonnance de révocation.

L'échec de cette cohabitation, qui avait été présentée comme un compromis de la dernière chance, allait précipiter la rupture avec Paris : suivant l'exemple des Belges, les Français devaient décider la suspension de leur coopération avec le Zaïre et inciter leurs ressortissants à quitter au plus vite le pays.

Car, entre-temps, l'impasse politique à Kinshasa s'était accompagnée de nouvelles violences ; à Lubumbashi, les troupes qui n'avaient pas bougé en septembre passaient à leur tour à l'action. Incendies, pillages, mise à sac des quartiers résidentielles, des usines, tout ce qui avait été épargné en septembre devait être dévasté par les fureurs d'octobre.

C'est un pays ruiné que 20 000 étrangers ont évacué avec le secours des militaires belges et français : les techniciens ont arrêté les raffineries de Moanda sur la côte atlantique, les ingénieurs ont abandonné le barrage d'Inga, les fours de la Gécamines se sont éteints au Shaba... Pris au piège de la logique « humanitaire », les militaires étrangers ont dû limiter leur action au sauvetage des seuls expatriés, laissant le peuple zaïrois entre les mains du dictateur. Car Mobutu, lui, début décembre, était toujours au pouvoir.

Retranché sur son bateau, protégé par ses hommes-grenouilles, il régnait sur un pays fantôme, entouré de ses courtisans, défendu par sa garde, soutenu par ses mystérieux alliés d'outre-Atlantique qui le sommaient de composer avec ses adversaires mais refusaient de donner l'heure du départ. Face à une opposition désarmée, voire désunie, qui s'obstinait encore à négocier l'impossible, Mobutu, fidèle à lui-même, pratiquait la politique de la terre brûlée. « Ma tête, je la vendrai très cher », proclamait-il aux journalistes admis dans sa retraite aquatique, pendant que ses commandos envahissaient la ville avec leurs grenades et leurs mitrailleuses, terrorisant la population.

Venues de province, les rumeurs confirmaient les pires hypothèses : « Si nous devons quitter ce pays, nous le détruirons auparavant », avait naguère déclaré le général Bolozi. De fait, on devait apprendre que les ponts étaient minés, les aéroports sabotés, à l'exception de Gbadolite, que les devises de la Banque du Zaïre étaient transférées directement sur les comptes étrangers de Mobutu.

Abandonnant un pays voué à devenir une sorte d'« Haïti-sur-fleuve », les barons du régime et les opposants de la vingt-cinquième heure quittaient les lieux, attendant à l'étranger des jours meilleurs. La population, elle, luttait tout simplement pour sa survie, si démunie, tellement effrayée que l'opposition ne tentait même pas de la faire descendre dans la rue.

En réalité, l'opposition crut bien à tort que l'intervention étrangère lui permettrait d'accéder au pouvoir en négociant avec le dictateur affaibli. C'était ignorer les limites de l'ingérence, sous-estimer la tenacité et les appuis occultes du dictateur. Avant d'accéder à l'indépendance bâclée de 1960, le Congo avait été exempté de sa lutte de libération, ce creuset d'où aurait pu naître une nation. En 1991, à la veille de leur deuxième indépendance, les Zaïrois ont tenté une fois encore d'éviter l'affrontement inégal. Jusqu'au bout, une différence essentielle aura séparé Mobutu de ses adversaires : pour conquérir le pouvoir et la liberté, les opposants, Tshisekedi excepté, n'étaient pas prêts à mourir. Alors que Mobutu et les siens, eux, étaient prêts à tuer.

NOTES DE LA TROISIÈME PARTIE

1. Jean Philippe Peemans, *Le Zaïre sous le régime Mobutu, les grandes étapes de l'évolution économique et sociale,* juin 1988, page 16.
2. Hughes Dupriez, Solidarité paysanne et Adi Kiou et l'équipe de recherche du Kivu, *Bushi, l'asphyxie d'un peuple, mai 1987,* Éditions terres et vie, 13, rue Laurent-Delvaux, 1400 Nivelles, page 33.
3. *Op. cit.,* page 36.
4. *Op. cit.,* page 67.

5. Michael Klein, *Probe*, juin-juillet 1989.
6. Michael Klein, *The National Alliance*, 5 juin 1987.
7. *Africa Confidential*, 5 août 1987.
8. Théodore Tréfon, « French policy toward Zaïre during the Giscard d'Estaing presidency », *Les Cahiers du CEDAF*, mai 1989.
9. Euloge Boissonade, *Le Mal zaïrois*, Éditions Hermé.
10. Jean-Claude Willame, « La politique africaine de la Belgique à l'épreuve : les relations belgo-zaïroises (1978-1984) », *Les Cahiers du CEDAF*, août 1985. Jean-Claude Willame, « Éléments pour une lecture du contentieux belgo-zaïrois », *Les Cahiers du CEDAF*, décembre 1988. Gauthier de Villers, avec la collaboration de Jean-Claude Willame, « Belgique-Zaïre : le grand affrontement », *Les Cahiers du CEDAF*, janvier 1990.
11. *Zaïre, le dossier de la recolonisation*, Éditions l'Harmattan, page 238.
12. Jean-Claude Willame, « Chronique d'une opposition politique : l'UDPS (1978-1987) », *Les Cahiers du CEDAF*, page 11.
13. *Op. cit.*, page 15.
14. A. Gbadendu Engunduka et E. Efolo Ngobaasu, *Volonté de changement au Zaïre*, volume 1, Éditions l'Harmattan, page 47.
15. *Zaïre, que s'est-il passé au campus de Lubumbashi ?*, Commission Justice et Paix, Bruxelles, août 1990, page 25.

En guise de conclusion...

« *Je me rappelle que, voici bien des années, de nombreux blessés qui se précipitaient vers ma clinique, qui était située à proximité du domaine présidentiel à Kinshasa. Ils me présentaient de profondes blessures sur tout le corps, qui ressemblaient à des coupures de rasoir.*

« *Dans son zoo privé, Mobutu entretenait à cette époque un léopard qui s'appelait Mimi ; et lui seul était autorisé à caresser le fauve. J'étais chargé de recoudre les blessures de tous ceux qui avaient tenté d'approcher l'animal, j'ai même dû soigner l'une des propres filles du président. Finalement, une barrière fut dressée afin d'empêcher les gens de s'approcher de la cage.*

« *Sur la toque de léopard de Mobutu, les taches noires ne changeront ni ne s'effaceront jamais. Il n'est plus temps de le cajoler, il doit à présent être tenu à l'écart afin qu'il ne puisse plus terroriser ceux qui se trouvent à sa portée. Mais il faudra des années pour que le Zaïre guérisse des blessures que le léopard lui a infligées. Les amis d'autrefois doivent faire savoir qu'ils ne peuvent plus tolérer que Mobutu meurtrisse ainsi son peuple. »*

Telle est la lettre qu'après des années de silence, le docteur William Close, qui fut durant seize ans le médecin personnel de Mobutu, a adressée au Congrès américain, l'adjurant, tardivement mais avec énergie, d'abandonner le léopard blessé.

Mobutu, lui, n'a rien compris à ces mises en demeure venues de Washington, lui intimant de composer avec l'opposition, de ne conserver que les attributs du pouvoir et d'assurer une transition pacifique. Pas plus qu'il n'a admis qu'à Bruxelles on ait fait de son effacement la condition de toute reprise de la coopération ; ou qu'à Paris, on ait évité de l'inviter au sommet de la francophonie, dont il fut naguère l'un des plus flamboyants protagonistes. « Mais que leur ai-je fait ? D'autres ne sont-ils pas pires que moi ? Pourquoi veulent-ils ma tête ? » Souverain dérisoire arpentant le pont de son vieux bateau cent fois repeint, ne régnant plus que sur sa garde, ses devins et ses courtisans, il s'écrie encore contre toute évidence : « La démocratie c'est moi ! » Seul lui répond le murmure du fleuve.

En cette fin 1991, Mobutu écrit encore avec conviction le livre de son règne, alors qu'aux yeux de tous, la page est tournée. Tous les journaux du monde ont déjà publié sa biographie, son bilan, ces longues chroniques rédigées à l'avance et que l'on donne à imprimer lorsque la fin est confirmée ; les journalistes ont défilé dans sa capitale détruite, pris le faible pouls d'un peuple glissant lentement au cœur des ténèbres. Mobutu, qui a cessé de lire les journaux de son propre pays, est le seul à ignorer encore la nouvelle de sa propre mort politique, et c'est peut-être ce qui lui permet de se survivre à lui-même.

Car lui croit encore en son destin, avec une force telle que le doute se fait jour : et si cette agonie du régime n'était elle-même qu'une longue machination ? Une manière dramatique de faire passer le message qui n'a cessé de courir tout au long du règne de Mobutu, selon lequel il demeurerait le seul garant de la paix, le rempart contre le chaos ? Et si les désordres de 1991 n'avaient été fomentés que pour démontrer les dangers d'un départ précipité ?

Pourquoi un tel acharnement, pourquoi cette volonté de résister à la poussée des jeunes générations, à la lassitude du peuple, aux pressions parfois peu diplomatiques des Occidentaux ? Par goût du pouvoir et des moyens qu'il assure ? Sans doute. Par mépris des réalités d'un monde qui change ? Peut-être. Mais, plus sûrement encore, c'est l'orgueil qui a poussé

Mobutu à s'accrocher ainsi à cette pyramide du pouvoir édifiée sur des générations sacrifiées. L'orgueil, la conviction que cet édifice cimenté par l'argent de la corruption et la violence des nervis ne peut, sans lui, que s'écrouler. Transgressant les règles du jeu, Mobutu tente de retarder la fin, tenant avec une audace croissante le pari du pire comme d'autres sortent le joker de la dernière chance. Sur son peuple meurtri et effrayé, sur une opposition divisée, naïve et vulnérable, le chantage au chaos se révèle efficace et lui permet de jouer les prolongations bien après la fin de la partie.

Dans cette Afrique vivante, mouvante, Mobutu n'en demeure pas moins un survivant. Un dinosaure rescapé de l'ère glaciaire de l'affrontement Est-Ouest, un contemporain de ces « pères de la Nation » depuis longtemps emportés par la mort, remis en cause par les conférences nationales ou renversés par des élections, comme Kenneth Kaunda, le voisin, Mobutu s'emploie d'ailleurs à tirer les enseignements des expériences menées ailleurs en Afrique : il tente de conjurer la menace d'une conférence nationale aussi radicale qu'au Bénin ou au Congo Brazzaville, sur l'autre rive, il veille à ce que des élections éventuelles ne puissent prendre le même tour surprenant qu'en Zambie et surtout, il fait danser d'autres spectres : les fantômes du Liberia, de la Somalie, la menace des affrontements interethniques. Chacun sait que l'implosion du Zaïre déstabiliserait toute l'Afrique centrale. Niant les évidences du siècle finissant, Mobutu s'arc-boute encore contre le changement, tente de partager les apparences du pouvoir, se bat pout demeurer malgré tout aux commandes d'un navire naufragé...

Un jour cependant il quittera le pont du bateau. A quelle aune le jugera-t-on alors ? Parmi ses compatriotes, grande sera la tentation d'exorciser les démons d'une société malade, vénale, en désignant un seul coupable, chargé d'emporter avec lui trente années de mensonges et d'erreurs. A l'étranger, on veillera sans doute à oublier assez vite cet « accident de l'Histoire » en s'épargnant de montrer du doigt ceux qui l'ont conseillé, soutenu, sauvé parfois, qui lui ont appris à mentir, à tuer, à corrompre. Lorsque les oncles d'Amérique ou d'Europe assistent aux enterrements, ils veillent à garder les mains propres.

Joseph Désiré Mobutu n'est cependant pas un accident de l'Histoire : il est le produit d'une société destructurée par la colonisation, qui rechercha longtemps son identité dans le nationalisme, une société traversée par d'anciennes traditions de solidarité et un furieux désir de consommer la modernité. Il est aussi le produit d'une époque où l'on croyait aux États-nations, et il s'imagina, comme tant d'autres, que le Parti-État en serait l'instrument. Enfin, plus qu'une « créature » de l'Occident, Mobutu en fut des années durant le fondé de pouvoir, veillant sur l'accès aux richesses minières, sur l'apparente stabilité de ce bastion stratégique qu'était son propre pays. S'il est si longtemps demeuré en place, c'est parce que le dinosaure sut se lover à l'intersection des mondes, quelque part entre l'Afrique et l'Europe, inversant et utilisant les valeurs de l'une et de l'autre. Mobutu n'est pas « le monstre » que dénoncent ses compatriotes, il n'est rien d'autre que l'un d'entre d'eux. L'un d'entre nous.

Décembre 1991.

Index

Index établi par Marc Le Cœur.

Table

Première partie

LA PYRAMIDE DE LA VIOLENCE

Troisième partie

LES CONTREFORTS DE LA PYRAMIDE

Composition réalisée par C.M.L., Montrouge
Achevé d'imprimer en janvier 1992
sur presse CAMERON
dans les ateliers de B.C.A.
à Saint-Amand-Montrond (Cher)
pour le compte de la librairie Arthème Fayard
75, rue des Saints-Pères — 75006 Paris

35-57-8634-02

ISBN : 2-213-02863-X

N° d'édition : 6752. N° d'impression : 92/09.
Dépôt légal : janvier 1992.
Imprimé en France

35 8634.4